चिड़िया और चील

चिड़िया और चील

(Bird and Eagle)

लेखिका

सुषम बेदी

पराग प्रकाशन

ISBN– 978-81-7468-135-5

संस्करण
2018

मूल्य
495.00

प्रकाशक : पराग प्रकाशन, 33/1, भूलभुल्लैयाँ रोड, महरौली, नई दिल्ली–110030, फोन : 2664 3553, शब्द-संयोजन : पराग प्रिंटिंग सर्विस, नई दिल्ली–110048 द्वारा एवं बालाजी ऑफसेट, दिल्ली–110032 में मुद्रित।

CHIRHIYA AUR CHEEL *(Bird and Eagle)*
by Susham Bedi

आप से...

'चिड़िया और चील' मेरी अब तक की लिखी प्रमुख कहानियों का संकलन है । कॉलेज के दिनों के लेखन को भूला दूं तो प्रस्तुत संकलन सन् 1978 में 'कहानी' में प्रकाशित मेरी पहली कहानी 'जमी बर्फ का कवच' से लेकर सन् 1994 में लिखी 'ब्रॉडवे' तक लगभग सभी कहानियों को शामिल किये है । एक तरह से यह मेरी क्षीण धारा-सी बहती कथा-यात्रा का लगभग संपूर्ण रेखाचित्र है । यह धारा मेरे पूरे आवासी जीवन के साथ-साथ बहती हुई उसे रेखांकित करती रही है, उसमें रस भरती रही है, उसे सार्थक करती रही है । लेखन एक तरह का संबल बना रहा आवास की इस यात्रा में ।

दूसरी और तीसरी कहानियों का परिप्रेक्ष्य जहां यूरोप है, वहां बाकी की सारी कहानियां अमरीकी पृष्ठभूमि पर लिखी गयी हैं । जिन अनुभवों और अनुभूतियों को कलात्मक सीमाओं की वजह से अपने उपन्यासों में न बांध पायी, उन सब को ही इन कहानियों में तलाशने की कोशिश की है । दरअसल ये कहानियां एक बटोही के मन की राह से उठाये कुछ क्षण हैं, संस्मृतियां हैं, मन के ऊहापोहों से जूझन है । साथ ही एक बदले हुए माहौल और दुनिया को और उसके जरिये से अपने-आप को एक सही नज़रिये से समझने की गहरी चाह है । वह चाह मुझे कितने गहरे या कितनी दूर ले गयी है, या जो कुछ बटोर पायी हूं वे मोती हैं या कंकड़, इसका फैसला आपके हाथ में.....

– सुषम बेदी

कोलंबिया यूनिवर्सिटी
607, केट हॉल
न्यूयार्क, न.य. 10027

डॉ. वीरेन्द्र मेहंदीरत्ता को, जिनसे कहानी को तराशना सीखा.....

विषय-सूची

1. ब्रॉडवे

अचानक जोर से धमाका । कुछ सरपट भागते कदम । कुछ घबरायी चिल्लाहटें । कुछ सरसराती आवाज़ें । मैं कांप जाती हूं डर से । लेकिन डर क्यों ? हर दिन, बल्कि हर पल यही तो होता है यहां । मारकाट, खून-खराबा, छुरा-बंदूक... मेरा जिस्म तो घावों से छलनी हो चुका है... फिर भी बार-बार उसे ताज़े खून, गंदगी और पेशाब के साथ धोया-मला जाता है... चीथड़े, जूठन और कागज के मुसे हुए टुकड़ों से उसका श्रृंगार किया जाता है... बदसूरती और बदबू मेरे जिस्म की भीतरी तहों तक रस-बस गयी है । अब तो इस नारकीय गंध को मेरे आसपास टिके फूलों की ढेरों दुकानों के सैकड़ों गुलदस्ते भी नहीं मिटा सकते । यूं भी खुशबू अब फूलों में नहीं होती... इतर-फुलेल की बोतलों में बंद होती है । लेकिन इतर-फुलेल से नहाये ये हज़ारों लोग भी मेरी यह बदबू मिटा नहीं सकते । न ही रंग-बिरंगी रोशनियों का श्रृंगार मेरी बदसूरती मिटा पाता है... ख़ासकर मेरी करधनी में टंके ये ढेरों नगीने... जिनकी वजह से मैं आज दुनिया भर में मशहूर हो चुकी हूं ! संसार भर के लोग आते हैं इन नगीनों को देखने... उन्होंने तो मेरे बारे में सिर्फ इन्हीं के संदर्भ में सुना होता है या उन चमकते-दमकते सितारों के बारे में जो मेरी गोद में क्रीड़ा करते हैं और जिनके क्रीड़ास्थल हर शाम दर्शकों के हुजूम से तर रहते हैं... ! यूं नाटक या तमाशे तो इन क्रीड़ास्थलों के बाहर भी खूब होते हैं... पर चूंकि इनके लिए अलग से भारी-भरकम टिकट नहीं लगाये जाते, अख़बारों में इनके इश्तिहार और समीक्षाएं नहीं निकलतीं, इसलिए इन खुले में खेले जाने वाले नाटकों की चर्चा नहीं होती ! और ये बक्से में बंद नाटक देखने और दिखाने वाले मेरी बदसूरती को कमल को घेरने वाला कीचड़ मान चुप कर जाते हैं । इनकी कलात्मकता के इर्द-गिर्द दहाड़ें मारती अश्लीलता और नंगेपन का समुद्र इन्हें तनिक परेशान नहीं

करता । हैरानी तो इस बात की है कि इसे ये सह कैसे लेते हैं... इतनी शांति से, इतने आराम से !... बदबू, बदसूरती... मारकाट... अश्लीलता... पागलपन ! उनकी सहने की ताक़त से भी ईर्ष्या करूं या शर्म से डूब मरूं !

मेरा जिस्म अभी भी कांप रहा है... दरअसल यह कंपकंपाहट कहीं मेरा स्वभाव ही बनती जा रही है... मेरा पोर-पोर हर पल कांपता रहता है । एक बड़ी-सी सुरंग बनी है मेरे भीतर... मेरे सिर से पांव तक ! जिसमें एक बड़ा-सा अजगर डोलता रहता है... सैकड़ों मुंह हैं इस अजगर के ! जब मुंह बंद करता है तो लोगों का एक हुजूम अपने अंदर भर लेता है और जब खोलता है तो सैकड़ों को कीड़ों-मकोड़ों की तरह बाहर उगल देता है । आह ! कैसी तेजी से धाड़धाड़ करता उलटता-पलटता है यह मेरे भीतर... मेरा रेशा-रेशा दुखने लगता है... मुझसे सांस तक नहीं ली जाती ! घबराकर मैं खुद भागने लगती हूं... लेकिन ऊपर से नीचे या नीचे से ऊपर... एक सिरे से दूसरे सिरे तक... मेरी भाग-दौड़ तो बस इतनी ही हो पाती है । मैं तो बस देखती रहती हूं उन भागनेवालों को या उन रुके हुए लोगों को...

हां, दो ही तरह के लोग बसते हैं इस शहर में—भागते हुए और रुके हुए । रुके हुए लोग वे हैं जिनकी ज़िंदगी की रफ़्तार अचानक रुक गयी है । अक्सर वे मेरे ही आसपास खड़े रहते हैं । इनको सफेद या नीली कमीजें पहन कहीं भागना नहीं होता... या तो इन्होंने अपनी ऐसी कमीजें उतार फेकी हैं यानी कि उनसे उतरवा दी गयी हैं या फिर वे धूल और चीकट से धूसर और बदरंग हो गयी हैं । मेरे साथ दिन-रात रह-रहकर अब इनके जिस्मों में भी वही बदबू रच-बस गयी है । आख़िर मैं ही इनका घर हूं और मैं ही इनका बाहर । मुझसे अलग इनकी कोई दुनिया ही नहीं । मुझसे ही सटकर सोते हैं... मेरे ही आंगन की सुबह में आंख खोलते हैं । फिर वह सुबह कितनी ही बेरौनक और बुझी हुई हो... कितनी नाउम्मीदी से भरी हो... कितनी दुर्गंध और ग़ंदगी से लदी हुई हो... ये मुझे छोड़कर कहीं जाते नहीं... । चुनाव के वायदे भी इन्हीं रुके हुए लोगों से किए हैं जो वोट पाने के बाद अमूमन भुला दिये जाते हैं । यूं वायदे भुलाने के लिए ही किए जाते हैं—यह इनसे बेहतर और कोई नहीं जानता होगा...

क्योंकि कड़वाहट और निराशा को भोग-भोगकर ये कहीं अव्वल किस्म के झक्की भी हो जाते हैं । यूं इधर चुनाव के वायदों में भी जिक्र नहीं होता क्योंकि इनकी नियति को गाय के साथ गोबर या पोखर के साथ मच्छर की तरह अवश्यंभावी और लाइलाज मान लिया गया है । तालाब के मच्छरों को तो चाहे रसायन छिड़ककर मुक्ति भी दे दी जाये पर इन्हें अपनी मौत मरना होता है ।

बस, कभी-कभी ये उन भागने वालों को रोकने की कोशिश करते हैं... पर कोई रुकता नहीं... रुकना चाहता भी नहीं । दरअसल हर भागने वाला डरा हुआ होता है कि रुका हुआ आदमी उसे अपने समूह में शामिल न कर ले ! रुका हुआ आदमी उसके डर को समझता हुआ पहले तो उसके प्रति संवदेशील रहता है, आख़िरकार वह खुद भी तो कुछ अर्सा पहले तक उन भागने वालों में ही शामिल था... पर बहुत जल्द उसकी यह संवदेनशीलता क्षीण होने लगती है... अभी कल-परसों की ही तो बात है... किनारे खड़ा रुका हुआ आदमी किसी भागते से कुछ बोला... शायद उसने कुछ पैसे मांगे । हां, इन रुके हुए आदमियों के हाथ में अक्सर एक मोटे कागज या प्लास्टिक का बना गिलास होता है जिसे आपके सामने लाकर ये कहते हैं-"चेंज... चेंज... केन यू स्पेयर सम चेंज ?" कभी-कभी ऐसा भी होता है कि उनके हाथ में ऐसा कोई बर्तन न हो और वे देखने में बड़े सूटेड-बूटेड हों... फिर वे आपको रोककर कोई कहानी सुनाने लगें... यूं भी रुके हुए आदमी के पास ख़ासा वक़्त रहता है कहानियां गढ़ने का । सिर्फ भागते आदमी के पास सुनने का वक्त नहीं होता... तभी कहानियां कहते भी वही हैं जिनके पास सुनने की भी फुर्सत होती है... यानी कि वे सारे लिखने-सुनने वाले इसी रुके हुए समाज के ही बाशिंदे हैं और जब ये भागने लगते हैं तो फिर लेखक नहीं रह जाते । यूं लिखना या सुनना कोई बड़ी बात नहीं... इनका जीने से कोई सीधा रिश्ता भी नहीं... लेकिन यह बात सिर्फ भागने वाला ठीक से जानता है ! और तभी तक जानता है जब तक कि भागता रहता है । रुक जाने के बाद उसका दर्शन बदलने लगता है ।

भागने वाला सुना-अनसुना किये चलता रहा । यूं भी हर भागने वाले को यही सिखाया जाता है कि नाम की सीध पर चलते रहो... दाएं-बाएं

देखकर मुस्कुराये नहीं कि कोई धर दबोचेगा ! यह रुका आदमी करीब छह महीने पहले तक दिनभर दौड़ लगाया करता था... स्टॉक बेच-बेचकर बड़ा-सा मकान भी खरीद डाला था... फिर एक दिन स्टॉक ऐसे गिरे कि घर की किश्तों के लिए पैसे नहीं थे... बस छिन गया घरबार... फिर मेरे ही दर पर आसरा मिला उसे ! ब्रॉडवे है न मेरा नाम–उदारता, बड़प्पन और सहिष्णुता–ये सब मेरे ही खाते में डले हैं... सालों से बस अपना नाम सार्थक करने में लगी हूं । शब्दकोश में मेरे नाम का कुछ और अर्थ भी है–सामान्य... आम किस्म की या गंवारू ! इसलिए आम या छोटा हो जाने के बाद मैं ही सहारा बनती हूं सबका !

अपनी अवहेलना देख यह आदमी भागने वाले के पीछे हो लिया । भागने वाले ने मुड़कर देखा तक नहीं । तब पीछा करते हुए रुका आदमी चिल्लाया–"मेरी बात का जवाब तो दो !"

भागते आदमी ने अब भी कोई प्रतिक्रिया नहीं दी और तेजी से भागता रहा ।

तब रुका आदमी भागकर उसके बराबर आ गया और बोला–

"तुम पर मुझे जवाब देने का ऋण तो है ।... यू ओ मी एन आन्सर !"

"कैसा ऋण ?"

"चूंकि मैं तुमसे कुछ कह रहा हूं... इसलिए जवाब देना तुम पर उधार हो जाता है ।"

"लेकिन मैंने तो तुमसे कोई उधार नहीं मांगा !"

"अगर मैंने तुमसे कुछ कहने के लिए अपनी जुबान को तक़लीफ़ दी है तो तुम्हारा भी फर्ज बनता है कि..."

"मगर क्यों ?"

"क्योंकि यह प्रजातंत्र है ।"

"लेकिन प्रजातंत्र है इसीलिए मैं किसी को जवाब देने के लिए उतरदायी नहीं । यह मेरा अपना चुनाव है !"

"तुम मुझे पैसा नहीं देना चाहते तो मत दो, लेकिन एक नागरिक होने के नाते मुझे जवाब पाने का पूरा हक है ।"

"जवाब देना, न देना मेरा अपना चुनाव है... तुम जबरदस्ती नहीं कर

सकते !"

और वह भागनेवाला आदमी अपना लंदन-फोग का आल-वैदर कोट झलझलाता हुआ झटके से आगे बढ़ गया ।

रुके हुए आदमी की जगह तय थी... वह भुनभुनाता हुआ अपनी जगह वापस आकर खड़ा हो गया ।

ऐसे कई रुके हुए चेहरे मेरी पहचान के हो गये हैं । यूं अक्सर ये चेहरे गायब भी हो जाते हैं... कभी तो पता ही नहीं लगता कि कहां जाते हैं लेकिन कभी नये भागने वाले चेहरों की तलाश में कुछ दूर जाकर फिर लौट आते हैं ।

यूं भागने वालों से भी मेरी खूब अच्छी पहचान है । इधर कुछ सालों से इनके रूप-रंग और पहनावों में बड़ी विविधता आती जा रही है... पर उनकी दौड़ की शक्लोसूरत में ख़ास फ़र्क़ नहीं होता... जैसे कि हर भागने वाला एक सपने के पीछे भागता है और जितना वह भागता है, उतना ही सपना दूर होता चला जाता है जबकि हर बार उसे लगता रहता है कि सपना बस उसके करीब है और इसलिए वह अपनी चाल भरसक तेज़ करता रहता है... जब चाल उसकी सामर्थ्य से ज्यादा तेज होने लगती है तो वह डगमगाने लगता है या कभी-कभी गिर पड़ता है... और कभी-कभी तो थककर रुक भी जाता है !

इन भागने वालों में इधर कई नये किस्म के आवासी आने लगे हैं... पीले... भूरे और गेहूं रंग वाले... एशियाई कहते हैं सब इन्हें यहां । हर आवासी आते ही भागने वालों के समूह में शामिल होना चाहता है... इसलिए वह जमीन पर पैर लगते ही भागना शुरू कर देता है । मेरे आसपास भी तो बहुत से आ बसे हैं... यह मेरे सामने वाले मकान में ही तो चार महीने पहले कोई आया है... यही कोई तीस-बत्तीस साल का नौजवान होगा... नन्हें-नन्हें दो बच्चे हैं... उसकी बीवी साड़ी पहनकर निकलती है तो सब की आंख उसी की ओर चली जाती है । एकदम रेशम की-सी काया है उसकी । साड़ी में खुली झांकती उसकी कमर की त्वचा छूने को पता नहीं कितनी ही आंखें आतुर हो उठती हैं । बहुत भोली, बहुत प्यारी-सी दिखती है वह मुझे... आंखों में ढेर-ढेर कौतूहल... ढेर-ढेर आकर्षण... ! जिस चतुराई से वह बच्चों की देखभाल करती,

दौड़ती-भागती है... मैं उसके भरे लेकिन गठे हुए बदन की ऊर्जा से आतंकित हो जाती हूं... एक बच्चे को स्कूल छोड़ती है तो दूसरे को बग्घी में डाले कभी खरीदारी कर रही होती है तो कभी मेरे साथ लगे पार्क में घुमा लाती है या फिर घर के धंधों में लग जाती है। उसका पति सामने वाली दुकान में ही काम करता है... दुकान का मालिक कुछ साल पहले कोरिया से आया था... आते ही उसने फल-सब्जियों की दुकान में काम शुरू किया। फिर जल्द ही अपनी फल-सब्जियों की दुकान खोल ली। कुछ लोगों ने एक बार गुस्से में आकर उसकी दुकान में आग लगा दी थी। उन लोगों का कहना था कि वह उनकी कमाई खाता है... यानी कि कमाई जो उनकी हो सकती थी ! और ऐसी कोई संभावना खत्म करने के लिए ही दुकान में आग लगा दी थी... पर वे तो इस कार्रवाई से कुछ कमा नहीं पाये और महीनों के वक़्फे में दुकान फिर से खड़ी हो गयी, तभी तो इस नौजवान को आते ही यहां नौकरी मिल गयी। यूं दुकान के अलावा उसने घर पर ही बढ़ईगीरी भी शुरू कर दी है... कुछ ठोकाठाकी का शौक उसे बचपन से था... उसी शौक में एकाध बार किसी दोस्त का फर्नीचर ठीक कर दिया तो बस सभी अड़ोस-पड़ोस के हिन्दुस्तानी-पाकिस्तानी उससे फर्माइश करने लगे। वह भी खुशी-खुशी सबका काम कर देता। था भी खुशमिज़ाज और इस तरह सब से अच्छी रखी-रखायी भी थी। एक दिन उसके एक दोस्त ने ही सुझाव दिया था कि अगर वह ताबूत बनाना शुरू कर दे तो खूब आमदनी हो सकती है और काम ज्यादा मुश्किल भी नहीं... तब से उस पर यही सनक सवार हो गयी थी और एक दिन वह घर पर ही सारा सामान ले आया था और घर पर ही ताबूत बनाना शुरू कर दिया था।

यह धमाका शायद उसी नौजवान के मकान के आसपास हुआ था !

उस दिन वह नौजवान और उसकी बीवी दोनों एक चीनी रेस्तरां से खाना खाकर निकले थे... दोनों बच्चे भी उनके साथ थे। एक रुकी हुई महिला उनके करीब जाकर खड़ी हो गयी... हां, इन रुके हुए लोगों में बहुत-सी महिलाएं भी थीं। महिला बड़ी सभ्य-सी दिखती थी... मेरे पहलू में आये अभी उसे बहुत अर्सा नहीं हुआ था... साड़ी वाली महिला बड़े कौतूहल से उसे देखने लगी... स्ट्रोलर में बैठी उसकी दो साल की

गुड़िया भी मुस्कान बिखेरने लगी । उसे सपने में भी ख्याल नहीं आ सकता था कि सभ्य महिला अब उससे भीख मांगने वाली थी... यूं उसे तो लगता था कि वही इस देश में सबसे ज्यादा ग़रीब है... शायद इन बेघर भिखारियों से भी ज्यादा गरीब ! सर्दियां आने वाली थीं और अभी तक घर में किसी के पास भी गरम कपड़े तक नहीं थे । वह जल्दी-से-जल्दी पैसे जमा करना चाहती थी ताकि सबके लिए गरम कपड़े खरीदे जा सकें !

"बहुत भूख लगी है, कुछ पैसा दे दो तो खाना खा लूंगी ।"

उनके पांच साल के बच्चे के हाथ में एक लिफ़ाफ़ा था जिसमें बचा खाना रेस्तरां से पैक करवाकर साथ ले जा रहे थे । साड़ी वाली महिला बोली—"भूख लगी है ! तो ये लो खाना । यह चीनी खाना मैं बंधवाकर घर ले जा रही थी ।"

रुकी महिला अचकचायी । फिर बोली—"ठीक है । दे दो... खाना ही !"

साड़ीवाली महिला मुड़ी ही थी कि उसने खाना किनारे रखे एक कूड़ेदान में फेंक दिया... अब तो साड़ी वाली महिला का चेहरा तमतमा उठा—"यह क्या किया ? खाना क्यों फेंक दिया ?"

"तुम एशियाई लोग बहुत मिर्च-मसाले वाला खाना खाते हो... मेरा पेट ख़राब हो जायेगा ।"

"क्यों... तुम चीनी खाना नहीं खातीं ?"

"खाती हूं । पर तुम लोग..."

"भीख भी मांगेंगे... और उस पर भी नखरे ?"

"भीख जरूर मांग रही हूं... पर हूं तो इंसान ही... इसका यह मतलब तो नहीं कि तुम मुझे अपनी जूठन पकड़ा दो... कि तुम्हारी बीमारी और गंदगी भी मैं ढोऊं ?"

उसने हिकारत की नज़र से साड़ी वाली को देखा । वह अपने पति से किसी दूसरी भाषा में कह रही थी—"कहां मैं सोच रही थी कि इतना खाना है, कल का लंच भी हो जायेगा और इस उल्लू की पट्ठी ने उठाकर कूड़े में फेंक दिया... मैं तो देने से रही इन्हें भीख !"

रुकी महिला उसकी आंखों का गुस्सैल और चोट खाया भाव पहचान गयी थी ।

"मुझे अलसर है... इसलिए मसाले वाला खाना..."

साड़ी वाली महिला ने पति से कहा–"खाना तो लिफ़ाफ़े में बंद ही है... हम कूड़ेदान से उठा लें ?"

"कैसी बातें करती हों... मैं नहीं खा सकता अब वह खाना ।"

"तुम मत खाना, मैं खा लूंगी । साफ ही तो है ।"

"ऐसी कौन-सी बात है, खाना नहीं मिलता तुम्हें ?"

"अन्न का निरादर नहीं करना चाहिए न ! इसलिए तो इसे भीख मांगनी पड़ रही है ।"

वह 'तुम्हारी मर्ज़ी' कहकर चुपचाप खाना कूड़ेदान से उठा लेता है ।

रुकी हुई महिला उन्हें हिकारत की निगाह से देखती दूसरे ब्लाक की तरफ निकल जाती है ।

साड़ी वाली महिला अपने पति से बतियाने लगती है–"पहले मुझे कालों से डर लगता था, अब गोरों से भी लगने लगा है ।"

"क्यों ?"

"सुनो, मैं साड़ी पहनना बंद कर दूं ?"

"साड़ी में तू सबसे खूबसूरत लगती है... यहां की कोई औरत तेरी बराबरी नहीं कर सकती ।"

"बस, शुरू कर दी न फालतू की बात... जितनी साड़ी अपने मुल्क में पहनती थी, अब उससे कहीं ज्यादा यहां... पर लगता है ये ज्यादा नहीं ।"

"बात क्या हुई ?"

"या घर से निकलना बंद कर दूं ?"

"देखो, जब साड़ी पहनती हूं तो अपने आप में तो बड़ा आराम लगता है पर दूसरे मुझे ऐसे देखते हैं जैसे कि कोई अजीबोगरीब जंतु होऊं !... सुनो, मुझे यहां बहुत डर लगता है ।"

"डर भला किस बात का ! अपना आराम से कमा-खा रहे हैं... किसी का फालतू का रैब नहीं । अपने काम से काम और खरे मिल जाते हैं दाम !"

"वाह ! तुमको तो यहां तुकबंदी भी सूझने लगी है ।"

"अभी तू देखती जा। एक बार मेरा ताबूतों का बिजनेस चल निकला न तो मालामाल हो जायेगी तू... अगले साल तेरे को घर खरीद के देना है मैंने।"

"पर एक बात कहूं... यह तुम्हारा ताबूत बनाना... बड़ा मनहूस काम है... मन को अच्छा नहीं लगता... सारा वक़्त घर में उसी के मत्थे लगना पड़ता है।"

"घबरा मत, कुड़िये ! ये तो कल-परसों तक मुकम्मल हो जाना है... गाहक मिलने में देर नहीं लगनी। उसके बाद तो कोई जगह किराये पर ले लूंगा... वो अहमद नहीं कह रहा था इस पेशे में कमाई ही कमाई है।"

"सुनो, अब किसी अच्छी जगह घर लेना... बिट्टू अगले साल से स्कूल जायेगा सो इलाक़ा अच्छा होना चाहिए। यहां के स्कूल में तो उस दिन एक लड़के ने अपने साथ पढ़ने वाले को गोली से मार दिया... सुना था न तुमने... बारह-तेरह साल के लड़के... ना बाबा, ऐसे स्कूल में मैं तो कभी न भेजूं अपना बच्चा !"

यह यहां की रीत है... सब कोई शहर में अच्छी नौकरी की तलाश में आते हैं... फिर पैसा बनने लगता है तो कोई बेहतर, कोई सुरक्षित स्थान ढूंढते हैं—रिहाइश के लिए।

हर किसी का मुकाम होता है... एक हरियाले सबर्ब में साफ-सुथरा सफेद-सा मकान... कुछ-कुछ वैसा ही, जैसा कि अमरीकी राष्ट्रपति का है। यहां के सबसे महंगे इलाक़ों में ज्यादातर बढ़िया घर सफेद ही होते हैं... इनके बाहर अमरीकी झंडा लगा रहता है... और घर के अंदर बंदूक होती है। झंडा और बंदूक यही दो प्रतीक हैं—एक सफल, धनाढ्य और अभिजात्य अमरीकी के ! एक तरह से सच्चे अमरीकी होने का अर्थ है इन दो चीजों में आस्था ! एक उनकी विजय, उनकी सर्वोपरिता का प्रतीक है तो दूसरा उस विजय और सर्वोपरिता को पाने का साधन ! लहलहाता झंडा और दनदनाती बंदूक ! फिर उसके बूते वियतनाम हो या ईराक की खाड़ी—कहीं भी अपनी ताकत का ढोल पीटा जा सकता है !

उस नौजवान और उसकी बीवी का सपना भी था कि जितनी भी ऊंचाई तक चढ़ सके, बस चढ़ते रहेंगे... एक कमरे के अपार्टमेंट से दो

कमरे का अपार्टमेंट... फिर घर... फिर और बड़ा घर... फिर बेहतर इलाके का घर... फिर और बेहतर और बड़ा घर...

अचानक पुलिस की गाड़ियों की छतों पर लशकारे मारती बत्तियां और भोंपुओं के शोर से सारा माहौल भर उठा। पुलिस ने उस नौजवान के घर को घेरा हुआ था। मैं अब और भी डर गयी थी। क्या हुआ होगा... मैंने अपने आसपास देखा... कुछ पलों के लिए सिवा उन पुलिस के भोंपुओ के बाक़ी सब सन्नाटा था। कुछ देर बाद वे भोंपू भी चुप हो गये। मैंने देखा दो आदमी उस नौजवान को घेरे उसके घर से बाहर निकल रहे थे। उनके हाथों में रिवाल्वर थे जिनके मुंह उस नौजवान की ओर तने हुए थे। उनमें से एक आदमी पुलिस को चुनौती देता हुआ बोला–"आप हमें यहां से ठीक-ठाक निकल जाने दें वर्ना हम इस नौजवान को गोलियों से उड़ा देंगे।" और वे नौजवान की ओर गोली ताने आगे बढ़ने लगे।

उस नौजवान को गोली का निशाना बनाये इन चेहरों को भी मैं पहचानती हूं। ये वे रुके हुए लोग हैं जो जब भागने पर आते हैं तो फिर अंधी दौड़ लगाते हैं... इनकी आत्मा तक अंधी हो चुकी होती है और सिर किसी कटे धड़ की तरह। ये बस बंदूकें और छुरे चलाते रहते हैं... मेरे आंगन में हर दिन इनका खिलवाड़ जारी रहता है, आज भी ये किसी स्टोर में घुस गये थे–धन बटोरने। पर अपने अंधेपन में इन्हें यह अंदाज़ नहीं लग पाया कि शहर की पुलिस इनके पीछे पड़ी है। पर बदकिस्मती देखो उस नौजवान की... पुलिस के बचने के लिए उसी के घर में घुस गये। अब उसे बंधक बना लिया है... और खुद को बचाने के लिए उसकी ज़िंदगी छुड़ाई में लगा दी है। मैं घर के अंदर दुबकी उसकी सहमी बीवी को देख रही हूं जो दहशत के मारे चीख भी नहीं पा रही... शायद उसके मुंह में भी कपड़ा ठूंस दिया हो उन्होंने। और वे दो भोले बच्चे... क्या उन्होंने भी कोई सपना देखा था जिसकी क़ीमत उनसे मांगी जा रही थी!

कुछ पल बला की ख़ामोशी छायी रही। फिर सहसा दोनों ओर से गोलियों की लगातार बौछार। पुलिस और गुंडों की मुठभेड़! पलक झपकते ही कई लाशें खून से तर-ब-तर मेरी छाती पर धरी थीं। पता नहीं कौन किसकी गोली का निशाना बना? एक खूनी भाग गया था, दूसरा

खुद ही ढेर हुआ पड़ा था । साड़ी वाली महिला पागलों-सी चिल्ला-चिल्लाकर पता नहीं किसकी दुहाई दे रही थी... वह कभी अपने बाल नोंचती... कभी छाती पर जोर-जोर से मुक्के मारने लगती... कभी खून से तर जमीन से सिर टकराती... दोनों बच्चे सुन्न-से जैसे किसी नाटक का चरम दृश्य देख रहे थे ।

भोर की किरणें मेरी छाती पर सिर पटक रही थीं... गाड़ियों और भागनेवालों की चै-पचै के साथ मिली अजगर की दहाड़ें मुझे बहरा बनाये दे रही थीं... रातभर उस नौजवान के घर से उठने वाली समवेत चीत्कारों ने यूं भी मुझे सोने नहीं दिया था । एक ओर आंखें नींद से मिची-मिची जा रही थीं, वहीं सिर उनींदेपन और शोर से भन्ना रहा था । अधमुंदी आंखें सहसा नौजवान के घर की ओर उठीं तो देखा उसी ताजे बने ताबूत में नौजवान की लाश को लिटाया जा रहा था । एक अधेड़-से पड़ोसी ने उसांस लेकर कहा-"चलो, अच्छा हुआ परदेश में किसी पर बोझ तो नहीं बना... अपना इंतिजाम खुद ही कर गया ।"

उस दिन के स्थानीय अखबार में किसी जगह सुर्खियां थीं इस हादसे के बारे में-'एक सपना जो सच न हो सका ।' ख़बर की आख़िरी पंक्ति थी । 'आज शाम के हवाई जहाज से मृत नौजवान के बीवी और बच्चे ताबूत समेत अपने मुल्क वापस जा रहे हैं ।'

मेरी पथरा आयी आंखें भी गीली होने लगती हैं क्योंकि मैं जानती हूं कि सपना सिर्फ़ उस नौजवान का ही नहीं था ।

...और मैं सोचने लगती हूं कि यहां सच में रुका हुआ कौन है... और भागता हुआ कौन ?... शायद मुझे कोई दूसरी परिभाषा खोजनी होगी...

**

2. ज़मी बर्फ़ का कवच

पच्चीस मंजिली इस इमारत में करीब सौ अपार्टमेंट हैं । हर अपार्टमेंट अपने में एक 'यूनिट' है जिसकी दीवारों के बीच से अक्सर आवाज़ें तो गुज़र जाती हैं लेकिन इन आवाज़ों को दीवारों के कान लगाकर सुनने की जिज्ञासा को बरसों तक ठोक-पीटकर दफ़ना दिया जाता है । अतः उनके होने के प्रति आपत्ति जाहिर करना ही यहां के तौर-तरीके के मुताबिक ज्यादा ठीक माना जाता है । हवा और रोशनी के आने-जाने के लिए आगे-पीछे बनी लम्बी-चौड़ी शीशे की खिड़कियां भी हैं लेकिन सफेद नॉयलान के पर्दों से उनका ढका रहना ही यहां ही 'एस्थेटिक्स' की मांग है, और एक वजह यह भी है कि कहीं आप उन शीशों के बीच से घर के अंदर न झांक लें—आखि़रकार 'घर' व्यक्ति का निजी घेरा है और कोई उसमें दाखि़ल हो भी कैसे सकता है ? यूं घरों में रहने वाले इमारत के आसपास तो दीख ही जाते हैं—खासकर लिफ्ट में आते-जाते या उसका इंतिजार करते हुए । और अक्सर बार-बार दीखने से वे चेहरे एक-दूसरे को पहचानने भी लगते हैं और कभी-कभी यह पहचान काफ़ी दूर तक भी चली जाती है जबकि पहचानने वाले एक-दूसरे को 'बौंयू' (नमस्कार), 'सा वा' (ठीक है), 'वि-सवा बियां' (हां, ठीक-ठाक है) कहकर अपनी पहचान का सुबूत देने लगते हैं । कभी बात बढ़कर थोड़ी और दूर तक जा पहुंचती है और वे आपस में मौसम बांटना शुरू कर देते हैं, 'आज सूरज निकला है'—लगभग ऐसे ही चार-पांच अर्थहीन वाक्यों में सारा संप्रेषण चुक जाता है । एक-दूसरे के करीब आने से जैसे घबराते हैं—'अपने' को औरों से बचाकर रखने में ही 'सुरक्षित' महसूस करते हैं । खुल जाने से उनका 'व्यक्ति' निवारण होकर नष्ट हो जायेगा । अनीषा को बहुत अजीब लगता है इन सबके बीच । निरावृत्त हो जाने का ऐसा डर भी होता है—यह उसे अपने हिन्दुस्तानी माहौल में कभी जानने का मौका

नहीं मिला था। भाई-बहनों के साथ बड़े परिवार में पली-बढ़ी, बतियाती, चहचहाती अनीषा यूरोप के इस शहर ब्रसल्स में पहुंचकर हैरान-परेशान-सी उन ठंडे जमे नकली मुस्कान लिये चेहरों को देखती रहती है और उसे लगता है उस ठंड ने उसके भीतर की गर्माहट को भी जमाना शुरू कर दिया है—जैसे इसी ढंग से जिया जा सकता है वहां बिना एक दूसरे की ज़िंदगी में हस्तक्षेप करते हुए—स्वतंत्र, मुक्त और अपने में सिकुड़े हुए..

घर में घुसती है तो बन्द दीवारों के घेरे में घुटन धर दबोचती है—शीशे की लम्बी-चौड़ी खिड़कियां खोलती है तो सड़क पर से लॉरियों, कारों, पुलिस और एम्बुलेंस के कान चीरने वाले हॉर्नों का शोर उसके दिमाग की नसें भड़भड़ा देता है और कान के पीछे की नस में जोर से घड़घड़ाहट-सी शुरू हो जाती है। चौबीस घंटे सड़क पर रहने वाले इस शोर से घबराकर वह कभी भी उन खिड़कियों को खोल नहीं पाती—और यूं खोलकर जो दिखना है वह तो बन्द शीशों से भी दिख जाता है। और देखने को है क्या—मकान, या मकानों की छतें, ऊंचे-नीचे, अलग-अलग 'लेवेल्स' पर बने मकानों की छतों पर निकले टेलीविजन के 'एन्टेना' जो सारे अंतरिक्ष की रेखा को उलझाये हैं। पूरा शहर जैसे आपस में गुत्थमगुत्था हुआ पड़ा हो। दिमाग में अजीब परेशानी पैदा हो जाती है और पास के मकानों की खिड़कियों पर पड़े सफेद परदे दीखते खूब झकाझक उजले हैं लेकिन पारदर्शी नहीं हैं... उसे याद आती है अपने महल्ले की खिड़कियां जहां आमने-सामने वाली खिड़कियों में खड़े होकर जाने कितने ही इश्क-प्यार के किस्सों की शुरुआत हो जाती थी—उसकी अपनी सहेली क्षमा का अनिल से 'अफेयर' भी तो ऐसे ही शुरू हुआ था।... और इन खिड़कियों के बीच से तो हवा तक नहीं गुजर सकती। इन सब लोगों के बीच जब वह अपने पति को रखती है तो उसे लगता है जैसे आज तक उसने जांमिशेल को भी भीतर तक जाना नहीं। पहली बार जब वह उससे दिल्ली में मिली थी तो उसके दिमाग में 'जांमि' के आसपास का माहौल उसका अपना दिल्ली का जाना-पहचाना माहौल था... तब उसे इस बात का एहसास नहीं हुआ था कि दिल्ली की गुनगुनी सतरंगी शामों में वह जिस 'जांमि' के साथ बैठी है, उसके भीतर कहीं ब्रसल्स की ठंडी, कुहरे भरी सिलेटी शामें बसी हुई हैं कि वही उसका

निजी माहौल है और कि यहां का माहौल उसके लिए महज एक बदलाव भर था–उन पहचानी... गोरी लड़कियों से हटकर.. एक गरम, गुनगुनी चहकती लड़की । उस गरमाहट और चहचहाहट से आदी भी हुआ जा सकता है या वही कभी दूसरे की खीझ का कारण भी बन सकती है–कि उसका सारा अस्तित्व ही 'गारंटिड' लिया जाकर घर के निरीह कोने में पड़ा रह सकता है... इस सबकी कल्पना करने लायक 'दूरदर्शिता' उसमें कभी थी ही नहीं । घर की तमाम मशीनों–कपड़े धोने की या बर्तन साफ़ करने की–उन्हें चलाते-चलाते उसे लगता है वह भी एक मशीन बन गई है–इन तमाम मशीनों को चलाने वाली 'मशीन' बस यही भर रह गई है 'जांमि' के लिए ।

ब्रसल्स आकर उसने नौकरी नहीं की थी–नौकरी पाना यूं आसान भी नहीं था और ऐरे-गैरे कामों को करने में तो अभी भी उसके संस्कार आड़े आते हैं और फिर सबसे बड़ी बात कि वह 'जांमि' के साथ घर बसाना चाहती थी । कितना गर्व था उसे अपने जांमि पर । जब वह उसे पापा से मिलवाने ले गई थी तो कितना 'हैंडसम' लग रहा था, पापा को उसने तैयार तो पहले से ही किया हुआ था । उन्होंने अनीषा से कहा भी था–बेटी, हमारी वैल्यूज, संस्कार और रहन-सहन में बड़ा फ़र्क़ होता है, बाद में चलकर छोटी-छोटी बातें ही झगड़ों का कारण बन बैठती हैं, अभी तुम रोमानी दुनिया में हो, लेकिन याद रखना रोमांस जहां खत्म होता है वहीं से ज़िंदगी शुरू होती है–शादी का सोचती हो तो बहुत सोच-समझकर कदम उठाना । कहां सुनी थी उसने पापा की–तब तो परिवार भर में इस बात का फख्र करती थी कि कितनी हटकर है वह आम दुनिया से, 'फॉरनर' से शादी कर रही हूं । फिर कोई ऐसा-वैसा नहीं, जर्मन 'फर्म' में असिस्टेंट मैनेजर है, यहां दो साल की पोस्टिंग थी एक 'कौलेबोरेशन' में । तीन महीने बाद ब्रसल्स वापस लौटना है, फिर दोनों साथ वहीं रहेंगे ।

और वहीं रहती है वह अब... पिछले दस सालों से । जांमि घर आता है, हाथ-मुंह धोकर, ड्रिंक लेकर टेलीविजन के सामने बैठ जाता है । दिनभर का दफ़्तर से थका-लौटा जांमि... अनीषा को उससे बात करने में भी घबराहट महसूस होती है कि दफ़्तर की थकान उस पर झल्लाहट न बन बैठे... फिर जांमि को अपने टेलीविजन देखने में भी 'डिस्टर्बेंस'

पसंद नहीं । कुछ देर बाद दोनों खाना खाते हैं ज्यादा टेलीविजन देखते हुए ताकि बातचीत की अनुपस्थिति खटके नहीं... फिर 'ट्विन बेड' पर साथ लेट जाते हैं दोनों, अक्सर सेक्स भी करते हैं—ठीक उसी तरह से जैसे खाना खाते हैं, बड़े निर्विकार भाव से, चुंबनों का आदान-प्रदान भी हो जाता है—मरे-मरे, आवेगहीन, स्वादहीन वे चुंबन... 'फ्रोजन मीट' के टुकड़ों को जैसे बिना गर्म किये ही मुंह में डाल दिया जाए । और फिर दोनों पासा पलट कर पलंग के दोनों किनारों पर सो जाते हैं... इस बीच अगर कुछ बातें होती भी हैं तो बहुत बेमतलब जिन्हें कहे बिना भी चल सकता है । जांमि आदत के अनुसार पूछ तो लेता ही है, 'कुछ खास बात ?' और वह भी हमेशा कह देती है, 'नहीं, कुछ खास बात नहीं ।' और खास कुछ होता भी तो नहीं—रोज वही एक-सी रुटीन की बातें या ज्यादा-से-ज्यादा बच्चों की छोटी-मोटी समस्या पर कुछ कह-सुन लिया जाता है । इस बीच अगर वह कह देती है कि 'आज सिर में बहुत दर्द है' या 'आज कान के पीछे बहुत जोर से ढक-ढक होती रही' तो जांमि बड़े निरुद्विग्न भाव से जवाब देता है, 'कल सुबह डॉक्टर को दिखा देना ।' वह और भी खीझ उठती है । कितनी बार तो दिखा चुकी है डॉक्टर को । वही कुछ घंटों का आराम देने वाली दवाईयां जिनका बाद का असर उसे और भी बीमार बना देता है, देह-दिमाग में अजीब सुस्ती और थकान भर देता है और फिर दिनभर कुछ भी करने को मन नहीं होता, थोड़ा-बहुत घर का काम करती है तो उसी में निढाल-सी होकर बिस्तर पर पड़ जाती है—किसी भी काम में मन नहीं लगता उसका । यूं भी घर के काम करते-करते ऊब गई है वह इस सबसे । रोज़-रोज़ वही खाना पकाना या 'वैक्यूम क्लीनर' चला देना, या कपड़े और बर्तन धोने की मशीनें भरकर चलाना और फिर स्कूल से आने वाले बच्चों और दफ़्तर से आने वाले पति का इंतिजार... । दोनों बच्चे भी जांमि की तरह घर आते ही टेलीविजन के सामने बैठ जाते हैं । सात बजते ही ज़बरदस्ती उन्हें वहां से उठाती है और वे नहा-धोकर, खाना खाकर सो जाते हैं—अगले दिन फिर सुबह-सुबह उन्हें स्कूल भेजना होता है और उनके बाद जांमि को... नौ बजे तक घर खाली हो जाता है, दो-तीन घंटे घर का काम निपटाने में लग जाते हैं और फिर वही सिर का दर्द या कान के पीछे की नस की घड़घड़ाहट शुरू हो

जाती है... पहले ये दर्द नहीं होते थे । दूसरे बच्चे के पैदा होने के साल भर बाद ही उसके कान में तीखा दर्द होना शुरू हुआ था, बार-बार उठता था दर्द, सुनता भी ठीक से नहीं था और डॉक्टर ने उस भयंकर शोर करने वाली मशीन की आवाज़ कान में देकर उसके कान के इलाज की कोशिश की थी । तभी से वह शोर उसके कान की नसों में घुसकर बैठ गया है, अक्सर बहुत देर तक कान के पीछे की नस से ढक-ढक-की आवाज़ होती रहती है और वह बेहद बेचैनी और तड़पन महसूस करती है । जांमि कहता है कि यह सब 'साइकोलॉजिकल' है । डॉक्टर 'कम्पोज' जैसी सुन्न कर देने वाली अलग-अलग नामों की दवाईयां या इन्जेक्शन देकर उसे शान्त कर देते हैं लेकिन वह शोर तो जैसे नसों के रेशे-रेशे में बस गया है, फिर-फिर उभर आता है । इस शोर को लेकर वह जरा-सी भी तीखी आवाज़ के प्रति काफी असहनशील हो उठी है । शहर तो दूर, सड़क पर जाने में भी घबराती है, शॉपिंग भी जांमि इसी से ज्यादातर खुद ही करता है । सड़क पर लगातार गाड़ियां गुज़रती ही रहती हैं और कभी अगर चली जाती है सड़कों पर तो लगता है जैसें शोर नसों को छेद देगा और वह भाग खड़ी होती है घर की ओर... घर जो कि हमेशा बन्द रहता है । शोर तो क्या वहां, हवा का हल्का-सा झोंका भी दाख़िल नहीं हो सकता और घुटैले घर में वह दवा खाकर लेट जाती है । बस लेटी रहती है, बार-बार उठकर फिर-फिर लेट जाती है, जिस्म में ऐसी सुस्ती छायी रहती है कि कुछ काम होता ही नहीं । तन्दुरुस्त महसूस करने या मन बहलाने के लिए कुछ खा लेती है तो और भी भारीपन महसूस होने लगता है । फिर बार-बार खाने से वह मुटियाने भी लगी है । पिछले चार सालों में वह पचास से सत्तर किलो पर पहुंच गयी है, डॉक्टर बार-बार वजन घटाने के लिए कहता है, जांमि भी याद दिला देता है लेकिन कैसे घटाये वह वजन ? दिनभर की सुस्ती, ऊब, सिर का दर्द, कान की नस की घड़घड़ाहट-सिर्फ 'खाना' ही उसका 'इस्केप' हो जाता है । नहीं खाती तो उसे लगता है उसमें ताक़त ही नहीं रही और वह और भी निढाल हो जाती है । इतने बरस हो गए इस अपार्टमेंट में रहते-लेकिन अब तक एक भी सहेली नहीं बन पायी । घर में ज्यादातर बन्द रहती है और उसे लगता है यहां के लोग ज्यादातर घरों में ही बन्द रहते हैं-बाहर

सड़कों पर घूमते हुए भी 'बन्द'। कभी अगर हल्का-सा करीब आयी भी तो अपने रहन-सहन पर भाषण ही सुनने को मिले हैं और वह फिर खुद ही कटने लगती है... इतना 'सुपीरियर' आखिर किसलिए समझते हैं ये लोग अपने को... कभी सोचती है लौट जाये अपनी दिल्ली में, लेकिन कितनी दूर आ चुकी है...और लौट जाने को घर भी कहां है... सब अपने-अपने में... भाभियों पर कैसे बोझ बन जाये... अब तो उसे लगता है कि शोर और सूनेपन के दो ओर-छोरों के बीच ही उसकी ज़िंदगी है। इससे बाहर होकर खुलने, या चहचहाने वाली दुनिया उसके अंदर ही लाश बनी बदबू छोड़ने लगी है और वह भी नकली मुस्कान चेहरे पर लाकर पहचाने चेहरों से 'बौंयू' 'सा वा' कहती रहती है और वैसे ही पूछे जाने वाले सवालों का जवाब देकर चुप ही रहती है-ठंडी, जमी बर्फ का कवच उसने खुद पहन लिया है... और उसी में सुरक्षित महसूस करती है अपने को... दूसरों के सामने नंगा हो जाने का डर अब उसका अपना डर बनता जा रहा है।

**

3. भटकन

'टेलीफोन पर किससे बात कर रही थी ?' कहे हुए वीना ने लक्ष्य किया, बेबी काफ़ी उत्तेजित लग रही थी । बिना वीना की ओर देखे बेबी कहने लगी–

'हमीद का था ।'

'कहां से बोल रहा था ?'

'फ्रैंकफर्ट से ।'

'रोज़-रोज़ फ्रैंकफर्ट से फोन करता है तुम्हें ?'

'तो क्या हुआ, दीदी, उसके पास काफ़ी पैसे हैं ?'

'लेकिन तुम्हें क्यों करता है वह इतना फोन ?'

'ओहो ! जब ट्रेड-फेयर' में काम कर रही थी तो उसका स्टाल एकदम साथ था हमारे–उसने कहा वह मुझे ड्रेसेज सस्ते दामों पर दे देगा–बस इसी तरह कुछ दोस्ती हो गई...'

'वह पाकिस्तानी है न ?' वीना की आंखों में शंका थी ।

'हां, लेकिन उससे क्या फ़र्क़ पड़ता है ? जानती हो, दीदी, वह भी उसी शहर में पैदा हुआ था जहां तुम हुई थीं ।'

वीना को अपने और उस पाकिस्तानी के बीच यह साम्य बिठाना अच्छा नहीं लगा । उसने उपेक्षा से कहा, 'जानती है, यहां तू बेलजियन, फ्रेंच, इटालियन या चाहे अफ्रीकन से भी शादी कर ले, मम्मी-पापा को आपत्ति नहीं होगी, लेकिन किसी पाकिस्तानी...'

'लेकिन शादी की कौन सोचता है ? उसने तो यूं भी एक जर्मन लड़की से शादी कर रखी है... लेकिन आजकल वे अलग रह रहे हैं और हमीद किसी और जर्मन लड़की के साथ रहता है ।'

'फिर तुम...'

'मैं... मेरी उससे खुलकर बातें तो उसी दिन हुई थीं जिस शाम मुझे

वापसी की गाड़ी पकड़नी थी–इसी से बची हुई बातें वह फोन पर करता रहता है ।'

'कब तक बची रहेंगी ये बातें !' कहते-कहते वीना को लगा कि उसके भीतर की मम्मी बोल रही है यह सब । कभी तैयार होकर कहीं जाना हो, मम्मी जरूर पूछती थीं–'कहां जा रही है ?' लेकिन कोई 'ब्वॉय-फ्रेंड' ऐसा तो बनाया ही नहीं था कि अकेले घूमने जायें–घूमने-घामने के सारे प्रोग्राम सहेलियों के साथ ही बनते थे । हां, कभी किसी सहेली का भाई उसमें शामिल हो तो और बात है । मम्मी तो इसे लेकर भी छानबीन जरूर कर देतीं । लेकिन उसने मम्मी को खतरा महसूस करने का ज्यादा मौका नहीं दिया था । और देती भी कब ? बी.ए. पास करते ही शादी हो गई थी । बेबी ने तो एम.ए. भी कर लिया है और अभी भी शादी से इन्कार करती है । आजकल वीना के पास घूमने आयी है । वीना पिछले चार साल से हॉलैंड की राजधानी 'हेग' में रह रही है–पति को पांच वर्ष की 'असाइनमेंट' मिली थी । बेबी कहती थी दीदी का आख़िरी साल है तो उनके रहते-रहते वह भी यूरोप घूम ले । दीदी ने ही उसके लिए टिकट भी भेजा था, वर्ना मम्मी-पापा ने भेजना कहां था उसे । बेबी आयी तो थी तीन महीने के लिए लेकिन अब उसका लौटने का मन ही नहीं होता । कभी बेबी-सिटिंग करके या कभी ट्रेड-फेयर में लगने वाले 'इंडियन पैवेलियन' में 'टेम्परेरी' नौकरी करके कुछ-न-कुछ कमा लेती है और कहती है, 'दीदी, हिन्दुस्तान में क्या रखा है, वहां महीना भर नौकरी करके जो मिलता है, वह यहां हफ्ते भर की 'फेयर' की 'असाइनमेंट' में ही मिल जाता है और उसके साथ-साथ नये-नये देश घूमना, नये-नये लोगों से मिलना, होटल में रहना, न कोई रोक-टोक, न बंधन ।'

हर फेयर से बेबी एक-न-एक टेलीफोन करने वाला पीछे लगा ही लेती है । जब वियना से लौटी तो कहती थी कि बस अब की बार तो दीदी मैंने शादी करने का 'डिसाइड' कर लिया है–सरदार है, उसके पापा दिल्ली में हैं, ब्रिगेडियर हैं आर्मी में, वह भी अपने भाई के पास रहता है । अभी तो एक रेस्तरां में ही काम करता है, कहता था होटल मैनेजमेंट करूंगा फिर अच्छी-सी नौकरी मिल जायेगी । उसने अपनी मम्मी को

लिखा है । तुम भी लिख दो–वे लोग आपस में मिल लें–शादी तो हम यहीं करायेंगे । लेकिन बेबी के मम्मी-पापा माने नहीं । रेस्तरां के 'बारमैन' से शादी करेगी बेबी ? माना कि पापा कोई बड़े ओहदे पर नहीं, कपड़ा बेचने का साधारण धंधा करते हैं, लेकिन फिर भी कुछ तो इज़्ज़त है उनकी । लेकिन बेबी कहती है, 'दीदी, मैं नहीं चाहती कि मम्मी-पापा जिस-तिस के चाहे पल्ले बांध दें–वे लोग तो बस यही देखते हैं कि लड़का कमाता-खाता अच्छा हो–स्वभाव कैसा हो या शक्ल-सूरत कैसी हो–इसकी उन्हें कोई चिंता नहीं । यह भी तो देखना होता है आख़िर ! अब शुक्र है आजकल जीजा जी को यह नौकरी मिली हुई है वर्ना करनाल में उस सास-ससुर, जेठ, देवरों से भरे घर में कितनी दबी हुई थीं तुम । बस जो आपकी सास जी ने कहा वह तो पत्थर की लकीर हो गया–ये न पहनो, ये पहनो, फलां त्योहार पर तुम्हारी मम्मी ने यह नहीं दिया, वह नहीं किया । विरोध करो तो बस लड़ाई, टेंशन... इसी से तो मैं कहती रहती हूं कि मुझे करनी ही नहीं शादी । अब मैं कहती हूं कि बिल्लू मुझे पसंद है तो मानते नहीं । पैसे तो बिल्लू भी अच्छे कमा लेता है, फिर उसका घर भी अच्छा है, हैंडसम भी कितना लगता है... पर तुम लोग हो कि कहते हो बैरे से कैसे शादी कर सकती हो ? 'बारमैन' से बैरा बना दिया उसे और मैं तो कहती हूं कि आज अगर मुझे कोई पंसद है तो उससे शादी करने में आख़िर इतना सोचने-समझने की क्या ज़रूरत है–कल को अगर नहीं पटी तो क्या कोई हमेशा के लिए दरवाज़े थोड़े ही बंद हो गये–अलग हो जायेंगे, कोई और टकर जायेगा... लेकिन जीजा जी के समझाने पर मान गयी थी बेबी । उनकी बात सुनती है वह और फिर ऐसा कोई 'लव अफेयर' तो था नहीं ।

अगली ही 'असाइनमेंट' में जब वह स्पेन से लौटी थी तो हर तीसरे दिन 'स्पेनिश' में लिखा किसी स्पेनिश लड़के का ख़त आता रहता था, जिसे वह उसकी पड़ोसन की बड़ी बेटी से पढ़वाया करती थी... और टूटी-फूटी अंग्रेजी में वह डच लड़की उन स्पेनिश ख़तों का अनुवाद किया करती थी बेबी के लिए । वीना सच में हैरान थी कि भाषा न जानते हुए भी बेबी उस व्यक्ति के साथ एक बार लंच और एक बार डिनर कर आयी थी । और अब ख़तों का सिलसिला । पर वह भी ज्यादा दिन चल

नहीं पाया । शायद बेबी के अंग्रेजी में लिखे ख़त पढ़वाने में उसे भी दिक़्क़त होती होगी ।

और अब यह हमीद ! वीना बहुत परेशान हो उठती थी बेबी को लेकर । अगर मम्मी-पापा को पता चले कि बेबी इस तरह लड़कों के साथ खुलेआम घूमती है तो क्या सोचेंगे ? उन्होंने तो वीना के भरोसे ही बेबी को भेजा था । मम्मी बार-बार लिखती भी हैं कि 'बेबी कब लौट रही है, हमने उसके लिए कई लड़के देख रखे हैं, वह आये तो फैसला करे । बेबी घर में सबसे छोटी है, सो मम्मी-पापा को लगता है उसकी शादी करके फ़ारिग़ हों । लेकिन बेबी तो लौटती नहीं । बल्कि उस दिन कह रही थी–दीदी, आप लोग तो छः-सात महीने बाद लौट जाओगे हिन्दुस्तान–मैं सोचती हूं किसी डच परिवार के साथ रह लूं, बेबी-सिटिंग करूंगी और थोड़ा-बहुत घर का काम और कोई कोर्स ज्वाइन कर लूंगी । यहां बहुत पॉकेट-मनी भी दे देते हैं । दम्पति नहीं तो फिर जीजा जी से कहो कि मुझे कहीं 'सेल्स-गर्ल' या और कोई नौकरी दिलवा दें । मैं अपना अलग कमरा लेकर रहूंगी ।

'पगला गई है, बेबी, तू !' वीना उत्तेजित हो गई थी, 'मम्मी-पापा कभी स्वीकार करेंगे इस बात को कि इस तरह तुझे अकेला छोड़ जाऊं... और फिर ऐसी घटिया नौकरी... ।

'तो फिर क्या करूं, दीदी, ब्वॉय फ्रेंड्स तुम नहीं बनाने देती, मनमर्ज़ी से शादी तुम लोग नहीं करने देते–तब क्या करूं ? मैं तो सिर्फ़ अकेले रहने की बात कर रही हूं, उसमें तो कुछ अनैतिक नहीं ।' बेबी तड़पकर बोली थी । अनैतिक है नहीं तो हो जायेगा । कब तक रह पाओगी अकेले तुम–कोई सिर पर नहीं... और यूं भी सबसे छूटकर जानती हो कितना अकेलापन महसूस करोगी और उसे भरने के लिए एक दोस्त... दूसरा दोस्त... और इसी तरह यह सिलसिला... बेबी, इस रास्ते पर सिर्फ़ भटकन है । क्यों नहीं लौट जाती और सीधे से शादी करके 'सेटल' हो जाती ? लेकिन बेबी को उस 'सेटेल्ड' पारिवारिक दायित्वों से बोझिल ज़िंदगी से आजकल और भी ज्यादा विरक्ति होती जा रही है–उसकी कई एशियाई सहेलियां अपने 'ब्वॉय फ्रेंड्स' के साथ कमरा 'शेयर' करती हैं और बेबी का भी मन ललकता है वैसी ही 'मुक्त' ज़िंदगी जीने को, जहां

न मम्मी-पापा का दख़ल हो, न किसी सास-ससुर का, जहां उसके सोने और उठने का समय निर्धारण करने वाला कोई न हो, किससे वह मिलती है, किसके साथ वह रहती है, क्या-कुछ वह करती है ? इस पर सवाल-जवाब करने कोई न आये। मध्यम्वर्गीय परिवार के नैतिक संस्कारों और अनुशासन की कड़ियों में बंधी बेबी यूरोप के इस शहर में पहुंचकर सहसा अपने आपको आज़ाद परिन्दे-सा महसूस करने लगी है। वह कहीं भी जा सकती है, कुछ भी पहन सकती है, किसी के भी साथ घूम सकती है, यहां कोई कुछ कहने वाला ही नहीं।

लेकिन वीना को डर लगता है इस सबसे। डर... क्योंकि इन पिछले चार सालों में ऐसा बहुत कुछ देखा-जाना है उसने... अभी उसी दिन तो अनीषा का दुबारा ख़त आया है, 'वीना भाभी, एक बार प्लीज डेनियल को न्यूयार्क फोन करके तो पूछो क्यों नहीं देता वह मेरे खतों के जवाब ? यहां मम्मी-पापा, रिश्तेदार सभी से तो कह दिया था मैंने कि सितम्बर में डेनियल को आना है, तभी शादी करेंगे दोनों। आठ महीने हो चुके हैं- मम्मी-पापा इतने परेशान हैं, डेनियल ने मुझे ख़त ही नहीं लिखा। आप प्लीज बस एक बार और पूछ लीजिये उससे। अनीषा इनके दफ़्तर में ही काम करती थी, उसे भी भारत से ही तीन साल की 'असाइनमेंट' मिली थी। जहां डेनियल बुलाता, अनीषा किसी-न-किसी तरह 'मैनेज' करके चली ही जाती थी। भारत लौटने के कुछ दिन पहले ही तो वह डेनमार्क गई थी डेनियल के परिवार को मिलने। कितनी खुश और 'एक्साइटेड' थी तब ! उन दिनों यही चर्चा होती थी कि शादी अभी की जाये या हिन्दुस्तान में धूमधाम से। अनीषा के मां-बाप धूमधाम से करना चाहते थे और डेनियल को भी जल्दी नहीं थी शादी की, उसे एक नयी नौकरी मिल गयी थी और उसी सिलसिले में उसे न्यूयार्क जाना था। उसका कहना था कि वह नयी नौकरी में जरा अपने को जमा ले, तभी छह महीने बाद वह भारत जायेगा। भारत भी घूमेगा और शादी करके लौट आयेंगे दोनों।

पता नहीं क्या हुआ नयी नौकरी में या नयी जगह में वीना ने फोन किया था तो उसने रुखा-सा जवाब दिया था कि सारे डिटेल्स के साथ वह अनीषा को जल्दी ही ख़त लिख रहा है। कुछ समस्याएं हैं लेकिन

अनीषा को ख़त कभी नहीं लिखा गया। वह अब कैसे समझाये अनीषा को कि उसे डेनियल को भूल जाना चाहिए।

तब भी तो वह अनीषा को संकेत देती रहती थी कि डेनियल के साथ रहा मत करे। इतना करीब आना... । लेकिन अनीषा तो डूब गयी थी। उसमें भोली-भाली संस्कारों वाली अनीषा अभी भी डेनियल की प्रतीक्षा कर रही है।

क्या होगा फोन करने से ? वीना ने सोचा फालतू पैसे ही ख़र्च होंगे डेनियल का जवाब तो वह जानती है। शायद इस बार वह कहेगा कि यह उसका निजी मामला है—भला वीना कौन होती है सवाल पूछने वाली ?

उस रात बेबी बारह बजे लौटी थी। कैसे जागती रही थी वीना—कहां होगी इस वक़्त ? और अब यहां भी रात को सड़कें 'सेफ' नहीं होतीं। अभी कुछ ही दिन पहले उनके घर के नज़दीक़ ही एक लड़की पर बलात्कार हुआ था, तब उसने बेबी को ख़ास हिदायत दी थी कि आठ बजे तक लौट आया करे—अंधेरा वैसे भी जल्दी हो जाता है। फिर जीजा जी को भी बेबी का इस तरह देर-देर से आना पसन्द नहीं—कल को कुछ हो जाये तो क्या मुंह दिखायेगी वीना मम्मी-पापा को—इसीलिए बुलाया था अपनी बहन को ! पापा-मम्मी तो शुरू से ख़िलाफ थे बेबी को भेजने के—पापा चाहते थे बेबी को जहां जाना है शादी के बाद ही जाये। बहुत शौक है तो कोई बाहर 'सेटेल्ड' लड़का ढूंढ देंगे... लेकिन बेबी तब तक कहां रुक सकती थी ? सुबह जब बेबी देर से सोकर उठी तो वीना ने उसे समझाया कि उसे एक हिन्दुस्तानी लड़की की तरह मर्यादा में रहना चाहिए—कहीं कुछ ऐसा-वैसा घट गया तो ? लेकिन बेबी ने तब भी विरोध करते हुए कहा 'दीदी, भारत में रोक-टोक थी ही—मम्मी-पापा की टोका-टाकी हर बात में थी पर अब यहां भी तुम 'रुल्स-रेगुलेशन्स' बनाने लग गई हो—इतने बजे तक घर आना है, इससे नहीं मिलना, उससे नहीं मिलना, 'मिनी' नहीं पहननी, 'स्ट्रेपलेस मैक्सीज' नहीं पहननी... आख़िर तुम क्या आशा करती हो मुझसे कि सारा दिन घर में बैठे झाड़-पोंछ करके या निटिंग करके बिता दूं ! मुझे इस तरह बोरियत होती है।'

'तो लौट क्यों नहीं जाती ? मम्मी-पापा इतनी बार लिख चुके हैं कब भेज रही हो बेबी को, कब आ रही है बेबी... और तुम...'

'लेकिन दीदी, वहां पानीपत में भी रहकर बोर ही होना है–न कोई काम के सिनेमा हॉल, न घूमने की जगह । घर से बाहर निकलो तो सारे शहर की निगाह तुम पर–न मन से कुछ पहन सकते हो... और अब अगर लौट गई तो कहेंगे कोई मेम ही आ गई है... और फिर मुझे मालूम है करनाल या मूरथल के किसी बिजनेसमैन या सरकारी नौकर या इंजीनियर से शादी हो जाएगी और वही घर-गृहस्थी के चक्कर-दहेज में यह नहीं मिला या खाने-पहनने के हर ढंग पर लगातार टिप्पणियां–उसके बाद बच्चे पालो, खाना पकाओ... मुझे सोचकर भी घबराहट होती है ज़िंदगी के इस ढर्रे से ।' लेकिन वीना कैसे समझाये बेबी को कि 'दायित्वों से बचकर जिस ज़िंदगी का चुनाव वह करना चाहती है, उसकी भी तो अपनी अपेक्षायें हैं–क्या बेबी उस चुनाव का मूल्य चुका पायेगी ? बार-बार टूटते-बनते रिश्तों के बीच की भटकन सह पायेगी वह ? लेकिन कौन जानता है इस भटकन में उस बंधे-बंधाये जीवन से अधिक सुख हो ? क्या वीना को भी इस 'सेटेल्ड' जीवन के लिए मूल्य नहीं चुकाने पड़े ? कितना सहा है उसने ! करनाल में थी तो बस चुपचाप घर संभालती थी, सास की बात या बड़ी भाभी की कोई बात अच्छी न भी लगे तो पी जाती थी, रमेश जी से कभी शिकायत भी नहीं की क्योंकि परिवार में वीना के गऊपने की जो इमेज बन गयी थी, उसे वह तोड़ना भी नहीं चाहती थी । थोड़ा किसी ने कुछ कह दिया तो चुपचाप पी लिया, फिर बाद में उसकी तारीफ़ भी तो करती थी सास सब पड़ोसियों और रिश्तेदारों के सामने–बड़ी भली बहू आयी है घर में । मैं तो कहूं, सारा घर संभाल लिया है इसने । दुनिया के सामने तारीफ़ करने वाली ये माता जी अक्सर घर के भीतर वीना के कामों और रहन-सहन की नुक्ताचीनी करती रहती थीं जिससे बाहरवालों के सामने वह भी भली बनी रहें और परिवार की 'इमेज' भी । लेकिन वीना के लिए अक्सर ये छोटी-छोटी बातें कितनी चुभन और तकलीफ़ पैदा करती थीं और यहां जब ऐसा कोई दख़ल नहीं है तो रमेश से ही किसी-न-किसी बात को लेकर झगड़ा हो जाता है । रमेश को छोटी-छोटी बात पर गुस्सा आ जाता है–कभी दफ़्तर का ही गुस्सा, या कभी बच्चों की कोई बात, तब भी वह कैसे अपने को संतुलित कर स्थिति संभालने की कोशिश करती है और इन छोटी-छोटी

'एडजस्टमेन्ट्स' के बिना चल भी कैसे सकता है–न करे तो बस लड़ाई-झगड़ा बढ़ता ही रहे । अब उस दिन भला कोई बात थी बेबी और बच्चों को लेकर सुबह शॉपिंग पर चली गई थी, सो खाना बनाने में देर हो गई । 'लंच' पर रमेश आये तो अभी सब्जी पूरी पकी नहीं थी–वह लंच पर हिन्दुस्तानी खाना खाना ही पसंद करते हैं वर्ना वह कुछ तैयार खाना ही 'स्टोर' से ले आती । पर आते ही झल्ला पड़े–'थककर दफ़्तर से आओ और यहां खाना तैयार नहीं ! तुम्हें मालूम है कि मेरे पास सिर्फ़ एक घंटा होता है–उसी में आना, खाना खाना और लौटना होता है । खाना मुझे मेज़ पर तैयार मिलना चाहिए । शॉपिंग क्या किसी और वक्त नहीं हो सकती थी ?' और उन्हें शांत करते हुए कैसे ज़बरदस्ती मुस्कुराकर बोली थी, 'आप आराम से बैठकर जूस का ग्लास खत्म कीजिये, तब तक खाना बन जाता है ।' पर वह कह नहीं पाई थी कि वह रमेश के लिए एक नयी कमीज खरीद कर लाई है–सारा उत्साह ही मर गया था वर्ना वह सोच रही थी कि रमेश को लंच टाइम में ही यह 'सरप्राईज' देगी । और कल शाम को ही बच्चे जब 'लिविंग' में शोर कर रहे थे और रमेश डाइनिंग टेबल पर अपने दफ़्तर के कुछ कागज़ात देख रहे थे तो कैसा झल्लाकर बोले थे, तुम देख नहीं रही हो दफ़्तर का जरूरी काम कर रहा हूं–थोड़ी देर तो बच्चों को चुप करा लिया करो !' वीना का मन हुआ था कि कह दे–'तुम्हीं चुप करा लो न, देख नहीं रहे खाना पका रही हूं, आख़िर सिर्फ मेरे ही तो बच्चे नहीं हैं ।' पर कुछ नहीं कहा था उसने, चुपचाप सहमे हुए बच्चों को ले जाकर उनके कमरे में बैठा दिया था–बाहर न आने की कड़ी हिदायत देकर । बेबी उस वक्त घर पर नहीं थी वर्ना तो वह उन्हें कहानी सुनाकर या खेल खेलाकर चुप करा देती । यूं इस छोटे-से फ्लैट में बच्चों का शोर तो होगा ही । आख़िर उन्हें भी तो कुछ-न-कुछ करना ही है । इतनी ठंड में बाहर जाकर तो खेल नहीं सकते... और उस वक्त तो अंधेरा भी बढ़ गया था । पर रमेश तो अक्सर ही बच्चों की किसी-न-किसी हरकत को लेकर खीझ उठते हैं–कभी पेन नहीं मिल रहा, कभी कोई किताब 'मिसप्लेस' हो गई तो बस शुरू–'सिखाती क्यों नहीं मंटू-नीना को तुम ! कभी मेरा पेन उठा लेंगे, कभी कुछ और... और न जाने कहां रख देते हैं कि मिलती ही नहीं चीज... और ये देखो

नीना ने मेरी डायरी पर कैसी चित्रकारी की है–तुम घर में होती हो, इतना भी ख़्याल नहीं रख सकती !' और वीना पलटकर कुछ नहीं कहती–सुन लेती है, क्योंकि वह यह भी जानती है कि शनिवार की सुबह यही रमेश मंटू के साथ बॉक्सिंग कर रहा होगा, नीना कंधे पर बैठी होगी–और इन तीनों की मुक्त हंसी से सारा लिविंग गूंज रहा होगा–और उसके बाद अपनी छोटी-सी 'गोल्फ' कार में बैठकर जब सारा परिवार घूमने निकलेगा तो वीना सोच रही होगी–'कितना अच्छा लगता है यह सब–अपना छोटा-सा परिवार' और उसके मन में पति और बच्चों का प्यार उमड़-उमड़ उठेगा। लेकिन बेबी की निगाह रमेश की खीझ और गुस्से को, बच्चों की जिद और झगड़ों को देखती है तो क्या वीना के मन के इस भरेपूरेपन को नहीं देखती ! पार्क में दौड़ते रमेश और बच्चों के साथ खिलवाड़ और किलकारियों को नहीं देखती ! लेकिन बेबी कहती है कि ये सुख के क्षण बहुत थोड़े होते हैं–जैसे पूरे हफ़्ते की खीझ और टेंशन के बाद अर्जित बस एक 'वीकएंड' वीना तो उसी में सुख मान लेती है। पर बेबी सोचती है अकेली रहकर वह चुनाव कर सकती है–अगर कोई भला लगे तो रह लो, वर्ना अलग हो जाओ। यूं कहती तो वह है कि 'दीदी अगर कोई ऐसा लड़का मुझे मिला जिसे देखकर लगे कि इसके साथ रहना हमेशा ही अच्छा लगेगा तो शादी कर ही लूंगी और यहीं 'सेटल' हो जाऊंगी–वर्ना जैसा चलता है, चलता रहे कोई छोटी-मोटी नौकरी और रहने को छोटा-सा कमरा, बस इतना ही–लेकिन भारत नहीं लौटना फ़िलहाल उसे। यहां पर तो इतनी 'ऑपरचूनिटी' है नौकरी के साथ कोर्स भी कर सकती है। बेबी बात तो सिर्फ अकेले रहने की ही करती है लेकिन ये बिल्लू, जान, पिलात और हमीद अपने आप ही उसके भीतरी अर्थ से सिमट आते हैं–अकेली नहीं, बेबी मुक्त-स्वतंत्र रहना चाहती है और वीना समझ नहीं पाती कि उसे रोके या जाने दे।

वीना नहीं समझ पाती क्या ठीक है, क्या गलत ? अगर कहीं स्थिरता है तो ऊब है, और अगर भटकन है तो उसकी परिणति भी शायद ऊब है। तब इस या उसमें से ही चुनाव करना है तो क्यों न बेबी को अपना रास्ता खुद ही चुनने दे–ख़तरे और लड़ाई तो दोनों ही रास्तों में हैं !

क्या बेबी के रास्ते पर ख़तरा ज्यादा है ?

—या कौन जानता है उस मुक्ति में बेबी जो पाये, उसे वीना एहसास तक न कर पाती हो ।

—जिसे वह भटकन समझती है, उसी में वैविध्य और पूर्णता हो ! जीवन की समग्रता हो । अनुभवों की असीमता हो । तब क्यों नहीं खुले मन से बेबी को अपना चुनाव करने देती ? क्यों बाधा बनती है उसके रास्ते में, उसके चिंतन में ? उसने स्वयं जो जीवन में पाया है, क्या वह बहुत महत्त्वपूर्ण है जो बेबी के लिए भी वही पाना जरूरी हो ? पर उसके अपने जीवन की परिधि तो कितनी छोटी है—क्या उतना ही जी लेना किसी के लिए काफी है ?

ठीक उसी समय उसे ध्यान आया, वह किसी उलझन में फंस गयी है । मंटू और नीना को 'होमवर्क' करवाना है ।

सामने की खिड़की से वीना ने पर्दा हटाया ।

पश्चिम में सूरज डूब रहा था । आसमान में उड़ते हुए कुछ परिंदे अपने घोंसलों की ओर लौट्र रहे थे ।

...और वह सोचने लगी कि सारे आसमान को अपने परों में समेटकर भी परिंदे घोसलों की ओर क्यों लौट जाते हैं ? और वीना ने आवाज़ दी—

"मंटू, नीना... होमवर्क !"

**

4. तलाश... अपनी

धीरा ने पलंग के दाएं किनारे की ओर एक बार फिर करवट ली कि शायद इस 'पोज' में नींद आ जाये, लेकिन दिमाग फिर से उलझनों में भटकने लगा । लेटे-लेटे ही उसने हाथ बढ़ाकर खिड़की से पर्दा सरकाया और सड़क पर जलती रोशनियों के प्रकाश में कलाई पर बंधी घड़ी पर वक्त देखा-दो बजने में दस मिनट ! खीझकर हाथ में लिया पर्दे का हिस्सा झटकते हुए अपने आप से भुनभुनाकर कह दिया, 'दो-दो बजे तक इनकी जनरल असेंबली की मीटिंगें नहीं खत्म होतीं' और फिर से सोने की कोशिश करने लगी । पिछले दो हफ्ते से यही चल रहा है, जनरल असेंबली का सेशन चलता है तो समीर रोज आधी-आधी रात या उसके भी बाद में आते हैं । जब सेशन नहीं था, तब भी कुछ-न-कुछ तो होता ही रहता था । समीर कभी जल्दी आ भी जाये तो नहा-धोकर कुछ पढ़ने बैठ जाना होता है-ज्यादा-से-ज्यादा इस-बीस मिनट अनुज और सौरभ से खेल लिये... फिर यूं भी उनके नहा-धोकर सोने का वक्त आ जाता है ।

धीरा झटके से उठ बैठी । हाथ से लैंप का बटन टटोलकर रोशनी जलायी और दराज में से 'न्यूजवीक' निकालकर उलटने-पलटने लगी । दिमाग़ भड़क रहा था । क्या हो गया है उसको... समीर घर नहीं रहते तो न ठीक से सोया जाता है, न सही ढंग से खाना पकता है, न अकेले कहीं आया-जाया जाता है । आख़िर क्यों ? क्या वह अपने आप में एक 'व्यक्ति' नहीं रही जो अपनी तरह से रहे-जिये ? अपनी मर्ज़ी से जीवन का संचालन करे ? यह सवाल आज नहीं, बहुत अर्से से उसे तंग कर रहा है । तीन साल पहले जब समीर का तबादला दिल्ली हुआ था और अपने जाने-पहचाने माहौल में पहुंचकर धीरा फिर से 'खुद' ही जाने को बेचैन हो उठी थी, अपने स्वतंत्र 'व्यक्तित्व', स्वतंत्र 'कैरियर' की आकांक्षा फिर से उभरने लगी थी । फिर बच्चे भी तो बड़े हो रहे थे । और खुद में कुछ

होने की, कुछ बनने की आकांक्षा उसमें बचपन से ही थी । जिन दिनों कॉलेज में पढ़ती थी, उसने अपने बारे में यह निर्णय लिया था कि वह भी प्रोफेसर बनेगी । पापा कितना प्रोत्साहित करते थे उसको ! पापा भी तो अपनी बेटी को अपने पैरों पर खड़ा देखना चाहते थे । कितने खुश थे वे जब धीरा की एम.ए. में फर्स्ट क्लास आयी थी । उसी साल दौलतराम कॉलेज में वह लेक्चरर भी लग गयी थी । पलभर में वह अपनी एक सीनियर लेक्चरर, प्रोफेसर और एक स्थापित 'इंटलैक्चुअल' के रूप में कल्पना करके फूली नहीं समाती थी । पढ़ाना उसे खूब-खूब भला लग रहा था–कितना महत्त्वपूर्ण, कितना संतोषप्रद था वह कैरियर जो उसने चुना था अपने लिए !

अब उसी दिल्ली में पहुंचकर धीरा फिर से बेचैन हो उठी उस बिछुड़ी हुई 'धीरा' के लिए । वह फिर से कॉलेज में पढ़ायेगी । एक कॉलेज में जगह खाली भी थी । धीरा ने अर्जी भेज दी थी । फर्स्ट क्लास और दो साल दौलतराम में पढ़ाने के अनुभव के बूते पर उसे इंटरव्यू का बुलावा भी आया था पर कितना बड़ा शॉक लगा था उसे इस साक्षात्कार में ! कितना कट चुकी थी वह तेज़ रफ़्तार से बढ़ती ज्ञान की इस दुनिया में ! तो क्या शादी के इन दस सालों में उसे जंग लगता रहा ? वह सोचती थी–वह 'ग्रो' कर रही है । 'फॉरेन सर्विस' में अफ़सर पति के साथ नये-नये देश देख रही है । उसका अनुभव-क्षेत्र विस्तृत हो रहा है । पर क्या वह सच में देखती थी ? क्या फ़र्क़ नहीं था 'मिस धीरा बागची' और 'मिसेज धीरा बैनर्जी के देखने में ? मिसेज बैनर्जी जो म्यूजियम में दीवार पर टंगी पेंटिंग को निहारती तो आंखें 'पुशचेयर' में कसमसाते सौरभ पर लौट आतीं । वह कुछ देर में और भी हाथ-पैर मारने लगता और धीरा बैनर्जी कहतीं, 'चलो, जल्दी से निगाह मारो और बाहर निकलो वर्ना सौरभ रोने लगेगा ।' उस समय मिस धीरा बागची, लेक्चरर दौलतराम कॉलेज की जिज्ञासा से चमकती आंखें किसी भूले हुए अतीत का हिस्सा बन चुकी होतीं । जिनकी याद उसे खुद भी नहीं रही थी । अब वह सिर्फ थी–'मिसेज बैनर्जी', जिसका 'अपार्टमेंट' दर्पण-सा चमकता है । हर चीज बहुत करीने से । बहुत कलात्मक रुचि के साथ सजी हुई । पर्दे, सोफे और कालीन के रंगों के 'कंट्रास्ट' के साथ ही बैठक का हर

उपकरण अपने ख़ास होने का बखान करता हुआ । किचेन में मसाले । बर्तन शेल्फ पर टिके हुए । संगमरमरी सफेद दमकता फ़र्श । धीरा को गर्व था अपने इस 'साम्राज्य' पर । बच्चों को वक़्त पर खाना, नहलाना, सुलाना, पति के नाश्ते, खाने, कपड़ों का ध्यान ये सब काम उसके वक़्त का हर हिस्सा भरा-पूरा रखते थे । तब इस सब में देश या विदेश तो उसके घर की चहारदीवारी में ही सीमित था । वह हमेशा अपने को खुश करती रही कि उसने टोकियो देखा है, पेरिस में तीन साल रही है और अब न्यूयॉर्क में है, पर दरअसल 'घर' के बाहर उसने जिया ही क्या है ? क्या वे डिप्लोमेट्स की कॉकटेल्स जिनमें चेहरों के मुखौटे तक पहचान में नहीं आते या यूरोप के कई शहरों तक कार से 'ड्राइव' और होटलों में या हिन्दुस्तानी मित्रों के साथ बितायी कुछेक रातें जिनमें आधे से ज्यादा वक़्त बच्चों के दूध की बोतलें तैयार करने या उनके 'नैपी' बदलने में गुज़र जाता था या चलती गाड़ी से बाहर के दृश्यों पर निगाह टिकाते हुए भी पिछली सीट पर बैठे बच्चों को पलट-पलटकर देखना और मन से कभी न हटने वाला डर कि तेज़ चलती गाड़ी के दरवाज़े कहीं खुल न जायें । बच्चों के ध्यान से फुर्सत मिली भी तो समीर के साथ स्नेह-सुख के आदान-प्रदान की चाह भी कहां पूरी हो पाती थी ?

यह सच था कि इस गृहस्थी का भी धीरा के लिए एक अपना सुख था । इसे नकार नहीं सकती थी वह । कॉलेज का पढ़ाना भी तो कैसा 'रूटीन' बन गया था । नौकरी के डेढ़ साल बाद ही वह सपने संजोने लगी थी अपने 'एक घर' के । समीर को पाकर क्या नहीं पा लिया था उसने ! खुद ही बोला था उसने पापा से–'पापा, अब मैं तैयार हूं शादी के लिए ।' मां भी हैरान थी । कल तक तो यही कहती थी कि नहीं करनी शादी मुझे... कैरियर बनाना है बढ़िया । अब ? हां, अब शादी कोई खौफ या हव्वा नहीं था । अब शादी का मतलब था समीर । समीर का साथ कितना उल्लास था उसकी कल्पना भर में ! कॉलेज से त्यागपत्र देते हुए उसे जरा भी दुःख नहीं था । उसका दिल-दिमाग़ तो भरा था रंगीन-सुनहरे भविष्य की खुशबूभरी कल्पनाओं से । उस खुशबू, उन रंगों को उसने जिया भी तो ! कितना-कितना जिया ! पति, घर, बच्चे-यही तो उसका सर्वस्व था । उनके छोटे-छोटे कामों में भी इतना सुख और तृप्ति

मिलती रही । समीर के लिए उसकी पसंद का खाना अपने हाथों से बनाना या अपने हाथों ताज़ी चपाती तैयार करके खिलाना । बच्चों को भी मम्मी के हाथ की बनी डिशेज पसंद हैं । धीरा लगी रहती है पति और बच्चों का मनपसंद खाना बनाने में, या घर चमकाने-संवारने में, या समीर की कमीजों के बटन टांकने में या कोटों की फटी जेब सिलने में ! यहां तक कि नौकर-चाकर रखने के भी ख़िलाफ हो गयी थी क्योंकि उनके द्वारा किया गया काम धीरा के 'स्तर' का नहीं होता था ।

तेरह साल ऐसे ही बीत गये । लेकिन जिन बातों में वह सुख और खुशी ढूंढती-पाती रही, आज वैसा क्यों नहीं ? अब क्यों समीर का इंतिजार करने में उसे बेचैनी और आक्रोश होता है ? पहले तो बहुत सुख से इंतिजार करती थी वह । कभी शिकायत की भी तो समीर माथे पर सहलाते हुए उसे चूम लेते मानो इंतिजार अर्थमय हो जाता ! अब गुस्सा आता है तो टिका रहता है । क्योंकि समीर को भी इतना फ़र्क़ नहीं पड़ता कि उनका इंतिजार किया गया या नहीं ! वह तो यही कहते हैं, 'मैं कभी देर से आऊं तो तुम खाकर सो जाया करो । बी सेंसिबल !' धीरा को लगता है कि अपने जिन कामों को वह बहुत महत्त्वपूर्ण मानती रही है, अब जैसे बिलकुल बेमानी हो गये हैं । उसके इंतिजार करने या न करने का किसी को फ़र्क़ नहीं पड़ता । बच्चे स्कूल से लौटते हैं, उन्हें नाश्ता देती और वे नीचे खेलने चले जाते हैं । मम्मी का घर में होना या उन्हें नाश्ता देना कोई 'खास' बात नहीं, एक 'रुटीन' ही तो है । धीरा समीर, सौरभ और अनुज के 'रुटीन' की ही एक कड़ी है, वह है, इसलिए उसका होना 'ग्रांटेड' है । धीरा खुद भी तो इस सारे 'सिस्टम' की आदी है । इससे हटकर वह है भी कहां या हो सकती है ? यह घर, यह सोफा, ये बच्चे, 'लिविंग' की यह सारी सजावट, यही सब तो उसके अस्तित्व को अर्थ देते हैं । इनसे अलग उसकी हस्ती कहां है ?

घबरा जाती है धीरा ! यानी आत्मविश्वास से भरी-पूरी, छरहरी, तेरह साल पहले वाली लेक्चरर इस 'घर' से काट दी जाये तो वह कुछ भी नहीं । तेरह साल पहले की आत्मनिर्भर और आत्मविश्वस्त धीरा समीर से अलग कर दी जाये तो कहां है धीरा ? यानी आज तक समीर का प्यार या बच्चों का स्नेह उसे सींच नहीं रहा था—सोख रहा था ! आज वह

बेकार और निकम्मी हो गयी है । ढीली-ढाली पराश्रित धीरा अब समीर या बच्चों को भी कुछ दे नहीं सकती । उसके भीतर की बंजर जमीन पर कुछ उग ही नहीं रहा ।

धीरा की आंखों में अपनी मां की तस्वीर नाच उठी । उसने मां को कभी 'व्यक्ति' रूप में लिया ही नहीं । मां हमेशा पृष्ठभूमि में रही । बच्चे बढ़ते रहे, पापा ओहदे चढ़ते रहे, मम्मी कभी सामने नहीं आयीं... तो समीर, सौरभ और अनुज के लिए वह भी मात्र एक पृष्ठभूमि है, जिस पर शायद कभी पर्दा भी डाला जा सकता है ! धीरा दहल उठी । पति और बच्चों के स्नेह में लिपटी-लिपटाती धीरा भूल गयी कि उसका अपने प्रति भी कुछ दायित्व है । उसके भीतरी 'व्यक्ति' की भी कुछ मांग है । एलेन ने क्या ठीक कहा था-'तुम हिन्दुस्तानी औरतें इतना 'कंप्रोमाइज' क्यों करती हो एक 'घर' को बनाये रखने के लिए ? क्यों सोचती हो कि पति, घर, बच्चे ही सब कुछ हैं, उससे बाहर कुछ नहीं ? तुम्हारी तुला पर तो औरत अपने 'हक़' में कुछ है ही नहीं !' सच ! क्या धीरा भी अपने 'हक़' में कुछ है ? मिसेज बैनर्जी का 'लेबल' उतार लिया जाये तो क्या है धीरा ? और धीरा को क्यों, रीता, नीता, आशिमा-उसकी सभी सहेलियां मिसेज वर्मा, मिसेज लूथर या मिसेज पाल बनकर जाने कहां-कहां पड़ी हैं ! उनकी अपनी हस्ती से भला वाक़िफ़ भी है कोई ! एक भूला-बिसरा इतिहास बन जाता है सब कुछ जो कभी मूल्यवान रहा था । वह खुद ही अपने होने पर विश्वास न करते हुए मात्र शब्द दुहराती हैं, 'मैं भी फलां थी, या जो भी थी...' फिर से सब कहना भी छोड़ देती है, क्योंकि बहुत बेमानी लगता है यह कहना भी जैसे खुद को झुठला रही हो ।

एलेन ने उससे कहा था कि वह न्यूयार्क में कुछ करना शुरू कर दे । पर हुनर क्या बचा था उसमें ? भीतर जैसे विश्वास ही नहीं उठता था कि वह भी कुछ कर सकती है । एलेन कहती थी कि वह पढ़ाई तो शुरू कर सकती है । पढ़ाई से आत्मविश्वास जागता है । ज़िंदगी की लड़ाई में बहुत बड़ा अस्त्र है यह । एलेन खुद 'जर्नलिस्ट' है यू.एन.ओ. में । उसकी बातें सुनकर धीरा को अक्सर जोश आ जाता है पर घर के जिस सुस्त, धीमे और आरामदायक जीवन की वह आदी हो चुकी है, उसे

सहसा त्यागकर पढ़ाई-लिखाई का कठोर, नियमित जीवन जीने का साहस नहीं जुटा पाती। एलेन के जीवन-दर्शन से घबराती भी है वह। समीर तो उसे छेड़ते हैं कि अमेरिका के 'विमेंस लिब' आंदोलन की सही नेता वही है। समीर एलेन की बातों को गंभीरता से नहीं लेते, वह उसे कहते हैं, 'औरत प्रेम देती है तो प्रेम पाती भी है। अमेरिकी औरत ने अगर स्वत्व को महत्त्व दिया है तो वह सिर्फ अपने भर को ही रह गयी है। परिवार में उसका वैसा केन्द्रीय स्थान कहां रहा जैसाकि परम्परागत मां-पत्नी का रहा है...'

धीरा को समीर की बात हमेशा सही लगा करती थी, पर अब एलेन की बात ग़लत नहीं लगती। धीरा ने अगर मां-पत्नी का गौरव पाया भी है तो कितना कुछ खोकर ! एक गहरा दर्दभरा एहसास धीरा को सिर से पांव तक कंपा गया। सब कुछ लुटा जाने की नंगी पीड़ा, ज़िंदगी में ग़लत चुनाव की पश्चात्ताप भरी वेदना। कितना कुछ मिला-जुला था उस एहसास में ! लेकिन पश्चात्ताप ! पश्चात्ताप क्यों ? नहीं, पश्चात्ताप नहीं है, सिर्फ कुछ 'और' चाहती है वह ! शादी तो पुरुष भी करता है पर वह तो अपना 'स्वत्व', 'अपनी पहचान' नहीं खोता, तब औरत को ही खोना क्या जरूरी है ? क्यों वह एक 'व्यक्ति' नहीं बनी रह सकती ? क्यों उसे किसी और की पहचान में विलीन हो जाना होता है ?

धीरा को लगा उसके अंदर भूचाल आने वाला है। किसी बेबस मजबूरी से उसका बदन शिथिल-सा पड़ने लगा। हाथ जैसे निस्पंद हो गये। उसे लगा, जैसे वह मांस का एक लोथड़ा हो जिसे जिस ओर लुढ़का दो, लुढ़क जायेगा। इतनी बेचारगी, इतनी पर-निर्भरता ? उसे लगा, जैसे वह हाथ उठाना चाहती हो पर उठा न पा रही हो, जैसे शरीर और दिमाग़ का सम्बंध टूट चुका हो ! उसके भीतर उबाल आते रहे और वह संज्ञाशून्य-सी बिस्तर पर पड़ी रही। जाने कब सो गयी, यह भी नहीं मालूम।

सुबह जब नींद खुली तो धीरा को लगा जैसे खूब गहरी नींद के बाद जागी हो। दिमाग़ एकदम साफ़, उजला, सुबह की धूप की तरह पारदर्शी ! उठकर उसने जल्दी-जल्दी मेज़ पर बच्चों के लिए दूध-कार्नफ्लेक्स रखा और खुद तैयार होने चली गयी। समीर जब तक नाश्ता लेने आये,

वह तैयार हो चुकी थी ।

'यह सुबह-सुबह कहां...?' धीरा के चेहरे पर छपी निर्णयात्मक दृढ़ता समीर को बहुत नयी-सी हैरान कर देने वाली लगी । धीरा ने समीर की आंखों में सीधा देखते हुए कहा, 'मैं यूनिवर्सिटी जा रही हूं पी-एच. डी. के दाखिले का पता करने !' बात बहुत छोटी थी । बहुत से लोग पढ़ते हैं, या पी-एच.डी. करते हैं, पर धीरा को कहते हुए ऐसा लग रहा था जैसे वह अपने हक़ में एक 'व्यक्ति' है—मुक्त, समर्थ और स्वतंत्र ।

समीर हैरान था, लेकिन अप्रसन्न नहीं । शायद उसमें धीरा को इस रूप में फिर से देखने की चाह रही हो, समीर ने धीरा को कुछ करने से रोका तो कभी था भी नहीं । पर 'घर' उसकी नज़र में पहले ज़रूर था, शायद इसी से कहा, 'लौटोगी कब तक ? बच्चे...'

'उनके आने तक लौट ही आऊंगी । कुछ देर भी लगी तो क्या, अब वे बड़े हो रहे हैं, उन्हें अपना काम खुद संभालना चाहिए । मैं कर देती हूं तो वे कुछ सीखते भी नहीं ।' कभी इस पर समीर ने कहा होता, 'धीरा, तुम बच्चों को बहुत 'डिपेंडेंट' बना रही हो, उन्हें अपना कुछ काम खुद करने दिया करो', तो धीरा विरोध करती, पर आज... ।

समीर ने सिर्फ़ इतना कहा, 'चलो, तुम्हें ड्रॉप कर दूं ।'

'नहीं, समीर ! मैं 'सब-वे' से जाऊंगी, अपने आप ।'

धीरा ने बाहर क़दम रखा तो लगा आज पहली बार घर के बाहर निकली है ।

**

5. नाते

खाने की मेज़ पर नेपकिन से पापा को नाक पोंछते देख राज बोल पड़ा, "पापा, आपको जुकाम है क्या ?"

पापा तब तक रोटी का कौर तोड़कर मुंह में डालने लगे थे, "ऊं हूं... बस ऐसे ही ।"

"सर्दी तो अब यहां बढ़ेगी ही, पापा ! दरअसल आपको घुटनों तक के ऊंचे बूटों की ज़रूरत है । उनके बिना यहां पैर ठंडे ही रहते हैं ।" और फिर अपनी बीवी की ओर मुख़ातिब होकर राज ने कहा, "माला, तुम कल बैंक से लौटकर पापा को बूट क्यों नहीं दिला देतीं ?"

बच्चों को खाना परोसकर माला अपनी प्लेट में दाल-सब्जी डाल रही थी। रसे की एक भी बूंद डोंगे और प्लेट के फ़ासले के बीच मेज़पोश पर न गिरे, इस बात का पूरा-पूरा ध्यान रखते हुए बोली, "जनवरी के आख़िर तक रुक जाओ तो सेल लग जायेगी । आजकल तो बड़े महंगे होंगे बूट।"

"पर उसमें तो अभी डेढ़ महीना पड़ा है... तब तक पापा क्या घर में ही बंद पड़े रहेंगे ?"

पापा को अपने बारे में उठी यह चर्चा बड़ी परेशान करने लगी थी, "क्या-क्या लेकर दोगे, राज ? गुज़ारा तो चल ही रहा है । मैंने कौन-सा बहुत दिन रहना है यहां ! मौसम तो ऊपर-नीचे होता ही रहता है । डबल जुराबें पहन लिया करूंगा ।"

पापा सच में नहीं चाहते थे कि राज अपनी पत्नी से उनके लिए मांग करे या खुद कुछ करे उनके लिए । वह ऐसी स्थिति में बेहद अटपटा-सा महसूस करने लगते थे, जैसे वह खुद को उन पर लाद रहे हों ।

राज को इस बात का एहसास था, तभी उसने एक दिन पापा से

कह भी दिया था, "पापा, आपने अपने बच्चों के साथ कैसा औपचारिकता का रिश्ता बनाया हुआ है। सारी उम्र मुझे आपसे मांगने में शर्म नहीं आती रही और अब आपको मुझसे आती है !"

पापा ने झट से प्रतिवाद किया, "तुम्हारे मांगने और मेरे मांगने में फ़र्क़ है। तुम्हारा तो हक़ था। मां-बाप का हक़ सिर्फ़ देने का होता है।"

लेकिन राज सोचता है कि उसके लिए ज्यादा सहूलियत होती अगर उसके पिता भी दूसरे पिताओं की तरह उससे सीधे-सीधे कहें कि हमें पैसा भेज या हमारा यह काम कर या वह काम संभाल और न कर पाने पर शिकायतें और गिले-शिकवे करते। तब शायद राज भी पापा का विरोध करता। उनके प्रति विद्रोह-भाव रखता। उन्हें बूढ़ा-खूसट, छिछोरा और कपटी मानकर उनका तिरस्कार करता और कहता-'मैं आपको कहां तक भेजता रहूं पैसे ! मुझे अपना परिवार भी तो पालना है !' पर पापा ने उसे कभी ऐसा मौका ही नहीं दिया। उलटे जब कभी राज ने यहां से पापा को चेक भेजा, पापा ने लौटा दिया।

इस बार जब वह पापा से मिलने चंडीगढ़ गया तो जिन-जिन रिश्तेदारों से मिला, सबने ले-देकर बस पापा को साथ ले जाने की ही बात कही। बुआ बोली, "अब तुम तीनों भाई तो अमरीका ज़ाकर सेटल हो गये, यहां इन्हें किसका सहारा है ? बुढ़ापे में आख़िर अपने बच्चे ही देखभाल करते हैं ! और किसको फ़ुर्सत होती है ?"

चाचा ने तो पापा को सुनाकर कहा था, "पापा जी, मेरा तो एक ही बेटा है, पर ऐसा ध्यान रखता है मेरा ! राज ने अगर दोनों बड़े भाईयों को परदेश में सेटल कर दिया है तो तुम्हारी तरफ़ भी तो फ़र्ज़ बनता है उसका। तुमको यहीं अकेला छोड़ दिया जाये, यह तो कुछ जंचता नहीं।"

और चाची उसे रसोई के बाहर खुलने वाले बरामदे में ले जाकर बोली थीं, "जेठ जी अब 68 साल के हो गये। किसी वक़्त भी बुलावा आ जाये, कुछ पता थोड़े ही होता है। और वेले-कुवेले बीमारी-शुमारी तो चलती ही रहती है। कोई एक तो देखभाल करने वाला पास होना ही चाहिए, और बड़े होकर तो आख़िर अपने बच्चे ही देखभाल करते

हैं न !"

चाची के आख़िरी वाक्य शायद पापा ने सुन लिये थे । बड़ी खीझी और चिढ़ी हुई आवाज़ में उन्होंने चाचा-चाची से कहा था, "तुम लोगों पर बड़ा बोझ पड़ा हुआ है न मेरी देखभाल का, जो मेरे बेटे को सुना रहे हो ! जरा इसे भी बताना कितने महीनों बाद मिल रहे हो मुझे ? आज मेरा बेटा मुझे मिलने आया है तो तुम्हारी भी सूरतें दीख रही हैं, वर्ना कभी पूछा है मेरा हाल ? पर मुझे तुमसे हाल-चाल पुछवाने की ज़रूरत भी नहीं है । अपना ध्यान हम खुद रख सकते हैं, और फिर मदन और रामकली तो हैं । तुमसे भाड़े के नौकर ही भले ! पूछते तो हैं । तुम होते कौन हो मुझे देश-निकाला देने वाले ?"

चाचा एकदम खिसिया गये थे । सफाई देते कहने लगे, "पापा जी, मेरा यह मतलब तो नहीं था । पर आप ही सोचो, अपने बच्चों के सिवा और किसे होगा हमारा दर्द ? यह तो रीत है दुनिया की ।"

पर पापा नहीं मानते इस रीत को बल्कि ठीक उल्टी रीत चलना चाहते हैं और अपनी बात का सबूत देते हैं बुद्धि और तर्क से । उन्हें इस बात का क़तई विश्वास नहीं कि राज और माला सच में चाहते हैं कि वह उनके साथ अमरीका में आकर रहें और उन्हें पापा की उपस्थिति कांटे की तरह नहीं चुभेगी । पापा मनोविज्ञान के प्रोफेसर थे और इंसानी व्यवहार को उन्होंने विज्ञान की नज़र से देखने-समझने की कोशिश की थी ।

यों राज और माला पापा के विचारों से खासे प्रभावित थे, उनके कायल भी । राज को याद है जब वह और माला अमरीका माइग्रेट करने की तैयारी कर रहे थे, तो पापा ने कहा था, "देखो बेटे, यह तुम दोनों की ज़िंदगी का निजी मुआमला है । तुम अभी जवान हो, ज़िंदगी में एडवेंचर और एक्सपेरिमेंट करना चाहते हो तो उसकी तुम्हें पूरी आज़ादी और छूट है, होनी चाहिए भी । आखिर तुम्हारी ज़िंदगी पर तुम्हारा अपना हक है । बाकी अगर परिवार या हमारे बुढ़ापे के बोझ के डर से भागना चाहते हो तो उसके लिए तुम बेफिक्री से चाहे यहीं रहो । मैंने अपना और शन्नो के बुढ़ापे का पूरा इंतिजाम किया हुआ है । घर है, पेंशन होगी और थोड़ा-बहुत लिखने-लिखाने से भी कमाई हो जायेगी... तुम लोगों की

मदद की, मुझे उम्मीद है, कतई जरूरत नहीं होगी। बाकी तुम्हारा मन हो कभी बूढ़े मां-बाप से मिलने का तो चले आना। वैसे अगर नहीं आओगे तो यह मत सोचना कि मां-बाप से नियमित रूप से मिलने का फ़र्ज़ पूरा नहीं हुआ, और तुम्हारी ज़िंदगी खुशहाल चल रही होगी तो मां-बाप सच में उसमें दखलअंदाजी जैसे ही लगेंगे। पर उसके लिए कोई अपराध-बोध पालने की जरूरत नहीं। याद रखना, मुझे कतई पसंद नहीं होगा कि तुम मेरे लिए कुछ भी फ़र्ज़ समझ कर करो। अगर मन में प्यार जैसी चीज न उठती हो तो उसके लिए भी अपराधी महसूस करने की ज़रूरत नहीं, यह तो प्रेम की प्रकृति ही है। पानी का बहाव जिस तरह हमेशा नीचे की ओर होता है, वैसे ही प्रेम भी संतान की ओर ही बहता है, उसके बहाव को कहीं दूसरी ओर या उल्टा मोड़ना सिर्फ सोशल कंडिशनिंग के चोंचले हैं, ज़िंदगी की सच्चाई नहीं।"

माला एकदम हैरान-परेशान-सी बोली थी, "पापा, ये कैसी बातें कर रहे हैं आप ?"

और पापा ने स्नेह से उसकी पीठ थपथपाकर कहा था, "देखो बेटे, सारे पारिवारिक और पीढ़ियों के झगड़ों की जड़ ही यही है कि हम कुदरत के प्रोसेस को नहीं समझते। तेरी सास को भी मैं यही समझाता रहता हूं। पर उसका मोह फिर भी कम नहीं होता। पर तू तो समझ ले, तेरे बच्चे बड़े होंगे तो तेरे काम में तो आयेंगे। देख बेटा, जितने भी प्राकृतिक जीव या पशु-पक्षी हैं, जब एक बार बड़े हो जाते हैं तो कहीं-के-कहीं फुर्र हो जाते हैं। मां शायद पहचानती भी न हो कि कौन उसका अपना बच्चा है। एक इंसान ही है जो अंतिम सांस तक अपने बच्चों के गले मढ़ा रहना चाहता है और फिर कुदरत के प्रोसेस के खिलाफ जाने की वजह से चोट खाता है।"

और पापा आज भी अपनी बात पर अड़े हैं और अपने किसी बच्चे के पास नहीं रहना चाहते। राज के दोनों बड़े भाईयों के परिवारों को शायद यह बात रास आती हो, राज को नहीं आती। शुरू के पांच-छः साल उसे अमरीका में पांव टिकाने में लग गये। पर जब खुली आमदनी होने लगी तो राज को न केवल मां-बाप की कमी खटकने लगी, बल्कि वह उनके साथ अपने वैभव को भी बांटना

चाहता था। राज यह भी जानता था कि माला भी पापा को पसंद करती है। अगर 'सेल' में जूते लेकर देने की बात पापा को बुरी लगी हो तो दरअसल इसकी जड़ में कहीं माला की कमखर्ची या सोच-समझकर खर्च करने वाली प्रवासी मनोवृत्ति ही है। वह अपने बच्चों या राज तक के लिए जरूरत की चीजें 'सेल' में ही खरीदती है और यों कभी अचानक किसी चीज की ज़रूरत पड़ जाये तो 'सेल' आने तक किसी तरह गुज़ारा चलाये रहती है। अब आमदनी खूब है, पर मनोवृत्ति छूटती नहीं। यहां तक कि रोजमर्रा की ग्रोसरी में भी वह स्टोर से वही चीजें खरीदती है जिन पर उस दिन कुछ छूट होती है। चाहे वे घर पर बिना इस्तेमाल किये ही पड़ी रह जायें।

राज, माला के इस किफायती तौर-तरीके की आलोचना नहीं करता, क्योंकि उसे मालूम है इसी की वजह से वे लोग न्यूयॉर्क के इस हरे-भरे इलाके लांग-आइलैंड में पांच बेडरूमवाला और दो एकड़ घने पेड़ों से चितरी जमीन से घिरा हुआ मकान खरीद सके हैं—जिसके लॉन में एक स्विमिंग पूल भी है (जिसका इस्तेमाल फिलहाल कोई नहीं करता, क्योंकि जितनी उसकी ज़रूरत है, उससे कहीं ज्यादा उसकी मेंटीनेंस का खर्चा पड़ता है, जबकि अपनी हैसियत जताने के लिए स्विमिंग पूल का होना ही क़ाफ़ी होता है।) अगर माला खुले हाथ खर्च करती रहती तो उनकी जायदाद कहां बन सकती थी ? घर था, तभी तो वह किसी तरह जबरदस्ती पापा को भी साथ ले आया था। पापा सच में अकेले हो गये थे, तभी तो मान भी गये, पिछले तीन-चार महीने से मम्मी भी तो उनके पास ही चली आयी थीं। माला ने ही बार-बार खत लिखकर मम्मी को यहां बुलाया था। "बच्चे स्कूल से घर आते हैं और उन्हें कोई पूछनेवाला नहीं होता। हम दोनों काम पर रहते हैं, उन्हें दुलारे-पुचकारे कौन ? बेचारे तरस जाते हैं प्यार पाने को, दादा-दादी के होते हुए भी बच्चे उनके दुलार से वंचित हो रहे हैं।"

माला के अपने मां-बाप अब नहीं थे। उसने हाल ही में कहीं पढ़ा था कि बच्चों के स्वस्थ मानसिक विकास के लिए मां-बाप और दूसरे बच्चों के साथ के अलावा दादा-दादी या नाना-नानी का प्यार भी बहुत जरूरी होता है। यहां चाइल्ड-केयर सेंटर्स में इसीलिए कई बूढ़ी उम्र की

औरतों को नौकरियां दी जाने लगी थीं । माला ने भी तभी से अपनी सास को खत लिखने शुरू कर दिये थे । मम्मी जवाब देतीं, "मैं कैसे आऊं ? तुम्हारे पापा अकेले हो जायेंगे, वे खुद तो आने को राजी नहीं ।"

माला ने अर्जुन और अंजली के नन्हें-नन्हें हाथों से दादी को आने के अनुरोध की अंग्रेजी में आड़ी-तिरछी पंक्तियां खिचवायी थीं । फिर मम्मी रुक नहीं सकीं, जाने की जिद पकड़ ली ।

और जब राज पापा की अमरीका न आने की जिद तुड़वा रहा था और पापा उससे कह रहे थें, "देख राज, मैं सिर्फ एक शर्त पर तेरे साथ अमरीका चलूंगा कि तू अपनी मां को मेरे साथ वापस भेज देना ।"

राज ने इस बात को बिना कोई तूल दिये कह दिया था, "बिलकुल पापा, जैसा आप चाहें ।"

यों माला और मम्मी में चाहे रसोई और बच्चों की बात को लेकर कुछ कहा-सुनी हो भी जाती हो, पापा की बहुत इज़्ज़त करती थी माला। पापा के लिबरल विचार माला को खूब भाते थे । वह उनसे कहा करती, "पापा, आप हमारे पास रहें तो हम लोग भी आपसे कुछ अच्छी बात सीखेंगे ।"

पापा जवाब देते, मुस्कुराते हुए, "बेटे, सच में कुछ सीखना है तो हमारे पास आकर रहो हिन्दुस्तान में, हमें क्यों पराश्रित बनाते हो ?"

पापा दोनों बड़े भाईयों के पास मिडवेस्ट के इलाके में भी हो आये थे । पर वह हिस्सा उन्हें बहुत अजनबी और सूना लगता, भाईयों के बच्चे भी अब कॉलेजों में पहुंच चुके थे, इससे उनके घर और भी सूने थे । राज का न्यूयॉर्क ही पापा के लिए सबसे ज्यादा दिलचस्प शहर हो सकता था, पर यहां भी पापा का मन नहीं लग रहा था । एक अजीब तरह की पर-निर्भरता, पराश्रितता उन्हें अपनी ही नज़रों में बेचारा और लाचार बनाये दे रही थी । कहीं आना-जाना होता तो राज या माला ही गाड़ी से छोड़े। कोई रिक्शा, स्कूटर या टैक्सी घर के आसपास नहीं, ट्रेन या बसें, जो शहर ले जाती थीं, उनके स्टेशन तक पहुंचने के लिए भी कार चाहिए थी। पापा अब इस उम्र में कहां यहां के ड्राइविंग नियम सीखकर गाड़ी चलाते ? कोई छोटी-सी चीज भी चाहिए हो तो राज से कहो या माला से । कभी तो इतनी शर्म आती कि बच्चों के जरिये बात राज-माला तक

पहुंच जाती । आते ही उनको गर्म जैकेट की जरूरत पड़ गयी थी, फिर गर्म-जुराबों की । उस दिन सर्दी से घुटने में दर्द उठ गया । अंजली ने बता दिया और राज उसी वक्त गाड़ी लेकर सेंक देनेवाला हॉट-पैड लेकर आया ।

पापा को कष्ट लगा, "क्या ज़रूरत थी ऐसी भाग-दौड़ की ? अपने आप ठीक हो जाता ।" पापा के मन में यह भी डर रहता था कि इस तरह दो-एक बार भाग-दौड़ करनी पड़ी तो मैं इसको बोझ ही लगने लग जाऊंगा और ऐसी आशंका से ही वे लौट जाने को बेचैन होने लगते । और कभी किसी चीज की कितनी भी जरूरत हो, वह मुंह से निकालते ही नहीं । राज को इससे और भी तकलीफ और शिकायत होती ।

"पापा, आखिर यह भी तो आपका घर है । आपके अपने बेटे का घर है । पर आप तो मेहमानों से भी गये-गुजरे हो गये । यह कैसी हिपोक्रेसी है कि आदमी अपने बच्चों से भी खुलकर कुछ कह न सके !"

पापा जवाब नहीं देते, बड़ा असहज महसूस करते रहते हैं । मम्मी भी पापा को फटकार देती हैं, "तुम अपनी फिलासफी अपने पेट में रखा करो, मुझ पर उगलने की जरूरत नहीं । अपने बच्चों का घर अपना घर होता है, फालतू के उपदेश मुझे मत देना ।" और पापा को मम्मी से शिकायत रहती थी । बच्चों और मां-बाप के रिश्ते के बीच वह एक रोशनदान भर खुली जगह छोड़ने को राजी नहीं । उनके मोह में वह उनकी और अपनी दोनों की ही स्वतंत्रता, स्वतंत्र विकास और अधिकारों का गला घोंट रही है । पापा को अक्सर मम्मी और माला के बीच हुई तकरार को सुनकर कष्ट होता था ।

उस दिन जिद करके मम्मी ने ही जब चपाती बनायी तो खाने के बाद रसोई में जाकर माला लगभग चिल्लाती हुई बोली, "मम्मी, आप मुझे ही चपाती बनाने दिया करो । आपके हिन्दुस्तानी तरीकों से सारी रसोई में आटा-ही-आटा फैल जाता है, जिससे मेरा सफाई का काम चौगुना हो जाता है ।"

मम्मी को बुरा लगना ही था । उन्हें तब भी बुरा लगा था, जब मशीन की धुलाई के कपड़ों के ढेर में उन्होंने अपना सूती पेटीकोट भी

डाल दिया था । जब धुले सफेद कपड़ों पर जगह-जगह लाल धब्बे-से दिखे तो माला एकदम चिल्लाकर बोली थी, "माई गॉड... ! यह किसने कर दिया ? मैं तो कभी हिन्दुस्तानी कपड़े पहनती ही नहीं, कौन जाने कब कहां किसका रंग निकल जाये ?"

फिर मम्मी के लाल पेटीकोट को किसी घिनौने मरे हुए जानवर की तरह उठाते हुए मम्मी से मुखातिब हो कहा था, "आपने मुझसे तो पूछ लिया होता कि क्या मशीन में जाता है, क्या नहीं ! अब सारे नये-नये बढ़िया कपड़ों का सत्यानाश हो गया !"

कपड़ों के खराब होने का अफसोस तो मम्मी को शायद माला से ज्यादा ही हुआ था, पर उससे भी ज्यादा उन्हें माला की बात चुभी थी । रो-रोकर पापा से कह उठी थीं, "मेरी सास मेरा गला भी काट लेती तो चूं तक न निकालती मैं । इतनी-सी बात पर देखो, मुझे नंगा करके रख दिया । तनिक भी इज़्ज़त नहीं इसके मन में मेरे लिए । जरा-जरा-सी बात पर झट सुना देती है । ठीक है, घर इसका है, पर बड़ी तो मैं हूं न, मुझे इस तरह कहना चाहिए इसे ?"

तब पापा ने मम्मी को कितना समझाया था, "अपनी इज़्ज़त आदमी के अपने हाथ में होती है । तू तो वापस चलने का नाम ही नहीं लेती । चल, लौट चलें, क्यों अपने साथ मेरी दुर्गति करा रही है बच्चों के यहां !"

इस पर मम्मी भड़क गयी थीं, "रहने दो, वहां कौन बैठा है मेरा ! यहां घर के धंधों और बच्चों में फिर भी मन लगा रहता है । फिर कुछ दिन रंजन और राकेश के यहां बिताऊंगी । ऐसी छोटी-मोटी बात भला किस घर में नहीं होती ? माला तो भली है । कभी-कभार, स्वभाव जरा तेज है न, सो बिना सोचे-समझे मुंह से निकाल देती है । मन की बुरी नहीं है । आखिर उसका घर है । उसकी मर्जी के मुताबिक बात न हो तो बुरा लगता ही है । वर्ना हमारी इज़्ज़त-खातिर में कोई कमी छोड़ी है क्या ?"

मम्मी को इस तरह पासा पलटते देख पापा को हंसी की जगह और भी गुस्सा आया था, "तेरा भी कुछ समझ में नहीं आता । मार भी खायेगी और पड़ी भी रहेगी । कितना कह रहा हूं कि बच्चों को अब

अपने हाल पर छोड़, पर तू मानती ही नहीं । उनको अब हमारी ज़रूरत नहीं है ।"

मम्मी ने उलटकर वार किया था, "चुप रहो जी, तुम्हारी न हो, मेरी तो उनको बहुत ज़रूरत है । बच्चे तो मेरे बिना खाना भी नहीं खाते । कहते हैं, दादी के हाथ बनी सिर्फ चूरी और परांठे खायेंगे ।" फिर धीमे पड़ती हुई कुछ सोचती-सोचती-सी बोली थी, "फिर बात ज़रूरत की नहीं, प्यार की है । चार दिन जो जीना है, बच्चों के साथ हंसी-खुशी बीत जाना है । मुझे तो बड़ा सूना लगता है बच्चों के बिना । तुम्हारी ये नये जमाने की थ्योरियां अपने तक ही रखना तुम । मन में दुःखी होते रहो और ऊपर से दिखाते रहो कि बड़े खुश हैं अलग-थलग रहकर, मुझसे नहीं होने का यह दिखावा !"

उनके दो टूक जवाब ने पापा को अवाक् कर दिया था । यों मम्मी की बात में सच्चाई थी भी । उन्होंने वहां अपनी एक ज़रूरत, खासतौर पर बच्चों के संदर्भ में, अपनी एक जगह बना भी ली थी । लेकिन पापा की दुनिया घर से बाहर रही थी ।

यूनिवर्सिटी, लाइब्रेरी, दोस्त, कॉफी-हाउस, कांफ्रेंस । घर में रहते हुए भी स्टडी और बैठक-इन्हीं दो कमरों में उनका वक्त सबसे ज्यादा निकलता था ।

रिटायर होकर भी पापा की ज़िंदगी की दिनचर्या, कर्मठता, जोश और मकसद में खास फ़र्क़ नहीं पड़ा था । वही नियम से तैयार होकर स्टडी में बैठ जाते या लाइब्रेरी चले जाते या कोई दोस्त या पुराना विद्यार्थी ही आया-गया रहता । रिटायरमेंट का जो खालीपन सरकारी अफसर की ज़िंदगी में आता है, वह प्रोफेसरी में नहीं । प्रोफेसरी की ताकत कुर्सी में नहीं, बौद्धिक चिंतन की क्षमता और गहनता में रहती है । इसीलिए कुर्सी जाने से भी ताकत तो नहीं जाती । पर लांग-आईलैंड के एकदम अनपहचाने, अपने जाने-बूझे सांस्कृतिक परिवेश से कोसों दूर के इस माहौल में अचानक वह खालीपन और फालतूपन महसूस करने लगे थे । यहां के समाज में न तो कोई अपनी जगह बनी हुई थी, न अब बनाने का वक्त था । किसी पार्टी में भी जाते तो उनका एकमात्र परिचय राज के पिता के रूप में था ।

उस दिन पापा राज से बोल पड़े, "अभी भी इतनी एनर्जी है मुझमें, पर सिर्फ घर के अंदर घबराहट होने लगती है । क्या कोई छोटी-मोटी नौकरी नहीं मिल सकती मुझे ?"

राज पापा के प्रस्ताव से अचकचा गया था, "पापा, नौकरी करने की क्या ज़रूरत है आपको ? आराम से रहिए, बहुत काम कर लिया आपने ।"

पापा के बहुत इसरार करने पर राज ने कुछेक यूनिवर्सिटियों, कॉलेजों में पता भी किया था । पर बात बनी नहीं । कहीं कोई वैकेंसी नहीं थी, पार्ट-टाइम भी नहीं ।

हारकर मम्मी से बोले थे पापा, "देख, तू न यहां चली आती तो मुझे भी न हलाक होना पड़ता । क्यों इस बुढ़ापे में मिट्टी पलीद कर रही है ? क्या कमी है अपने घर में ? दो-दो बंदे हमारी सेवा में लगे हैं, सब तरह से सुख वहां तुझे मुहैया है, और तू यहां ख्वार हो रही है ! तेरी ये कोई उम्र है काम करने की... वहां आराम से राज करती है ।"

पर मम्मी का अलग ही राग था, "तुम तो ऐसे बातें करते हो जैसे कोई पराया घर हो । जब मां-बाप काम पर जाते हों तो इन बच्चों की देखभाल के लिए भी तो घर का व्यक्ति ही चाहिए । कोई बेबी-सिटर के दिल में अपनों जैसा दर्द थोड़े है इन बच्चों के लिए । मुझसे बार-बार मत कहा करो लौटने की बात । न ही वहां जाकर मुझे तुम्हारे भाई-बहनों की बातें सुननी हैं । हमारे बच्चों के बारे में कुछ कहने वाले वे होते ही कौन हैं ? जब तुम खुद ही..."

फिर कुछ रुककर बोली थीं, "एक बात कह दूं, तुम चाहे मुझसे कितना ही गुना ज्यादा पढ़े हो, बच्चों के मामले में मैं तुमसे ज्यादा जानती हूं ।"

मम्मी यह भी जानती थी कि जब तक वह स्वयं नहीं जायेगी, पापा भी नहीं जायेंगे । बच्चों के बिना तो रह भी लें, पर मम्मी के बिना पापा कैसे रह सकते थे ? और इसी से अमरीका में रहे चले जाने का उनका निर्णय और भी पक्का होता जा रहा था ।

उस शुक्रवार की रात खाने की मेज पर मम्मी ने ही सवाल उठाया था, "राज, महीनों से चंडीगढ़ वाला घर यों ही खाली पड़ा है, अब हम

तो यहीं आ गये, चाचा को लिख दो–या तो किसी को किराये पर चढ़ा दें, या फिर उसे बेचने का इंतिजाम करें।" पापा के गले में उसी पल रोटी का कौर अटक गया। ऐसी जोर की खांसी मची कि गले में फंसा खाना बाहर आने को हुआ। फिर मुश्किल से उसे पानी के घूंट के साथ निगलकर बोले, "यह घर बेचने की क्या सूझी है तुमको... हमें नहीं रहना है क्या वहां ?"

"ठीक है, तुम्हें रहना होगा..." कहकर मम्मी अंजली के ड्रेस पर गिरे सालन को धुलाने के लिए कुर्सी से उठी और अंजली को साथ लिये बाथरूम में गायब हो गयीं। मम्मी की अनुपस्थिति में ही पापा ने राज-माला से कहा, "मेरी वापसी की बुकिंग करा दो।"

राज और माला भौंचक्क-से देखते रहे पापा को, "पापा, थोड़े दिन और रुक जाइए।"

"नहीं, मेरे बड़े काम पड़े हैं वहां।"

"ऐसा भी क्या काम, पापा..."

"नहीं, बेटे, घर-जाएदाद। अपने दोस्तों से अर्से से गप्प नहीं मारी।"

"लेकिन मम्मी तो अभी नहीं जाना चाहती।"

पापा ने लगभग आह-सी भरते हुए सांस खींची, "इसलिए तो अब तक रुका रहा।"

"तो पापा, अब भी..."

"रामकली खाना तो बना ही देगी है।"

"लेकिन पापा..."

"कोई नहीं, मेरा गुज़ारा तो हो ही जायेगा।"

बात आयी-गयी नहीं की जा सकी। अगले दिन पापा ने आदेश देते हुए राज से कहा था, "अगले इतवार की बुकिंग करा देना मेरे लिए।"

राज ने पापा को भुनभुनाते भी सुना था, "तेरी मां को तो पता नहीं यहां क्या मिल रहा है... सारी उम्र गृहस्थी ही पाली है न, और करे भी क्या ?"

फिर राज की आंखों में सीधे झांकते हुए पूछा था, "तुम लोग कभी वापस नहीं आओगे हिन्दुस्तान ?"

राज अचानक टूट पड़े सवाल का सामना करने को तैयार नहीं था, "आयेंगे तो, पापा... लेकिन अभी से इस बारे में नहीं सोचता।"

पापा ने उदास सांस खींची।

"हां, अभी तुम्हें जल्दी क्या है ?" और पापा ने अपने कमरे में लौटकर दरवाजा बंद कर लिया था।

एयरपोर्ट पर पापा को विदा देते हुए राज की आंखें डबडबा आयी थीं। वह पापा से कहना चाहता था, "पापा, आप सच में बच्चों को देते ही रहे। यहां तक कि मम्मी को भी दे चले।" पर कह कुछ नहीं सका, सिर्फ गाल पर टपक आये आंसू की गर्मायी और गीलापन महसूस करता रहा।

पापा ने मम्मी के कंधे पर हल्का-सा हाथ रखकर कहा था, "शन्नो, तू फिक्र नहीं करना, खत लिखूंगा, फोन पर भी बात तो होगी ही।"

और पापा सिक्योरिटी चेक वगैरह हवाई जहाज पर चढ़ने से पहली की रस्म-अदायगी के लिए सिर्फ यात्रियों के लिए सुरक्षित दायरे के अंदर जो घुसे तो मुड़कर नहीं देखा। मम्मी और राज कुछ पल वहीं रुके रहे, फिर यंत्रवत् एयरपोर्ट से बाहर आकर पार्किंग लॉन की ओर बढ़े।

कार में बैठते ही मम्मी ने पर्स में से कागज का रूमाल निकाला और फूट-फूटकर बहते आंसुओं को पोंछने लगी।

राज एकदम सहम गया, "मम्मी, आप ऐसे क्यों रो रही हैं ? मम्मी..."

मम्मी ने चेहरा ऊपर उठाया तो गीली लाल आंखें आग जैसी तमतमायी हुई थीं। मम्मी की फफकती हुई आवाज राज के कानों के सर्द पर्दों से टकरायी, "तू... तुझे भी तो कुछ कहना चाहिए था। तेरा कोई फ़र्ज़ नहीं बनता... तू नहीं कुछ कर सकता था..."

गुचड़ा-पुचड़ा कागजी रूमाल मम्मी ने फिर से आंखों पर रख लिया था। राज के दिमाग में कुछ नहीं घुस रहा था कि मम्मी एकदम उस पर क्यों फट पड़ीं ? उसने क्या कुछ गलत किया है ? शायद... और राज को कुछ-कुछ समझ में आ रहा था। पर वह समझ में आना भी ऐसा था जैसे भीगे हुए उलझे धागों की उलझन सुलझाने की कोशिश करना।

सारा पार्किंग-लॉट गाड़ियों से चितरा पड़ा था । राज को लगा जैसे वह किसी भूल-भुलैया में भटक गया हो । उसने गाड़ी को रिवर्स गियर में लगाया । पर गाड़ी किस तरफ मोड़े, इतनी ढेर गाड़ियों की कतारों के बीच उसे कहीं कोई निकास ही नहीं दिख रहा था ।

**

6. चिड़िया और चील

मम्मी ने पिंजरे का किवाड़ खोल दिया और इंतिजार करने लगीं कि चिड़िया वापस पिंजरे में लौट आये... लेकिन चिड़िया लांग-जंप भरकर कभी रसोई की अलमारी की छत पर जा बैठती तो कभी खाने की मेज पर। रसोई की खिड़की खुली थी... मम्मी को डर हुआ कि चिड़िया कहीं बाहर न उड़ जाए... वह पिंजरे के पास हथेली में दाना लिये उसे पुकारने लगीं। सहसा उन्हें रीढ़ में झुरझुरी-सी महसूस हुई... फरफराते पंखों पर मम्मी को कितनी ही तस्वीरें तिरती-सी दीखने लगीं—झालरोंवाली फ्रॉक में इठलाती नन्हीं गुड़िया, चटक रंगोंवाली बिकनी पहने बीच पर गीली रेत में लोटती चिड़िया... हां, यही तो था उसका नाम। घर पर सब प्यार से उसे चिड़िया बुलाते थे। चिड़िया की ही तरह चहचहाती थी... तब पर नहीं निकले थे उसके कि फुर्रकर उड़ सके... बस डाल-से-डाल तक फुदका करती थी। हिन्दुस्तान छोड़ने से पहले इन डालियों की कमी भी नहीं थी... लगातार एक गोद से दूसरी गोद...

मम्मी उसे डॉक्टर बनाना चाहती थीं, डैडी वकील। दोनों खुद भी डॉक्टर थे—डैडी कार्डियोलोजिस्ट और मम्मी रेडियोलोजिस्ट। न पैसों की कमी थी, न प्रोत्साहन की। ढाई साल की उम्र से ही इस अमरीकी शहर के सबसे बढ़िया प्राइवेट नर्सरी स्कूल में प्लास्टिक के अक्षरों और नम्बरों को हाथ से महसूस करती वह जल्दी ही उन्हें पहचान कर सबको अपनी प्रतिभा से प्रभावित करने लग गयी थी। मम्मी जब भी पास होती, बस यही सवाल पूछतीं—स्कूल में क्या हुआ... और स्कूल से लौटने पर... बेबीसिटर क्या सिर्फ उसे टेलीविजन ही तो नहीं दिखाती रही ? कुछ फुर्सत होती तो मम्मी कहतीं—अच्छा, तो वो वाली राइम सुना दो... 'ट्विंकल-ट्विंकल लिटल स्टार'... मम्मी को खुश करने के लिए चिड़िया दुहराने लगती तो मम्मी जरूर कहती—"यू विल बी ए स्टार, माई

चाइल्ड !"

फिर चिड़िया को जैसे कुछ याद आ जाता और वह मचलकर कहती, "विल यू गो टू वर्क टुमारो ?"

"यैस, आई हैव टू... नहीं तो तुम्हारे स्कूल की फीस कौन देगा ?"

"आई डोंट वांट टू गो टू स्कूल टुमारो !"

"दैट इज इंपॉसिबल... यू हैव टू गो टू स्कूल !"

"नो... वी गो टू पार्क ।"

"संडे, वी गो टू पार्क ।"

"नो... टुडे !" चिड़िया जिद करती ।

"लेकिन अब तो शाम हो गयी... अंधेरे में पार्क नहीं जाते ।"

नर्सरी से किंडरगार्डन और फिर फर्स्ट ग्रेड में पहुंच जाती है चिड़िया एक दिन ।

"मॉम, हू डू यू लव मोस्ट ?"

मम्मी उसे प्यार से दुलारती है, "अपनी चिड़िया को !"

"नो, दैट इज रांग... मिस बर्गर सेज एवरीवन लब्ज हिमसेल्फ मोस्ट... यू लव यूअरसेल्फ मोस्ट... नॉट मी !" मम्मी अवाक् उसे देखती रहती हैं ।

फिर एक दिन डिपार्टमेंटल स्टोर से बाहर निकलते ही वह पैसे मांगने लगती है... कोई फटेहाल, बेघर, गरीब इंसान पैसा मांगता है और चिड़िया उसे देना चाहती है... मम्मी ने तब डांट लगा दी थी, "सब झूठमूठ की गरीबी है इस देश में... ड्रग खाकर पड़े रहते हैं और फिर आने-जानेवालों को तंग करते हैं... रहने दे, कुछ नहीं देना इसको !"

चिड़िया बड़ी हो रही है ।

"मम्मी, कैन आई हैल्प इन द किचेन ?"

"नहीं, बिटिया... वह सब मैं खुद संभाल लूंगी... तू जा पढ़... अपना होमवर्क खत्म कर ले, फिर तेरी भरतनाट्यम् की भी तो क्लास है आज, उसका अभ्यास भी करना होगा वर्ना तेरी टीचर गुस्सा करेगी ।"

एक बार मम्मी बीमार पड़ जाती है । चिड़िया कहती है, "मैं स्कूल नहीं जाऊंगी... घर पर कौन देखभाल करेगा तुम्हारी !"

"जा-जा, मेरे बहाने से स्कूल मिस करने की कोई जरूरत नहीं ।

ऐसी कोई बीमार नहीं कि मेरे लिए तुम पढ़ाई का हर्ज करो। पढ़ना तुम्हारे लिए सबसे ज्यादा इंपोर्टेंट है !"

"बस पढ़ो... पढ़ो... पढ़ो... इससे हटकर तुम कोई बात ही नहीं करतीं।"

"और क्या... इस देश में सफलता की यही कुंजी है। तुमको अपने अमरीकी साथियों से बेहतर ग्रेड्स लाने होंगे। तभी तो तुम बढ़िया हाई स्कूल और फिर आईवी-लीग यूनिवर्सिटी में जा सकोगी। एक बार किसी आईवी-लीग यूनिवर्सिटी में पहुंच गयीं, तब तो हमेशा के लिए ज़िंदगी बन गयी समझो.. तरक्की का हर रास्ता खुल जाता है, तुम..." सहसा मम्मी की कमर में तीखा दर्द उठा और वह बोलते-बोलते रुक गयीं। चिड़िया ने मम्मी के चेहरे पर उभरती दर्द की छाप देखी... पर वह रुकी नहीं, उसे स्कूल पहुंचना था।

उस दिन चिड़िया एक टेलीफोन नम्बर रट रही थी... मम्मी ने हैरान होकर पूछा तो वह पूरी कहानी सुनाने लगी, "मॉम, लिंडा की मॉम और डैड ने उसको इतना मारा कि वह मर ही गयी... उसके मॉम-डैड को पुलिस पकड़कर ले गयी... मिस जॉनसन कहती हैं कि यह टेलीफोन नम्बर चाइल्ड एब्यूज हैल्प का है... अगर तुम्हारे मॉम या डैड तुमको मारें तो इस नम्बर पर फोन कर देना... फिर उनको भी पुलिस पकड़कर ले जायेगी। अब तुम मुझ पर गुस्सा करोगी न, तो मैं पुलिस को फोन कर दूंगी... मॉम, लिंडा अब कभी स्कूल नहीं आयेगी... जब मर जाते हैं तो फिर कभी स्कूल नहीं जाते..."

मम्मी को लगा था कि उनके हाथ से कुछ बहुत कीमती फिसला जा रहा है... बहुत चाहकर भी जिसे पकड़े रखना नामुकिन हो रहा है। कुछ घर से बाहर भी है जिस पर उनका अपना कोई बस नहीं... क्या यह समाज उनको भी कोई धमकी दे रहा है ?

खैर, पढ़ते-पढ़ते चिड़िया शहर के नामी हाई स्कूल में भी पहुंच गयी.. बड़ी मुश्किल से दाखिला मिलता है इस स्कूल में... हजारों परीक्षा देते हैं लेकिन दाखिला दो-तीन सौ को ही मिलता है... प्रतियोगिता से प्रताड़ित उन सैकड़ों छात्रों के बीच चिड़िया कुछ फिसलने लगी। छमाही रिपोर्ट कार्ड मिला तो मम्मी सकते की हालत में थी।

"यह बायोलोजी में तुझे 'सी' कैसे मिला ?"

"आई थिंक, द टीचर डज नॉट लाइक मी !"

मम्मी उसके टीचर से मिली थीं... बायोलॉजी की क्लास सुबह साढ़े आठ बजे होती थी... टीचर ने मम्मी से कहा था, "लगता है आपकी बेटी को पूरी नींद नहीं मिलती... मेरी क्लास में कुछ सुस्त और सोयी-सोयी-सी दिखती है ।"

मम्मी शाम होते ही चिड़िया के पीछे पड़ जाती, "टाईम मत वेस्ट कर... जल्दी सोना है... तुझे तो हमने डॉक्टर बनाना है... बायोलोजी में पिछड़ गयी तो काम कैसे चलेगा ?"

"पर मम्मी, मैं जल्दी नहीं सो सकती... इंग्लिश टीचर के लिए आज यह किताब पढ़कर बुक-रिपोर्ट लिखनी है ।"

मम्मी को समझ नहीं आता क्या करे-कहे ?

बायोलॉजी में दुबारा नम्बर कम आये तो मम्मी के हाथ-पैर ठंडे पड़ गये थे... फिर चिड़िया से सलाह करके एक झूठ गढ़कर टीचर को बताया गया था । 'टेस्टवाले दिन चिड़िया बीमार थी । डर के मारे टेस्ट मिस कर दिया... क्या अब दुबारा दे सकती है ?

डैड के प्रोत्साहन पर चिड़िया ने स्कूल की स्पीच-टीम में भी हिस्सा लिया है... वकील के लिए पब्लिक-स्पीकिंग बहुत जरूरी होती है न !

आज शाम चिड़िया को कल सुबह होने वाले गणित के इम्तिहान की तैयारी करनी है । दोपहर के स्पीच टूर्नामेंट के लिए स्पीच को रट्टा लगाना है... रात एक बजे तक चिड़िया जगी रही... सुबह बायोलॉजी के पहले घंटे में वह फिर नींद के झूले ले रही थी ।

शाम को डैड ने पूछा था कि स्पीच कैसी रही तो चिड़िया पुरस्कार न जीत पाने के अपराध-भाव को एक उदासीनता से ढककर बोली, "आई डिड नॉट विन ?"

"व्हाय ?"

यूं डैड ने विस्तार से जानने के लिए ऐसा पूछा था... पर चिड़िया का अपराध-भाव अब आक्रमण का आकार ले बैठा... भड़ककर बोली, "वैल, यू कांट विन ऐवरीटाईम !"

चिड़िया को शांत करने के लिए डैड पूछ बैठे, "तुम्हारी स्पीच का टॉपिक क्या था ?"

"आई डोंट वांट टू रिपीट... यू केन रीड इट यूअरसेल्फ ।" लिखित भाषण की कॉपी चिड़िया ने डैड को पकड़ा दी । डैड ने शीर्षक पढ़ा– 'टीन एज सुसाइड्स' यानी 'किशोर आत्महत्याएं'.... पहला पैराग्राफ इस तरह था कि इस देश में हर साल करीब दस हजार टीनएजर्स आत्महत्या के शिकार होते हैं जिसकी वजह ड्रग, इन्सिक्योरिटी, डिप्रेशन और अकेलेपन के साथ-साथ खासकर आवासियों के बीच इसकी वजह किशोरों पर उनके मां-बाप द्वारा बढ़ता हुआ दबाव है... आवासी मां-बाप अपनी ख्वाहिशों और अधूरे सपनों को अपनी औलाद द्वारा पूरा करवाने के लिए इन किशोरों को बदहवास घोड़ों की तरह चाबुक मार-मारकर चलवाए रखना चाहते हैं जिसका परिणाम बहुत भीषण होता है । भौचक्के भाव से डैड ने बार-बार वे पंक्तियां पढ़ीं । उनको विश्वास ही नहीं हो रहा था कि जो वह पढ़ रहे हैं, वह कुछ घंटे पहले उनकी बेटी एक भाषण में कह चुकी है । सहसा वह जोर से फटकारने लगे ।

"यह सब क्या बकवास लिखी है ?"

अब की चिड़िया शांत न रही ।

"बकवास नहीं, डैड... यूं भी इस स्पीच के तथ्य एक जाने-माने शोधकर्ता के हैं... स्कूल में यूं सबको स्पीच पसंद आयी थी ।"

सहसा डैड एकदम चुप हो गये । थोड़ी देर बाद पता नहीं क्या सोचते-सोचते बोले, "क्या तुमको ऐसा लगता है कि हम तुम पर प्रेशर डाल रहे हैं ?"

"कभी-कभी... पर यह मेरे अपने बारे में तो नहीं... यह तो..."

"खैर, अब मैं तुझे कुछ नहीं कहूंगा ।"

लेकिन मम्मी को डैड के इस रुख पर गुस्सा आ गया था, "रहने दो, तुम तो फालतू में घबरा जाते हो ! हम ऐसे तो डॉक्टर नहीं बनगये... दिन-रात पढ़ते थे... घर के काम भी करते थे... इससे तो मैं कुछ भी कराती ही नहीं... कम-से-कम पढ़कर अपने-आप में कुछ बन जाना तो इसका फ़र्ज़ है ! हम अपने फायदे की बात थोड़े ही करते हैं... देखो, भरतनाट्यम् भी छूट गया इसका... किसी भी काम के लिए वक्त नहीं... तो

वक्त है किसलिए ? ज्यादा ही दिमाग बिगाड़ देते हैं यहां बच्चों का... मां-बाप न हुए मानो दुश्मन हों बच्चों के... फालतू में मां-बाप में भी गिल्ट..."

मन-ही-मन मम्मी डर भी गयी थीं जैसे उन्हें कोई धमकी दे रहा हो ।

लेकिन भूमिकाओं में अदला-बदली हो रही थी । मम्मी-डैडी कुछ भी चिड़िया का नापसंद करते तो वह भड़क जाती, "कम डाउन... आई विल डू एट माई ओन पसंद ।"

बड़ी तेजी से मम्मी-डैडी उसकी ज़िंदगी में फालतू और बेकार की चीज होते जा रहे थे... उसे मम्मी-डैडी की बातें, उनके अनुभव अपने संदर्भ में एकदम इररैलेवेंट लगने लगे... उनमें एक और जीवन-शैली, एक और संस्कृति की बू थी जिसे चिड़िया अपने लिए बहुत पिछड़ा और हानिप्रद भी समझने लग गयी थी । मम्मी-डैडी के खिलाफ बोलते हुए उसकी आवाज में एक मसीहापन होता जैसे कि दुनिया भर के मां-बापों के खिलाफ आंदोलन में वह किशोरों का नेतृत्व कर रही हो । उसे विश्वास हो गया था कि उसके अपने और ज्यादातर मां-बाप बातें प्रजातंत्र की करते हैं पर होते तानाशाह हैं ।

चिड़िया आईवी-लीग तो नहीं पर एक अच्छे कॉलेज में दाखिला पा गयी थी... होड़ यहां भी कम नहीं थी ।

उधर अब चिड़िया के पर भी तो निकलने लगे थे... वह उड़ना चाहती थी... घरौंदे से बाहर खुली हवा पर तैरना चाहती थी... एक सहपाठी उसे अपनी ओर खींच रहा था... हवाओं पर साथ-साथ तैरने का आमंत्रण ।

उसने सहपाठी से कहा, "मम्मी को लड़कों से दोस्ती पसंद नहीं ।"

सहपाठी बोला, "मम्मी को कुछ बतलाने की जरूरत ही क्या है ?"

"लेकिन मम्मी को यूं मैं सब कुछ..."

उसने बात काटकर पूछा, "कितने साल की हो ?"

"अठारह !"

"तो तुम वयस्क हो । अब मम्मी की जेल से रिहा हो जाओ ।"

"लेकिन..." वह अभी भी घबरा रही थी ।

सहपाठी बोला, "किसकी ज़िंदगी है यह ?"

"मेरी ।"

"तो मम्मी ने जीना है इसे या तुमने ?"

घर पर चिड़िया ने मम्मी से कहा, "मैं बोर्डिंग में रहना चाहती हूं ।"

"क्यों ?"

"इंडिपेंडेंटली रहूंगी ।"

"अभी से ऐसी बात... पढ़ाई खत्म कर ले, फिर शादी के बाद तो हमसे अलग रहना ही है ।"

"लेकिन घर पर पढ़ाई ठीक से नहीं होती..."

"यहां घर पर भला तुझे कौन डिस्टर्ब करता है ?"

"क्या तुम समझ पाओगी कि अकेले रहने की भी एक ज़रूरत होती है... कि मां-बाप के साथ रहकर बच्चे का पूरा विकास नहीं होता... तुम्हारा जमाना, तुम्हारा देश बहुत फ़र्क़ था... क्या तुम्हें भरोसा नहीं होता कि मेरी दुनिया तुमसे बहुत अलग हो सकती है..."

मम्मी नहीं मानी । चिड़िया और मम्मी में आये दिन किच-किच होती । चिड़िया की सहनशक्ति खत्म हो रही थी, "आई डोंट अंडरस्टैंड.. आई एम एन एडल्ट नाऊ... तुम लोग मुझे मनमर्जी से क्यों नहीं रहने देते ?"

"जब खुद कमाने लगोगी तो रह लेना मनमर्जी से... कुछ ज्यादा ही पर निकल आये हैं तेरे !"

"मेरे कॉलेज की फीस देती हो... मुझे खाने-पहनने को देती हो, इतना ही रौब है न तुम्हारा... इसके लिए तुम मुझे गुलाम बनाकर नहीं रख सकतीं !"

मम्मी को जैसे लकवा मार गया हो, "कैसे कह गयी तू यह बात... बस यही नाता है तेरा-हमारा... बस इसीलिए टिकी है तू यहां कि और कोई तेरे कॉलेज की फीस नहीं भरेगा... हमारा प्यार... हमारी कद्र.... हमारे साथ रहना अब गुलामी लगती है तुझे... !"

अचानक चिड़िया डर गयी... यह तो बतंगड़ बन गया... मम्मी को नाराज करके वह जायेगी कहां... ? अभी उसके परों में उड़ने की पूरी ताकत कहां है ?

"सॉरी, मॉम !... आई डिड नॉट मीन टू हर्ट यू... आई लव यू !" और मम्मी के जिगर में फिर से वात्सल्य के दर्या बह निकले ।

"देख बिटिया... हम जो कहते हैं तेरे भले के लिए ही... पहले पढ़-लिखकर अपने पैरों पर खड़ी हो जा, फिर..."

"बस मॉम, हो गया न भाषण शुरू !.... जब भी मैं तुमको 'आई लव यू' कहती हूं, तुम इतनी 'इंस्पायर्ड' हो जाती हो कि बस कभी न रुकने वाली 'स्पीच-रेन' शुरू हो जाती है !"

"चल-चल, मज़ाक़ ज्यादा ही करना सीख गयी है !" मम्मी बनावटी गुस्से से कहती है ।

और उस शाम चिड़िया के लिए खास पकवान बनते हैं... उसका पॉकेट-अलाउंस बढ़ा दिया जाता है और मम्मी उसे नया ड्रेस खरीदवाने के लिए ब्लूमिंगडेल्ज ले जाती है ।

चिड़िया ने जब सारा किस्सा अपने सहपाठी से कहा तो वह बोला, "तुम्हारी मम्मी बहुत लोनली और इन्सिक्योर हैं... तुमको खोने से डरती हैं... इसी से तुम्हें तरह-तरह की रिश्वत देकर पास रखना चाहती हैं ।"

"तुम्हारा मतलब... ?"

"देखो, मां-बाप का भी अपना स्वार्थ होता है । वे अपना पजेशन खोना नहीं चाहते... इसलिए हर तरीके से बच्चों... एडल्ट बच्चों को भी कब्जे में रखने की कोशिश रहती है उनकी... अभी यह आसान भी है क्योंकि तुम उन पर पूरी तरह से डिपेंडेंट हो ।"

चिड़िया आत्मदया से भर उठी, "कैसी एग्जिस्टेंस है हमारी... कि अपने सरवाईवल तक के लिए दूसरों का मुंह जोहना पड़ता है... मेरा उस घर में कतई मन नहीं लगता... पर कहीं और रहने का ठिकाना भी तो नहीं... पता नहीं कब छुटकारा होगा ?"

"हम दोनों अगर नौकरी कर लें तो कोई छोटी-सी जगह किराए पर लेकर साथ रह सकते हैं ।"

"और पढ़ाई ?"

"पढ़ाई साथ-साथ चलती रहेगी ।"

और चिड़िया अपने घरौंदे से उड़कर आ गयी । एक छोटी-सी नौकरी कर ली । डॉक्टर-वकील बनने के सपने तो यूं भी उसने नहीं,

उसके मॉम-डैड ने देखे थे । खुद वह ऐसा कुछ करना चाहती थी जिससे एकदम मशहूर हो जाए... पर अभी उसके दिमाग में साफ नहीं था कि क्या करने से वह फटाफट नाम और शोहरत पा सकती है ? कभी-कभी वह फिल्म बनाने की सोचती... पर अभी न पैसा था, न ट्रेनिंग, न ही स्पष्ट विचार या विषय... लेकिन महत्त्वाकांक्षा थी और दम था... भीतर एक अकुलाहट-सी बनी रहती... उसका सहपाठी सादा ज़िंदगी जीने में विश्वास रखता था.. एकदम मिनिमलिस्ट... कम-से-कम चीजों के साथ गुज़ारा करना... मिट्टी से जुड़ी ज़िंदगी की ओर लौटना... लेकिन इस नयी आत्मनिर्भर ज़िंदगी का अपना ही सुख था । चिड़िया पूरी तरह से अपनी नयी दुनिया में मस्त हो गयी । हर दिन आर्ट-हिस्ट्री के नये-नये कोर्स की किताबें पढ़ते हुए, नये-नये लोगों से मिलते और नये घर का दायित्व निबाहते हुए वह मॉम-डैड को भूल-सी गयी । कम-से-कम नये जीवन में उसे कहीं भी उनका संदर्भ नहीं दिखा ।

एक बार मम्मी बहुत बीमार हो गयी थीं... उनका ऑपरेशन होना था । डैड का फोन आया था पर चिड़िया को बहुत पढ़ाई करनी थी । तब मम्मी ने हिन्दुस्तान से मौसी को बुलवाया था अपनी देखभाल के लिए ।

मौसी ने दिन-रात मम्मी की तीमारदारी में लगा दिया था, पर चिड़िया के रुख से वह बहुत खफा थीं... वह मम्मी से कहतीं, "तुम तो अपनी बेटी से डरती हो, कुछ कहती ही नहीं । मेरी बेटी इस तरह करे तो उसकी टांगें तोड़कर न धर दूं... इतनी आज़ादी आखिर क्यों ? कुछ मकसद भी तो होना चाहिए न !" मम्मी सुनती रहतीं और मौसी कहती जातीं ।

"दरअसल तुमको बच्चे पालना आता नहीं... यहां आज़ादी के बोल बोले, उसकी चर्चा और नारों से इतना आतंकित हो जाते हो कि बच्चों को अनुशासित भी नहीं करते... तभी ये बच्चे न हिन्दुस्तानी रह पाते हैं, न अमरीकी ।"

मम्मी निरीह भाव से कहती, "जवानी का जोश है... मेरी बात तो सुनती ही नहीं ।"

मौसी को और भी तरह मिल जाती, "वह कौन-सा जानवर होता है—हां, सर्पिणी अपने अंडों को खुद ही खा जाती है न... पर कभी सुना

है ऐसा शिशु जो अपने पैदा करने वाले को खा डाले... !"

"यह कैसी बात कह रही हो तुम... चिड़िया भोली है... उम्र के साथ मां-बाप के दिल को समझने-पहचानने लगेगी ।"

"और नहीं तो अपने उसी सहपाठी के साथ शादी कर ले जिसके साथ रह रही है । कम-से-कम तुम्हारी मुक्ति तो हो ।"

उधर कई सालों तक चलने वाले अस्थायी रैन-बसेरे में चिड़िया की सहपाठी से नोंक-झोंक होने लगी । तंगी की उस ज़िंदगी से तंग आने लगी थी । दोनों एक-दूसरे से कुछ ऊबने-से भी लगे । शादी की बात उठी तो सहपाठी बोला, "आई बिलीव इन कमिटमेंट ऑफ हार्ट्स... शादी तो आदमी तब करे जबकि सामाजिक स्वीकृति कुछ मायने रखती हो..."

जल्द ही उसके दिल की कमिटमेंट किसी और से हो गयी ।

मौसी के बहुत समझाने पर मम्मी-डैडी चिड़िया को छुट्टी मनाने के बहाने हिन्दुस्तान ले गये... वहां उसे शादी लायक कई लड़के दिखाए गये । चिड़िया ने मम्मी से कहा, "यह कैसा खिलवाड़ कर रहे हो तुम लोग... जिसे न जानती, न बूझती, उसके साथ ज़िंदगी बिताऊंगी... ! क्या बेवकूफ समझ रखा है तुमने मुझे... यह नहीं होगा !"

अमरीका लौटकर चिड़िया को नये सिरे से घोंसला खोजना था । अपनी छोटी-सी तनख्वाह में कोठरी का किराया, खाना-पीना और दूसरे खर्च नहीं चला सकती थी । पहले सहपाठी के साथ सब कुछ शेयर करती थी... अकेले बूते मुश्किल था । दूसरे सहसा सहपाठी से अलग होकर उसने यह भी महसूस किया कि वह खामख्वाह अपने आपको मॉम-डैड के घर के वैभवपूर्ण माहौल से वंचित कर रही थी... अकेले रहने से उसका स्तर बहुत ज्यादा गिर जाता था... ऐसी हालत में तो उसकी महत्त्वाकांक्षा, उसका फिल्म बनाने का सपना कभी भी पूरा न होगा ।

और चिड़िया अपना तिनका भर सामान लेकर मम्मी-डैडी के घर आ गयी... हमेशा की तरह मम्मी ने अपना सब कुछ उसके लिए बिछा दिया था । चिड़िया को बहुत दिनों बाद चैन और राहत मिली ।

लेकिन बहुत जल्द घर में तनाव शुरू हो गये । दरअसल चिड़िया वहां रहते हुए भी रह नहीं रही थी । बस रैन भर के बसेरे की ही बात थी । और अगर दिन में घर पर होती भी तो अपना कमरा बंद किए पड़ी

रहती... मम्मी के मिलने वाले आते तो लाख मिन्नत करने पर मुश्किल से वह उन्हें 'हैलो' करने बाहर आती, फिर मिनट भर में वापस लौट किवाड़ बंद कर लेती। ज्यादातर उसे खाने की भी भूख नहीं होती थी। शायद डायटिंग के चक्कर में या फिर घरवालों से बचने का बहाना होता।

मम्मी अब उसे घर रखने के बजाय घर से निकालने के चक्कर में थी। दिन-रात एक ही सवाल, "तू शादी क्यों नहीं करती ?"

चिड़िया सोचती है वह मम्मी-डैडी की अकेली संतान है... इस घर पर उसी का हक है... अगर वह यहीं रहती रहे तो गलत क्या है ?

मौसी का दूसरा चक्कर लगा तो फिर मम्मी से कहने लगीं, "बहुत बिगाड़ा हुआ है तुमने लड़की को... तीस से तो ऊपर हो गयी, शादी कब करेगी ?"

चिड़िया बिगड़ उठती है, "आपकी आंखों में भला मैं क्यों खटकती हूं ? आखिर मेरा घर है... शादी करूं या न... जब तक चाहूंगी, यही रहूंगी... आखिर मेरे मां-बाप हैं, आपको क्या !"

मौसी भी गुस्से से बोली, "बड़े स्वार्थी बच्चे हैं आजकल के ! मां-बाप अपने हक को तो खूब समझते हैं, पर उनके लिए कुछ करने का कोई भाव नहीं... बस जब मन आया चले आये, इस्तेमाल किया और फिर उड़ गये अपने ठिकाने को... कम-से-कम मां-बाप की खुशी के लिए ही शादी कर लो..."

अब के मम्मी बीच में बोल पड़ती हैं, "रहने दो, शीला !... आखिरी बच्ची है... इसके घर आ जाने से रौनक आ जाती है वर्ना ज़िंदगी में अब ज्यादा है ही क्या ?"

लेकिन उस रौनक के बीच अंदर-ही-अंदर मम्मी को कुछ सालता रहता है... बत्तीस बरस की लड़की के घर लौटने पर वह खुश हो या रोये... वह यह भी जानती है कि चिड़िया किसी भी पल उड़ने की फ़िराक़ में है... यह घर उसके लिए ऐसी सराय है जिसने उसे मुफ्त पनाह दी हुई है... क्या सच में मम्मी का इस्तेमाल किया जा रहा है ? चिड़िया को तो इस घर में किसी से कोई सरोकार नहीं... सुबह-सुबह काम पर निकल जाती है और देर रात गये घर लौटती है... पता नहीं मौसी के कहने का बुरा मान गयी या क्या... अब तो किसी दोस्त या रिश्तेदार के आने पर 'हैलो' कहने

अपने कमरे से नीचे तक नहीं उतरती । घर सच में सराय था ।

फिर मम्मी सोचती है... सारी उम्र तो उसने चिड़िया को कोई जिम्मेदारी नहीं दी... सिर्फ लाड़-प्यार दिया... अब भला वह जिम्मेदारी निभाने के काबिल कैसे हो...? कभी दूसरों के लिए कुछ करने को कहा-सिखाया नहीं... तब चिड़िया कैसे जाने... और उदास मन से मम्मी ने मान लिया कि कुसूर उन्हीं का है ।

अब चिड़िया को दाना-पानी की या आशियाने की फिक्र करने की जरूरत नहीं थी... सारी सुख-सुविधाएं मुहैया थीं... अगर इनकी एवज में कभी मम्मी का उपदेश सुनना पड़ जाता तो वह कानों में वाकमैन के इयर-प्लग खोंसकर पॉप-संगीत सुनने लग जाती ।

अब वह फिर से फिल्म बनाने के सपने देखने लगी... नौकरी से अब कुछ पैसा बच रहा था पर वह काफी नहीं था... और फिर मम्मी-डैडी का पैसा भी तो आखिर उनकी चिड़िया का ही है ।

उसने मम्मी से कहा, "मैं फिल्म बनाना चाहती हूं... पैसा लगाओगी ?"

तो चिड़िया को अपनी भी मम्मी-डैडी के सहारे की ज़रूरत थी ! क्या मम्मी की परवरिश ने ही इतना कमजोर बना दिया कि चिड़िया अधूरी-सी फुदकन भरकर फिर मां के घोंसले में आ गिरी है... ? क्या अभी उड़ना नहीं सीखा उसने... ? कभी सीख पाएगी... ? जब पर निकलने को हुए थे, तभी क्या ठीक से उड़ने देना चाहिए था... कहां, क्या गलत हो गया उनसे... चिड़िया की बाहों से जैसे नये पंख निकालना चाहते हुए मम्मी ने कहा, "तू जो चाहती है कर... बस एक बार अपने पैरों पर खड़ी हो जा... तेरे होने से घर में सब कुछ चहक उठा है... पर दूर पहाड़ों से, हवाओं से और बादलों से फिसलकर आती चहचहाहट शायद कहीं ज्यादा मीठी सुनाई पड़ती है... चिड़िया तो आकाश में उड़ती हुई ही सबसे ज्यादा प्यारी और मोहक लगती है..."

चिड़िया अभी मम्मी की पूरी बात समझ भी नहीं पायी थी कि अचानक मम्मी को कुछ ध्यान हो आया और वह बोलीं, "तेरे डैडी नाराज तो नहीं होंगे... कहते हैं उसे मनमांगा देकर बिगाड़ रही हो ।"

चिड़िया कड़की, "ठीक है, रख लो संभालकर... चिता पर धरकर साथ ले जाना... जीते-जी मुझे 'डिप्राइव' करके सुख मिलता है तो लो... मैं

भी तुम दोनों के मरने का इंतिजार कर लूंगी... मां-बाप भी पता नहीं किस बात के बदले लेते रहते हैं... ट्रस्ट को पैसा दे देंगे, अपनी औलाद को नहीं... पैदा करने का यह मतलब तो नहीं कि सारी उम्र उन्हें दबोचकर कोख में ही रख लिया जाए..."

सहसा मम्मी ने देखा... चिड़िया वहां नहीं थी । शायद रसोई की खिड़की से बाहर चली गयी थी । मम्मी घबराकर बाहर की ओर दौड़ी... बाहर सिर्फ एक बड़ी चील आसमान को गिरफ्तार किए हुए थी... मम्मी बदहवास चिड़िया को खोजने लगी । चिड़िया कहीं नहीं थी... अचानक मम्मी को लगा उन्हें कुछ भ्रम-सा हो रहा है... शायद कोई चील वहां नहीं थी... या शायद चील चिड़िया को उगल दे... और आसमान पर आंखें टिकाए वह चिड़िया के लौटने का इंतिजार करने लगीं ।

**

7. लौटना

हवाई जहाज के पंखों में घरघराहट शुरू हुई तो उसके भीतर भी जैसे किसी तड़फड़ाते परिन्दे ने पर मारे । उसे लगा कि इस जमीन के टुकड़े की ओर अब यह शायद कभी नहीं लौटेगा... ले-देकर जो कुछ भी बचा था, वह कुछ न होने के एहसास को और भी ज्यादा उधेड़ देने वाला था। उसके जहन में बरसों पहले के पापा के कहीं अलफाज उतरे–

"देखो सिद्धार्थ... हर लौटने के दो चेहरे होते हैं... एक दीवाली और दूसरा महाभारत । राम के लौटने पर दीवाली मनी थी और पांडवों के लौटने पर महाभारत । लेकिन दीवाली इस लौटने की सच्चाई को झुठलाने वाला, एक आइडियलिस्टिक या खूबसूरत चेहरा है... असली चेहरा खून और राख से सना महाभारत ही है ।"

सहसा उसे लगा उसके दिल के नरम गूदे में कोई सलाख चुभो रहा है । उसने एक हाथ से अपनी बायीं छाती को दबाया और एक लम्बी सांस खींची । उसके बीवी-बच्चे जहाज पकड़ने के चक्कर में सुबह के चार बजे तक जगे रहने की वजह से अपनी-अपनी सीटों में ही ऊंघने लगे थे । सलाख़ की चुभन और बढ़ती महसूस हुई और उसने दूसरा हाथ भी बायीं छाती पर रख दिया ।

पहले तो ऐसा नहीं होता था... खासतौर से करीब सोलह-सत्रह बरस पहले जब पापा ने यह बात कही थी । तब उनकी रोज़ाना दोहरायी जाने वाली नीतियों–सूक्तियों की तरह इस बात को भी उसने आया-गया कर दिया था । पापा ने फिर भी उसे बार-बार समझाने की कोशिश की थी–

"अगर तुम विदेश में नौकरी करना चाहते हो तो भूल जाओ कि जब तुम यहां आना चाहो तो सब कुछ वैसा-का-वैसा बरकरार रहेगा ।... देखो बेटे, वक्त बदलता है तो और भी बहुत कुछ साथ बदलता है... लोगों

के मन बदल जाते हैं ।"

सिद्धार्थ को तब भी पापा की बात बड़ी फालतू किस्म की लगी थी।

"आप कैसी बातें करते हैं, पापा ! गुरप्रीत और मैं एक-दूसरे के जितने करीब हैं, उसका आप अंदाजा भी नहीं लगा सकते । वह तो मेरे लिए जान तक दे दे । ऐसे दोस्त पर कभी शक किया जा सकता है...? मेरे जाने के नाम से उसकी आंखों में गीलापन आ जाता है ।"

हारकर पापा ने कहा था-"ठीक है, जैसा तुम्हें सही लगता है, वही करो । पर मैं समझता हूं तुम्हें अपनी कम्पनी प्राईवेट लिमिटेड बना देनी चाहिए... ताकि उस पर एक आदमी का कब्जा न हो... और अगर हो भी जाये तो कम-से-कम तुम्हें कोई लायबिलिटीज तो न भरनी पड़ें ।"

"यह तो गुरप्रीत खुद ही कह रहा है, पापा ! आप फिजूल में... बड़े पैसिमिस्टिक हैं आप, पापा... ! हमेशा काली और बदसूरत तस्वीर ही पेश करते हैं ।"

सिद्धार्थ और गुरप्रीत की दोस्ती बचपन की तो नहीं, पर जवानी के उस पड़ाव से थी जब कॉलेज खत्म करके लड़के एक दूसरी दुनिया में ज़िंदगी की नयी शुरुआत करते हैं । पश्चिम बंगाल के जलपाईगुड़ी इलाके के चाय बागानों में दोनों ने एक ही कम्पनी में, एक ही दिन नौकरी शुरू की थी । दोनों पंजाब से आये थे, छड़े थे और दोनों को कम्पनी ने एक ही बंगला दिया शेयर करके रहने के लिए । दोनों को एक-दूसरे के साथ ही इतनी आदत हो गयी थी कि काम पर जाते तो साथ, लौटते तो साथ... यहां तक कि दोस्त भी ऐसे बनाये जिनसे दोनों साथ ही मिलते... और दुश्मन भी जो एक का होता वही दूसरे का ।... यूं सिद्धार्थ का स्वभाव इतना नरम और मीठा था कि उसके दुश्मन ढूंढने आसान नहीं थे... वहीं गुरप्रीत का खून बेबात खौलने लगता और वह बदले और लड़ाईयां मोल ले लेता । इस तरह गुरप्रीत के दुश्मन सिद्धार्थ के भी दुश्मन बन जाते... पर कुछ समझदार लोग अंदर-ही-अंदर इन दोनों के फ़र्क़ को पहचानते थे ।

गुरप्रीत अपना रिश्ता पंजाब के किसी राजघराने से जोड़ा करता था, लेकिन उसका बाप, जब वह नौ बरस का रहा होगा, शराब के नशे में धुत अपनी जीवन-लीला समाप्त कर गया था । फिर वह अपने पुलिस

अफसर मामा के यहां पलने लगा था । अपने रौबदार मामा के सामने आज तक उसकी चूं नहीं निकलती थी । सिद्धार्थ का बाप अपने छोटे-से शहर का जाना-माना पत्रकार था, नेक और समझदार आदमी था, ऊंचे लोगों से रखी-रखाई भी थी । खैर, दोनों की पारिवारिक पृष्ठभूमि फ़र्क़ होते हुए भी ऐसी फ़र्क़ न थी कि दोस्त में किसी तरह की अड़चन बन सके । सो दोनों की दोस्ती गाढ़ी होती गयी, यहां तक कि दोनों ने एक साथ कोई फिल्म भी देखी थी दो दोस्तों पर... और गुरप्रीत ने कहा था, "यार, हम दोनों की भी दोस्ती ऐसी है... एकदम खालिस... पर देख, तू छोकरियों के चक्कर में अपनी दोस्ती में कभी बिगाड़ मत डालना ।"

और सिद्धार्थ ने इस बात का पूरा ध्यान रखा था । जिस छोकरी से गुरप्रीत ने मुस्कुराकर बात कर ली, सिद्धार्थ उससे दूर ही रहता था और यही रुख गुरप्रीत का था ।

खैर, इस तरह कोई झगड़ा दोनों के बीच उठा ही नहीं... वक्त आने पर दोनों ने ही धूमधाम से शादियां कर लीं । दोनों की ही बीवियां फिल्म-स्टारों जैसी गोरी-चिट्टी, बारीक नैन-नक्शवाली और कोका-कोला की बोतल जैसे जिस्म के कटाव वाली ऊंची-लंबी पंजाबनें थीं । दोनों ही बीवियों की दिलचस्पी कटे बालों के लेटेस्ट स्टाईल से लेकर सब्जियों के बढ़ते भाव में एक साथ थी और इन दो छोरों के बीच गप्प हांकने को काफी कुछ मिल जाता । सो दोनों दोस्त तसल्ली से बैठकर कम्पनी के बॉसों को गालियां देते और भविष्य की बिजनेस प्लानिंग करते रहते ।

उन दिनों चायबागानों में काम करने वाले इन मैनेजरों और असिस्टेंट मैनेजरों के खूब ठाट थे । दरअसल अंग्रेजों ने जो ठाट-बाट अपने लिए जुटाये थे, उन्हीं के बचे-खुचे टुकड़े अब इन हिन्दुस्तानी साहबों को विरासत में मिले थे-बड़े-बड़े बंगले (वक्त के साथ लगातार बरसाती मौसम में कुछ सीलते हुए), कारें (रोल्स रायस और मर्सीडीज की जगह एम्बेसेडर या फिएट) और बंगले के सारे काम संभालने के लिए बावर्ची, बैरा, पानीवाला, झाड़ूवाला, माली और चौकीदार (और बाद में छोटे साहबों को देख-रेख के लिए आया या मैडम) । दोनों की बीवियों की भी खूब शानो-शौकत थी । वे घर के नौकरों की पलटन पर राज करतीं । दिन में कॉफी और किटी पार्टियों में शामिल होतीं, शाम को क्लब में तीन

पत्ती, ब्रिज या तम्बोला खेलतीं । इससे ज्यादा करने को कुछ वहां था भी नहीं... आसपास बियावान... चाय के दूर-दूर तक फैले हुए बाग या फिर मजदूरों के टूटे-फूटे उजाड़ घर । मजदूरों की जुबान तक उन्हें ठीक से आती नहीं थी, उनकी ज़िंदगी से वास्ते का तो सवाल ही नहीं था... हां, एक बीच का तबक़ा भी था वहां-बाबू लोगों का... जिनसे मेम साहबें और भी ज्यादा नाक-भौं सिकोड़ती थीं, उनमें से कोई पहचानी-सी बू आती थी उन्हें । वक्त-कटा और साहबियत के दावे को कायम रखने के लिए आये दिन पार्टियां होती रहतीं । पार्टी वाले दिनों में नौकर-पलटन की तो शामत आ जाती । जितने भी पकवान बावर्ची को बनाने आते- अंग्रेजी, चीनी या हिन्दुस्तानी-मेम साहब सारे-के-सारे पकवा कर मेहमानों के लिए मेज पर सजवा देतीं... पार्टी की सफलता की होड़ मेम साहबों में ऐसी थी कि मरने-मारने पर उतारू होने में बस थोड़ी-सी ही कमी थी। देशी और विदेशी पत्रिकाओं में तरह-तरह के खानों की रेसेपी पढ़कर वे उन्हें बावर्ची से बनवातीं और मनपसंद पकवान की रेसेपी आगामी पार्टी के लिए संभालकर रख लेतीं ।

खैर, तरह-तरह के दिन में पांच बार पकने वाले पकवान खाकर, उकताकर जब वे मुटियाने लगीं तो उन्होंने घबराकर बच्चे पैदा करने शुरू कर दिये... अभी दोनों के दूसरा बच्चा ही हुआ था कि ठाट-बाट के वे हालात एकदम बदल गये । नक्सलवाद ने जोर पकड़ा, मजदूरों ने हड़तालें और धरने शुरू कर दिये । चाय कम्पनियों को घाटा पड़ने लगा तो इंग्लैंड बैठे अंग्रेज मालिकों ने बागान मारवाड़ियों को बेच दिये । मारवाड़ी अंग्रेज जैसा ठाट क्यों कर देता ? जब अपने आप वह दाल-पापड़ पर गुज़ारा करता था... न ही उसे अंग्रेज के मुंह-लगे साहबों का मुंह भाता था जो यूं भी उसे मस्का लगी हिकारत से भी देखते थे... सो गुरप्रीत को मैनेजरी खोकर अपने शहर वापस आना पड़ा । सिद्धार्थ का तबादला कम्पनी ने अपनी एक दूसरी ब्रांच में कर दिया था । पर अब उसका उन जंगलों में मन कहां लगना था ! वह भी छोड़-छाड़कर पंजाब वापस आ गया ।

अब दोनों की एक-एक बीवी, दो-दो बच्चे... मगर नौकरी नदारद ! कुछ मुआवजे की रकम थी... यूं दोनों अभी जवान थे... तीसवां पार ही किया था... दम था... ख्वाब थे... सो दोनों ने मिलकर सोचा (यूं योजनाएं

बड़ी पहले से बन रही थीं) कि अपना कोई धंधा शुरू किया जाये । गुरप्रीत ने कहा–

"देख सिद्धार्थ, तेरे पास दिमाग है और मेरे पास दम । तू आईडियाज लगाता जा, मैं भाग-दौड़ करता रहूंगा... बस मिलकर ऐसा काम करें कि मालामाल हो जायें ।"

सिद्धार्थ ने अपनी सद्‌बुद्धि दिखाई–"देख यार ! मालामाल होने के लिए पहले तो पल्ले से ही माल निकालना पड़ता है... अब कोई दुकान तो हमें खोलनी नहीं... कोई फैक्टरी वगैरह लगायेंगे... उसके लिए कुछ मूलधन तो होना चाहिए ।"

"तो उसमें क्या है... अपना मुआवजे का सारा पैसा लगा देते हैं ।"

"और भलेमानस, घर का रोटी-पानी कौन चलायेगा ? फैक्टरी कोई एक दिन में तो कमाने नहीं लगेगी... अभी तो जमीन तक नहीं... फिर लोन, सरकारी परमिट... पता नहीं... कितने ही बखेड़े होंगे !"

"तो फिर..." गुरप्रीत को सिद्धार्थ ने डर से सहमा दिया था । सिद्धार्थ ने उसके कंधे थपथपाकर फिर जोश भरी आवाज में कहा–"घबरा नहीं, यार... हम सब कुछ संभाल सकते हैं । पर कुछ और लोगों को साथ मिला लेना चाहिए... इस तरह वे लोग पैसा लगायेंगे और जब तक फैक्टरी जमती नहीं, अपने राम का दाना-पानी तो चलता रहेगा ।"

"लेकिन सिद्धार्थ... तब इन लोगों का फैक्टरी में हिस्सा भी तो हो जायेगा ?"

"सो तो है... लेकिन वे सब स्लीपिंग पार्टनर्स होंगे... कुछ परसेंटेज ही देनी होगी... ज्यादा कमायी तो हमारी ही होगी ।"

"लै, ये भी कोई गल होई... काम हम करें... और वो मुफ्त का पैसा लें !"

"वे पैसा लगायेंगे भी तो... और हमें जरूरत है पैसे की ।" गुरप्रीत बड़ी देर तक समस्या का हल खोजता रहा, फिर बोला–

"मैं अपनी मां से गहने मांग लूं !"

"शर्म कर, यार... बीवी-बच्चों वाला हो गया । अभी भी मां के गहनों पर नज़र है । बेवा मां की मदद तो करता नहीं, उल्टे लेने की बात करता है । मेरा तो बाप कमाता है, तब भी घरवालों पर बोझ डालना मुझे

सही नहीं लगता ।"

"अच्छा-अच्छा... ज्यादा उपदेश मत दे... बता, अब करना क्या है ?"

"हमारी कम्पनी के जो दूसरे प्लांटर्स रिट्रैंज हुए हैं, उनसे मिलते हैं ।"

"मैं तो किसी को न तो ठीक से जानता हूं, न भरोसा करता हूं... तुम्हीं कहीं के शरीफजादे हो न... तुम्हीं करो यह काम ।"

"सो तो मालूम है कि मुझी को करना है यह काम... खैर, इकबाल और समीर तो भरोसा करते हैं मेरा... कम-से-कम तीन लोग लगायें पैसा तब जाके काम बनेगा ।"

सिद्धार्थ की योग्यता और ईमानदारी पर भरोसा करते हुए सच में उनकी कम्पनी के तीन और लोग पैसा लगाने को तैयार हो गये । उनमें से दो को तो कलकत्ता में कहीं नौकरी मिल गयी थी, एक न्यूगिनी जाने की तैयारी में था ।

बस, अब तो गुरप्रीत और सिद्धार्थ ने पूरे जोर-शोर से खोजबीन शुरू कर दी । कभी पत्थर कूटने की मशीन लगाने की सोचते तो कभी बोतलों में जूस भरने की । हिसाब-किताब लगाया जाता । आखिरकार हैंड-टूल्स की फैक्टरी लगाने पर बात जमी । पर जमीन मिलनी बड़ी मुश्किल थी... खासतौर से किसी अच्छे इंडस्ट्रियल हिस्से में । दोनों की निगाह दिल्ली के आसपास फरीदाबाद वगैरह पर लगी थी, जहां जमीन मिलना नामुमकिन-सा ही लग रहा था जब तक कि कोई तगड़ी जान-पहचान न हो । जब दोनों का कोई काम रुक जाता तो आखिरी सलाह पापा की ही ली जाती थी । पापा ने कहा था-

"सिद्धार्थ, तू सीरियस है तब तो मैं मंत्री जी से बात करूं... वर्ना इधर से तू नौकरियों के लिए अर्जियां दिये जा रहा है... उधर से फैक्टरी लगाने की दौड़-धूप भी..."

"पापा, नौकरी तो करनी ही पड़ेगी... फैक्टरी तैयार होने तक भूखे थोड़े मरना है ! मेरी पढ़ाई साइंस की है इसलिए मुझे तो नौकरी आसानी से मिल जायेगी... लेकिन गुरप्रीत को तो फैक्टरी पर ही शायद गुज़र करना पड़े... शुरू में तो एक से ज्यादा परिवार का खर्च फैक्टरी से निकल भी

नहीं पायेगा... लेकिन पापा, रोटी चाहे गुरप्रीत को मिले या मुझे... हैं तो हम साथ ही ।"

"सोच ले, मैं तो तेरे लिए ही मंत्री जी से बात करना चाहूंगा... गुरप्रीत मुझे उतना भरोसेवाला नहीं लगता... फिर मंत्री जी से कुछ कहलवाना आसान तो नहीं... एहसान अलग..."

"पापा, गुरप्रीत इज माई क्लोजेस्ट फ्रेंड । उसमें और मुझमें फ़र्क़ ही क्या है ?"

और पापा की कोशिशों से फरीदाबाद के औद्योगिक इलाके में फैक्टरी के लिए बढ़िया जगह मिल गयी थी । लोन के लिए भी पापा ने सिफारिश करवा दी थी । दोनों ने फिर दिन-रात एक कर दिये फैक्टरी तैयार करने में । इधर ज्यों ही इमारत तैयार हुई, मशीनें भी पहुंच गयीं और काम फटाफट शुरू हो गया ।

सिद्धार्थ को उन्हीं दिनों एक विदेशी कम्पनी में नौकरी मिल गयी और उसे अमरीका के लिए रवाना होना था । सवाल उठा कि अब किया क्या जाये ? गुरप्रीत उदास हो आया था, कहता था–

"यार, मेरे को अकेला छोड़कर मत जा ! मैं अकेला यह सब कैसे संभालूंगा ?"

पर सिद्धार्थ और गुरप्रीत के सामने असल हालत छिपी नहीं थी ।

"देख गुरप्रीत, इस फैक्टरी के बूते हम दोनों ही गुरबत में रहेंगे... कुछ साल बाहर कमाकर थोड़ी बरकत हो जायेगी... दो-तीन सालों में यहां भी जब पूरी प्रोडक्शन शुरू हो जायेगी, खुला पैसा आने लगेगा तो मैं भी ज्वाइन कर लूंगा... तब तक तू अपनी मदद के लिए कोई असिस्टेंट वगैरह रख ले ।"

बात पते की थी–दोनों को रास आ गयी ।

तीन साल बाद सिद्धार्थ छुट्टी लेकर हिन्दुस्तान आया तो फैक्टरी अच्छा-खासा मुनाफा बनाने लग गयी थी । गुरप्रीत और सिद्धार्थ बीवी-बच्चों समेत फैक्टरी पर गये थे । गुरप्रीत ने उसके और अपने बेटे को एक साथ अपनी बांहों से समेटकर कहा था–

"मेरे बेटों... यह फैक्टरी बड़े होकर तुम दोनों को संभालनी है ।" और फिर सिद्धार्थ और उसकी बीवी की ओर मुखातिब हो बोला था–

"इन दोनों में भी ऐसी ही दोस्ती होनी चाहिए, जैसी हम दोनों में है । इनको आपस में मिलवाते रहना चाहिए, ताकि बचपन से ही दोनों में प्यार पड़ जाये ।"

फिर गुरप्रीत सिद्धार्थ को बताने लगा–

"इन साले पार्टनरों ने तो मेरी नाक में दम कर दिया... बार-बार उठा के खत लिख देते हैं–हमें डिविडेंड कब से मिलेगा... कैसा चल रहा है... कितना मुनाफा हो रहा है... ऐसे बात करते हैं जैसे मैं इनके बाप का नौकर हूं... मैंने भी कह दिया–कोई मुनाफा-वुनाफा नहीं हुआ, उल्टे घाटा ही पड़ रहा है... बेशक अपनी लागत वापस ले लो !"

"तो ?" सिद्धार्थ दम साधे सुन रहा था । इन लोगों ने दरअसल सिद्धार्थ को विदेश में खत लिखे थे और सिद्धार्थ ने जवाब दिया कि उसे खुद दूर बैठे कुछ पता नहीं, वे सीधे गुरप्रीत से ही बात करें । वही हर चीज का इंचार्ज है ।

"तो क्या ?... इकबाल तो यहां मेरे घर ही पहुंच गया... मैंने उसकी लागत वापस कर उसे अलग ही कर दिया ।"

"लेकिन मुनाफे में तो हिस्सा बनता है उसका ?"

"रहने दे, सिद्धार्थ... तू ज्यादा ही शरीफ़ बनता है..." जब मैंने कह दिया कि मुनाफ़ा हुआ ही नहीं तो हिस्सा किस बात का ?... तू बस देखता जा, मैंने एक-एक करके इन सबको निकला देना है, उनके शेयर तेरे और अपने नाम से खरीद लेने हैं... और बस फिर तू और मैं ही मालिक बन जायेंगे... अब हमें इनके मूल की ज़रूरत ही कहां है ?

सिद्धार्थ का जिगरा हवा में उछाले गये किसी वर्क़े की तरह कांप रहा था, हिम्मत करके बोला–

"लेकिन गुरप्रीत, यह तो बड़ी अनएथिकल बात है । इस तरह पैसा डलवाकर, काम निकल जाने पर मक्खी की तरह बाहर निकाल फेंकना मुझे तो सही नहीं जंचता... आखिर उन्होंने मेरे भरोसे पर..."

"कम ऑन, सिद्धार्थ !... तू असली मक़सद हमेशा भूल जाता है... वे लोग तो अपनी नौकरियां कर रहे हैं... असली काम तो तूने-मैंने किया है । फिर उनका पैसा तो वापस किया जा रहा है... कोई हम मार थोड़े ही रहे हैं... फालतू का गिल्ट मत पाला कर । देख, उनका पैसा या तो बैंकों में

सड़ता या खर्च हो जाता... हमने इस्तेमाल कर लिया तो उनका क्या गया ?"

तीन साल बाद सिद्धार्थ फिर छुट्टी लौटा । इस बार गुरप्रीत के रहन-सहन का नैन-नक्श एकदम बदला हुआ था । उसने एक पाश-सी बस्ती में बढ़िया-सा तिमंजिला घर बनवा लिया था । उसका इंडस्ट्रियलिस्ट दोस्तों का एक गुट बना ही हुआ था । वे सब फाईव-स्टार होटलों में खाना खाने और डिस्को नाच नाचने जाते थे । इन सबके पास जापानी इम्पोर्टेड कारें (गुरप्रीत के पास टोयोटा थी) थीं । ये सभी नूवो रिच किस्म के लोग थे जिनको पैसा कमाने से ज्यादा दिखाने का शौक था । सबके पास आलीशान घर और बढ़िया फर्नीचर था । गुरप्रीत के घर भी लुई चौहदवें के फ्रेंच डिजाइन वाला सोफा और अलमारियां थीं ।

दोनों दोस्तों के बीवी-बच्चों में भी फ़र्क़ आ गया था-सिद्धार्थ की बीवी पूनम कम्प्यूटर प्रोग्रामिंग सीखकर एक दफ्तर में नौकरी करने लगी थी । उसे अब गुरप्रीत की बीवी नीटू फूहड़ और बोरिंग लगती । पूनम जहां अमरीकी दफ्तर में भी सलवार-कमीज पहनकर जाने की जिद करती थी, वहां नीटू हिन्दुस्तान में ही साड़ी-सलवार छोड़ स्कर्ट पहनने लगी थी। सिद्धार्थ अपने बेटा-बेटी को कुर्ते-पाजामे और लहंगे, चूड़ीदार दिलवाता और गुरप्रीत अपने बच्चों के लिए अमरीका से जीन्स मंगवाता । सिद्धार्थ के बच्चे चाट-पकौड़ी खाने की ख्वाहिश करते, गुरप्रीत उन्हें आईसक्रीम पार्लर लेकर जाता ।

उस बार गुरप्रीत ने सिद्धार्थ और उसके परिवार को भी खूब घुमाया-फिराया... फाईव स्टार होटलों में खाने खिलाये । सिद्धार्थ ने कहा-

"अब तो मुझे वापस आ जाना चाहिए । लगता है अब तो फैक्टरी हम दोनों को सपोर्ट कर सकेगी ।"

गुरप्रीत ने लापरवाही-सी दिखाते हुए जवाब दिया था-

"जल्दी क्या है... आराम से आना... फैक्टरी तो कहीं जाती नहीं... अब जरा कमाई हुई है तो हम भी तेरे पास आकर अमरीका घूम जायें ।"

सिद्धार्थ के अमरीका लौटने के आठ महीने के अंदर ही गुरप्रीत अपने परिवार समेत सैर करने वहां पहुंच गया । उसने खूब सारे डालर

सिद्धार्थ से हिन्दुस्तान में रुपयों में चुकाने का वायदा कर उधार लिये और ढेर सारी शॉपिंग करके वापस लौट गया ।

कुछ महीने बाद उसने नूवो-रिच दोस्तों में से ही एक तेजेन्द्र नाम का दोस्त अमरीका आया था । सिद्धार्थ से उसने कहा-"गुरप्रीत ने मुझसे हिन्दुस्तान में रुपये लिये थे यह कहकर कि तुम मुझे यहां डालरों में चुका दोगे और मैं उसी पुराने रेट से डालर लूंगा... वर्ना रुपया तो और भी गिर गया है इधर..."

सिद्धार्थ ने तेजेन्द्र को पैसे, जितने उसने कहा, दे दिये लेकिन सिद्धार्थ को धक्का लगा कि कैसे दोस्त हैं गुरप्रीत के । दूसरा यह भी बुरा लगा कि गुरप्रीत ने उसे पहले से इसे पैसे देने को क्यों नहीं बताया... उसने पूनम से जिक्र किया । अब वह हर तरह के मसले पर पूनम से सलाह किया करता था । पूनम वैसे ही भरोसा नहीं करती थी गुरप्रीत का... पर उसके खिलाफ उसने कभी कुछ नहीं कहा था । पर अब कहा-

"इतना पैसा हो गया है उसके पास-तुम्हें तुम्हारा हिस्सा क्यों नहीं देता ?"

"तुझे कौन पैसे की कमी है यहां ? फिर काम तो वही कर रहा है... मेरा क्या हक है... कमाई उसी की है ।"

"और जो तुम सालभर वहां जी-जान घिसाते रहे... फिर जमीन, लोन... सभी कुछ तो पापा ने ही दिलवाया था... वर्ना आज सड़कों पर होता गुरप्रीत ।"

पूनम कहती रही थी-

"और हम कब तक यहां देश-निकाला भुगतते रहेंगे... बहुत हो गया, मैं अब हिन्दुस्तान लौटना चाहती हूं... सारी बीवियां मजे करती हैं वहां... मैं फालतू में ही रगड़ी जा रही हूं यहां, बाहर का भी करो, घर भी... चलो अब वापस ।"

पूनम ने सचमुच अल्टीमेटम दे दिया था सिद्धार्थ को । सिद्धार्थ अब गंभीरता से लौटने की बात सोचने लगा । उसने गुरप्रीत को खत लिखा... फैक्टरी का काम और फैलाने के भी सुझाव लिखे ।

गुरप्रीत ने जवाब दिया-वह भी फैक्टरी के लिए एक और हैमर खरीदने की सोच रहा था... पर पैसा नहीं है... सिद्धार्थ अगर लाख रुपया

भेज दे तो उसके बूते और लोन भी मिल जायेगा ।

पूनम के लाख मना करने पर भी सिद्धार्थ ने रुपया भेज दिया था ।

छह महीने बाद गुरप्रीत ने दुबारा लिखा था–"सिद्धार्थ, तू हमें भी अमरीका क्यों नहीं बुला लेता ? यहां की हालत तो दिन-ब-दिन बदतर ही हो रही है । हिन्दुस्तान कोई रहने की जगह नहीं रही ।"

पर सिद्धार्थ अपनी हिन्दुस्तान लौटने की योजना के हिसाब से चल रहा था । अपने दफ्तर में उसने लम्बी छुट्टी के लिए अर्जी दे रखी थी जो लगभग मंजूर हो गयी थी । पूनम ने त्यागपत्र दे दिया था (उसे छुट्टी नहीं मिली थी) और बच्चों के भी स्कूलों का इंतिजाम किया जा रहा था । सिद्धार्थ और पूनम दोनों को ही लौटकर अपनी पहचानी दुनिया में फिर से ज़िंदगी की शुरुआत करना बड़ा सुखद और रोमानी लग रहा था ।... यूं भी गुरप्रीत के परिवार को स्पोंसर करके अमरीका में बसाना सिद्धार्थ के वश की बात नहीं थी... और सिद्धार्थ तो सपने देख रहा था कि जैसे-तैसे भी फैक्टरी के काम को और भी बढ़ाकर उसे देश भर में एक महत्त्वपूर्ण कम्पनी बना दे । उसने गुरप्रीत को लिख दिया कि वह निश्चित रूप से लौट रहा है... लम्बी छुट्टी ली है और भारत से ही त्यागपत्र भेज देगा... यहां से अपना बेड़ा पूरी तरह उठा रहा है ।

और सिद्धार्थ लौट आया । एयरपोर्ट पर गुरप्रीत उसे लेने आया था... पर स्वागत की वैसी चमक उसके चेहरे पर नहीं थी जिसका आदी सिद्धार्थ हो चुका था । इतने सालों बाद उसकी जापानी गाड़ी भी खटारा ही लग रही थी... घर पर मूंग की दाल और प्याज के साथ रोटी खिलाते हुए गुरप्रीत ने अपनी कहानी शुरू की–आर्डर नहीं मिल रहे... घाटा पड़ गया है... मजदूरों की तनख्वाहें तो देनी ही हैं ।

गुरप्रीत की कही-अनकही बातों में से सच्चाई के कई-कई चेहरे उभरते रहे... जिन बैंकों ने पापा के कहे पर लोन दिये थे, गुरप्रीत ने वे लोन वापस ही नहीं किये... शहर के ज्यादातर बैंकों ने गुरप्रीत को ब्लैक लिस्ट ही कर रखा था... सिद्धार्थ के भेजे लाख रुपये से हैमर नहीं खरीदा गया था... उनसे ही गुरप्रीत के घर का खर्चा, बच्चों के स्कूलों की फीसें दी जा रही थीं । गुरप्रीत ने फिर कहा–

"फैक्टरी का तो बुरा हाल है... तू कुछ पैसा लगा तो बात बने ।"

सिद्धार्थ अपनी बची-खुची रकम अब यूं ही नहीं उड़ा सकता था... वह तो फैक्टरी की कमाई का ही भरोसा कर यहां आया था। बोला–"पर इतना पैसा तो मेरे पास भी नहीं। बेच दे फैक्टरी को। मशीनों वगैरह की कीमत तो मिलेगी... फिर कुछ और धंधा शुरू करेंगे।"

"वह कीमत तो कर्जे वाले ही ले जायेंगे... मैं सोच रहा हूं बैंकरप्टसी ही डिक्लेयर कर दूं।"

"तब भी हमारे हाथ थोड़े कुछ आयेगा। सुन गुरप्रीत, मैं अभी भी कुछ लोगों को तैयार कर सकता हूं कि वे फैक्टरी खरीद लें... मैनेज हम करेंगे।"

"पर मालिक तो वे खरीदने वाले होंगे।"

"लेकिन इस तरह फैक्टरी तो बच जायेगी... तू मुझे बैंलेसशीट वगैरह तो दिखा... मैं देखता हूं क्या ठीक रहेगा..." गुरप्रीत चुप हो गया था। तब सिद्धार्थ ने उसे कुरेदा–

"तू खुलकर सब कुछ कहता क्यों नहीं मुझसे ?"

बात खत्म करने के अंदाज में गुरप्रीत ने जवाब दिया–"यार, मामला कुछ ज्यादा ही काम्पलिकेटेड है... कभी फुर्सत से बात करूंगा।"

महीनों बीतते गये, वह फुर्सत की घड़ी आ ही नहीं रही थी। पूनम ने कहा–

"सुनो, दिल से बताना, तुम सच में गुरप्रीत का भरोसा करते हो ! आदमी तक को मारकर जिसकी आत्मा को खरोंच नहीं आयी... जानते हो कितना खतरनाक हो सकता है वह ! तुम्हारे तीनों साथियों को तो निकाल डाला... तुम्हें निकालने में उसे हिचक होगी क्या ? तुम कोई वकील..."

और सिद्धार्थ के चेहरे पर निगाह पड़ते ही सहमकर खामोश हो गयी थी पूनम। कैसा छोटा और काला हो आया था उसका मुंह ! सिद्धार्थ को चोट लगती है कि पूनम उस बात को भूल क्यों नहीं जाती... ? बार-बार जिक्र क्यों लाती है... ? आखिर गुरप्रीत ने जान-बूझकर उस आदमी को नहीं मारा था... खाली सड़क पर सभी गाड़ी तेज चलाते हैं, तब गलती से अंधेरे में सड़क पार करते एक आदमी पर से गाड़ी गुजर जाये और इंसान मर जाये तो क्या यह उपके दोस्त का ही जुर्म हुआ ? लेकिन सिद्धार्थ का अपना मन भी इस मामले में साफ नहीं... उसने गुरप्रीत से कहा भी था

कि कम-से-कम आदमी को अस्पताल तो पहुंचाना चाहिए था, शायद बच ही जाता। सिद्धार्थ को अगली सुबह ही गुरप्रीत ने सारा किस्सा सुनाया था... सिद्धार्थ के मन में गुरप्रीत की इज़्ज़त कुछ कम जरूर हुई थी, पर फिर भी वह उसका दोस्त था... और बेहद प्यारा दोस्त। और यही जवाब सिद्धार्थ ने पूनम को दिया–

"वे तीनों पार्टनर गुरप्रीत के दोस्त नहीं थे... मैं उसकी कमजोरियों को जानता हूं..." वह उतना ईमानदार नहीं है... जाट ठहरा... थोड़ा गरम स्वभाव का भी है... पर दोस्ती की बात और है... दोस्त से धोखा नहीं कर सकता।

"पर तुम इतने सालों से उससे दूर रह रहे हो, क्या उसका प्यार वैसा-का-वैसा बना रहेगा ?"

"क्यों... मेरा प्यार तो वैसा-का-वैसा बना हुआ है, बल्कि बढ़ा ही है।"

"रहने दो... तुमको तो नोस्टेल्जिया की बीमारी है।"

कुछ दिन बाद पूनम ने फिर बात छेड़ी थी–

"वह तुम्हें टालता जा रहा है और तुम पता नहीं किस शुभ घड़ी के इंतिजार में हाथ पर हाथ धरे बैठे हो। जब सीधे बात नहीं बनती तो कानून का सहारा लो।"

कानून को दोस्तों के बीच में लाने की बात ही सिद्धार्थ को बहुत नीच किस्म की लगती थी। उसने पूनम पर गुस्सा आ गया था।

"तुम औरतें सच में दोस्ती की दुश्मन हो... लड़ने से बेहतर है आदमी धन-दौलत को भूल ही जाये।"

"और हक के लिए ?"... सिद्धार्थ चुप रहा था।

खैर, और लम्बा इंतिजार नहीं करना पड़ा। यूं सिद्धार्थ की छुट्टियां खत्म ही होने वाली थीं...

उस शाम गुरप्रीत के दोस्त तेजेन्द्र के घर पर पार्टी थी। शाम के धुंधलके में शराब की मस्ती में तेजेन्द्र पश्चिमी पॉप संगीत के शोर से होड़ करती हुई ऊंची-ऊंची आवाज में सिद्धार्थ को बता रहा था–

"तूने देखा है वह नया हैमर जो मैंने खरीदा है फैक्टरी के लिए... बस अब देखना कैसा रंग लाती है हमारी फैक्टरी।"

गुरप्रीत के इशारे को सिद्धार्थ ने तो देख लिया पर जिसे दिखाने के लिए किया गया था वह तेजेन्द्र अपनी रौ में बोलता ही जा रहा था ।

सिद्धार्थ ने तब हैरान होकर पूछा था कि क्या गुरप्रीत की फैक्टरी में तेजेन्द्र का भी शेयर है !

और पूरे जोश से भरा हुआ तेजेन्द्र बोला था–

"और क्या... गुरप्रीत और मेरा फिफ्टी-फिफ्टी है... उसके सारे दोस्तों के शेयर मैंने खरीद लिये हैं !"

और वह मूंगी की दाल और प्याज के साथ सूखी रोटी... वह सब ढोंग था !

उस शाम सिद्धार्थ के चेहरे पर जर्दी की जो परत चढ़ी तो दिनों तक चढ़ी रही । उसे अभी भी विश्वास नहीं होता कि गुरप्रीत उसके साथ धोखा कर सकता है... लेकिन कहां क्या कुछ और गलत हो सकता है, ऐसा भी उसकी कुछ समझ में नहीं आ रहा था । क्या पापा और पूनम की बात सही थी ? गुरप्रीत ने उसे कभी कोई कागज भी तो नहीं दिखाये... शायद लौटने वाले का कुछ हक होता ही नहीं... शायद वह दूसरों की भावना पर ही मुनस्सर है... कोई नैतिक हक नहीं... सच में नहीं ! सिद्धार्थ को लगा किसी राम को दुबारा वनवास दिया जा रहा है ।

जहाज उड़ने लगा तो दिल्ली शहर की ऊंचाई से दिखती टिमटिमाती बत्तियों को देखते हुए सिद्धार्थ ने सोचा–उसके लिए दीपावली तो नहीं मनायी गयी... लेकिन... लेकिन महाभारत भी उसने बचा लिया । लेकिन क्या... क्या सच में उसे महाभारत बचा लेना चाहिए था... ?

**

8. पार्क में

एक

चैन से दाना चुगते कबूतरों का वह झुंड गिलहरी के आते ही पलक भर में उसके सिर पर से गुजरकर पेड़ों की पत्तियों और टहनियों के बीच गायब हो गया । बड़ी हैरानी के साथ वह उस गिलहरी की हरकतों को ताकता रहा । सिर्फ एक गिलहरी और इतने कबूतरों की ज़िंदगी में हलचल । गिलहरी तो खुद ही बड़ा मासूम-सा जीव लगती है उसे । मनु को इसे देखते ही लंका जाने के लिए पुल बनाने वाले राम का ध्यान आता है, जिनकी तिनके भर की मदद करके गिलहरी ने अपनी पीठ पर स्नेह की तीन उंगलियों की छाप आज तक बरकरार रखी हुई है । लेकिन इन अमरीकी गिलहरियों की पीठ तो एकदम सादा और बेनिशान है । शायद इनका त्रेतायुग की गिलहरियों से कोई नाता ही नहीं । यहां तो यूं भी गिलहरी के साथ वैसा मीठा रोमांस नहीं जुड़ा, उल्टे लोग इन मोटी-पतली गिलहरियों को 'स्केवेंजर' मानते हैं... सब कुछ सफाचट कर जाने पर उतारू । दिखती भी तो एकदम नेवले की मानिंद हैं । गिलहरी के ख्याल में वह इतना रम गया था कि उसने ध्यान ही नहीं दिया कि कब एक पिल्ला अपने सैर करते मालिक की ढीली-थमी रस्सी को छुड़ाकर गिलहरी की ओर लपका । गिलहरी झटपट मानो एक सांस में सरसराती, फुदकती पेड़ पर चढ़ गयी ।

मनु मुस्कुरा पड़ा । यह पार्क तो सबका है । वह खुद भी तो जब-तब यहां चला आता है... न किसी के आमंत्रण की जरूरत, न ही किसी की मनाही, एक बार आ जाओ तो किसी से बातचीत करने की भी मजबूरी नहीं । यहां कोई रंग या श्रेणी के भेद का भी सवाल नहीं... साइकिल सवार, जॉगिंग करने वाले, पैदल सैर करने वाले, पिकनिक करने वाले या कबूतर, गिलहरियां, पिल्ले या चोर-उचक्के, करोड़पति-भिखमंगे

या बेघर-हर किसी को यहां एक-सा हक है। यूं जहां सबको एक-सा हक होता है, वहां कहीं जंगल का हक या कहिए जंगल का कानून भी हो जाता है। इसीलिए शाम को यहां आने से वह घबराता है क्योंकि अंधेरा पड़ते ही यह पार्क जंगल बन जाता है। फिर भी कुछ सिरफिरे जॉगर्स या नौजवान लड़के-लड़कियां अपनी निडरता आजमाने यहां पहुंच ही जाते हैं जो कभी-कभी बलात्कार, हत्या या मार-पिटाई की खबरें बनकर अगली सुबह अखबारों की सुर्खियों में या टेलीविजन के परदे पर कुछ पल के लिए दहला देने वाली तस्वीरें बनकर फिर से याददाश्त के अंधेरे में खो जाते हैं। अपनी बेटी को अकेले यहां कतई नहीं आने देता। यूं जब से वह कॉलेज पहुंची, जॉगिंग का शौक उसे भी खूब चर्राया था। पर शाम को तो उसे आने की एकदम मना ही है। अभी महीना भर पहले ही तो इस पार्क में जॉगिंग करती हुई एक लड़की के साथ सामूहिक बलात्कार हुआ था। चौबीस बरस की, मेडिकल की छात्रा। अभी तक अस्पताल में पड़ी हुई है। सोचकर मनु का रोयां-रोयां कांप उठता है।

गिलहरी के गायब होते ही पलों में कबूतर फिर से घास पर उतर आये थे। पर उनका शांति-विलास ज्यादा देर नहीं चला। उल्टे इस बार गिलहरियां भी पांच-छः की संख्या में जहां-तहां से निकलकर अपना-अपना मोर्चा संभालने लगीं। मनु सहसा उठकर खड़ा हो गया और झील की तरफ कदम बढ़ाने लगा। गिलहरी और कबूतरों के इस युद्ध में उसकी हरकत ऐसी थी मानो कबूतरों के हालात पर वह भी विद्रोह करता उठ खड़ा हुआ हो।

लेकिन विद्रोह वह अब करता नहीं। यहां आकर, यहां के माहौल से इतना अपनापन ही नहीं हुआ कि उसके खिलाफ कुछ बोल सके। पराये बच्चे को डांटने के लिए पहले हक हासिल करना पड़ता है न, बस यही नहीं हुआ। माहौल पर, हालात पर या आसपास पर उसे कभी हक महसूस नहीं होता। जब हक ही नहीं तो किस बूते पर विद्रोह करेगा और क्यों कोई उसकी आवाज सुनेगा... लेकिन क्या उसे सच में हक नहीं है? सत्ताईस बरस यहां रहने के बावजूद हक बना नहीं? या कि उसी के भीतर कोई छेद है जहां से हक रेत की धार-सा बह निकलता है या फिर बेसरोकारी का भी एक सुख है... एक राजसी सुख... जिसे भोगने के लिए

वह अपने मध्यम्वर्गीय माहौल से हजारों कोस दूर चला आया है और यहां खुद को कर्मवीर मानता हुआ भी वह इस नवाबी विलासिता में डुबो सकता है ।

झील के इर्द-गिर्द अगस्त की अलसायी-उमसायी धूप में लोग भी जैसे सुस्ताये-से खर्रामा-खर्रामा चल रहे थे । झील के एक सिरे पर लड़कों-बच्चों का एक झुंड पानी में कुत्तों को उतारकर शायद उन्हें तैरना सिखा रहा था । गर्मी इतनी थी कि मनु का मन हो आया कि पानी में डुबकी लगा ले... पर यह झील नहाने या तैराकी के लिए नहीं थी... सिर्फ सजावट या खिलवाड़ के लिए । बच्चे इसमें रिमोट कंट्रोल से बिजली की खिलौना नावें तैराया करते । फिर भी उसे कुत्तों को पानी में तैरते देख मजा आ रहा था, वह रुककर उन्हीं का खेल देखने लगा । सहसा एक कुत्ता, जिसके गले की पट्टी का सिरा मालिक के हाथ में ही था, दूसरे कुत्तों की देखा-देखी अपने मालिक के आदेश दिये बिना ही छलांग लगाकर पानी में कूद पड़ा और तैरने लगा । उसकी इस हरकत का एहसास करते ही मालिक गुर्राया और पूरे जोर के साथ चेन के सिरे से खींचकर कुत्ते को पानी से बाहर निकाल दिया । किनारे लाते ही उसने उसे आबड़-ताबड़ मारना शुरू कर दिया । मनु को कुत्ते की हरकत बड़ी भोली-सी लगी थी–खास तौर से जबकि दूसरे कुत्तों के मालिक उन्हें जान-बूझकर पानी में उतार रहे थे... ऊपर से गर्मी भी तो बला की थी... तब दूसरे कुत्तों की देखा-देखी उसका ऐसा करना क्या कुदरती नहीं था ? लेकिन मालिक जैसे किसी बौखलाये हैवान-सा कुत्ते के पेट में लगातार अपने काले भारी बूटों से ठुड्डे जमाये जा रहा था और चीख रहा था, "यू स्टे (तुम रुको), यू फॉलो मी (मेरी बात समझ आयी) ? यू डोंट मूव (तुम्हें हिलना नहीं ।)"

धूप का काला चश्मा, काली टी-शर्ट, काली चमड़े की टांगों से सटी जीन्स और काली ही चमड़े की जैकट में वह आदमी किसी खूंखार जानवर-सा दिख रहा था । उसका बेतहाशा बेरहम पीटना रुक नहीं रहा था और उधर कुत्ता कूं-कूं करता अधमरा-सा हो रहा था । अनुशासन-भंग की इतनी कड़ी सजा ! मनु का जी मितलाने लगा । उसका मन हुआ कि वह उस आदमी को रोके । उसे हैरानी हो रही थी कि उसके आस-पास

खड़े दूसरे लोग उस मारने वाले से क्यों नहीं कुछ कह रहे थे ? मनु डर गया शायद उसका मना करना ठीक नहीं । आखिर उस आदमी का ही तो कुत्ता है... लेकिन वह उसे मारने से रुकता क्यों नहीं ? मनु की बेचैनी इतनी बढ़ रही थी कि उसे लगा कि उसे जरूर अपना गुस्सा जाहिर कर देना चाहिए... पर फिर भी वह पूरी हिम्मत जुटा नहीं पा रहा था...

एक अमरीकी औरत झील के दूसरे किनारे से भागती-चिल्लाती आ रही थी । उसकी हांफती आवाज अब क़ाफ़ी साफ सुनाई देने लगी थी, "एक बार और तुमने इस कुत्ते को हाथ लगाया तो मैं पुलिस में रिपोर्ट लिखवा दूंगी ।"

काले चश्मे के पीछे से उस समूची काली पोशाक वाले आदमी ने खूंखारती आवाज में कहा "लेडी ! माइंड यूअर ओन बिजनेस । यह मेरा कुत्ता है ।"

"तुम्हारा कुत्ता होगा । पर उसकी जान पर तुम्हारा कोई हक नहीं ।" फिर वह चैलेंज देती हुई दुबारा बोली, "लगाकर दिखाओ हाथ, अभी पुलिस बलाती हूं ।"

दूसरे लोग और मनु जो अब तक सुन्न और खामोश थे, अब खुलेआम हिकारत की नजर से उस काली पोशाक वाले को घूरने लगे । उसने बहुमत बदलता देखा तो सहसा डरकर लेकिन यूं ऊपर से गर्दन ऊंची किये अवहेलना का रूख दिखाता कुत्ते को लिये मिनटों में वहां से गायब हो गया ।

मनु के जी की मितलाहट देर तक बनी रही । कुत्ते की दबी-दबी कराहें और उस आदमी का खूंखारपन मनु के चेहरे के सामने से हटता ही नहीं था, बल्कि धीरे-धीरे वह मितलाहट किसी तिलमिलाहट में बदलने लगी... एक बेचारगी का एहसास, एक घुटा आक्रोश का भाव । आखिर वह क्यों नहीं रोक सका इस बेरहम हरकत को ? क्यों बेसरोकार-सा किनारे खड़ा तमाशा देखता रहा ? यह हो क्या गया है उसको ? ऐसी बेपरवाही ! इतनी संवेदनहीनता !

हमेशा से तो वह ऐसा नहीं था । कॉलेज के दिनों विद्यार्थी आंदोलनों में वह अगुआ हुआ करता था । यूं भी अपने आस-पास के प्रति उसकी आंख बंद करके चलने की प्रवृति नहीं थी जो कि अब हो गयी

है । उसे याद है, कई साल पहले एक बार बंबई (मुंबई) में एक आदमी एक बच्चे को इसलिए बुरी तरह पीट रहा था क्योंकि उसने सीढ़ियों पर लावारिस पड़े छाते को उठाकर एक तरह से चोरी की थी । मनु झड़प पड़ा था उस तगड़े-से आदमी से । ऐसा भी नहीं कि मनु को यहां के कानून से वाक़िफ़ियत न हो... कौन-सा कानून जानवर की इस तरह बेरहम पिटाई होने देगा ! अमरीका में तो मां-बाप बच्चे से ज्यादती नहीं कर सकते । उसका अपना ही एक जैन परिवार का दोस्त जब नया-नया न्यूयॉर्क में आया था तो कैसी समस्या खड़ी हो गयी थी ? उसका दस साल का बच्चा पुलिस कस्टडी में ले लिया गया और उसके और उसकी पत्नी के सम्मन पहुंच गये थे । अपने घबराये दोस्त के साथ वह भी पुलिस स्टेशन गया तो पता लगा कि उन पर 'चाइल्ड एब्यूज' का आरोप है इसलिए कि वे अपने बच्चे को मीट खाने से रोकते हैं । शिकायत उसकी स्कूल टीचर ने की थी कि बच्चा खाने के घंटे में कुछ खाता नहीं और दुबककर बैठा रहता है कि मीट खाने से मां-बाप गुस्सा करेंगे । जब मां-बाप को बच्चे के पास कमरे में ले जाया गया तो वह मजे से बैठा पोर्क चाप खा रहा था । टीचर ने उसे समझा-बुझाकर काफी दिलेर बना दिया था कि वह मां-बाप की मौजूदगी में भी हड्डियां चबाता रहा । उस दोस्त की पत्नी तीन दिन तक रोती रही थी कि पता नहीं अब किन-किन जन्मों तक उसका बेटा यह पाप धोता रहेगा ।

चलते-चलते पता नहीं कब वह पार्क की बाहरी हद पर पहुंच गया । वहां ढेरों कारें, मोटरसाइकिलें खड़ी थीं । एक आदमी ने अपनी कार निकालते हुए एक मोटरसाइकिल को बेपरवाही से टक्कर लगाकर गिरा दिया । मनु को कारवाले की इस बेपरवाही पर बड़ा गुस्सा आया, लेकिन कारवाला बिना गाड़ी रोके सरपट निकल लिया । उसने झटपट टेलीफोन बूथ से पुलिस को फोन किया और पुलिस की गाड़ी का इंतिजार करने लगा । घंटे से ऊपर बीत जाने के बावजूद जब पुलिस नहीं आयी तो उसने दुबारा फोन किया । आधा घंटे में पुलिस आ गयी । पुलिसवाले ने पिचकी मोटरसाइकिल को देख पूछा–

"मोटरसाइकिल के मालिक आप हैं ?"

"नहीं ।"

"तो आप जानते हैं कि किसकी मोटरसाइकिल है ?"

"नहीं ।"

"तो फिर हम क्या कर सकते हैं !" और पुलिस लौट गयी ।

पहले उसने सोचा कि वह यहीं मोटरसाइकिल वाले का इंतिजार कर ले । पर अंधेरा बढ़ने लगा था और क्या पता मोटरसाइकिल वाला यहीं आसपास रहता हो और रातभर के लिए छोड़ गया हो । उसने एक चिट पर मारने वाली कार का नम्बर लिखकर ब्रेक के भीतर खोंस दिया और आगे बढ़ा ।

पार्क के दायीं ओर सड़क पर लोगों का एक हुजूम बढ़े चला जा रहा था । दूर तक फैला लोगों को यह सैलाब एड्स के मरीजों की मदद के नारे लगाता और इश्तिहार चिपकाता धीमे-धीमे सरक रहा था । जुलूस में शामिल लोगों के थके-पसीनाये चेहरों पर भी उत्साह और चमक थी। सहसा उसने अपने चेहरे की त्वचा को छुआ और महसूस किया कि शायद उसका अपना चेहरा इन चेहरों से फ़र्क़ है... शायद उसका अपना चेहरा बड़ा सपाट और भावहीन हो चुका है । त्वचा में मुलायमी और रंगत नहीं रही । सहसा उसे ध्यान आया–आज की इस 'एड्स-वॉक' में उसकी बेटी भी शामिल होने की बात कह रही थी । भीड़ पर खोजती हुई आंखें दौड़ायीं तो लड़कियों के एक रंग-बिरंगे झुंड में सफेद जीन्स और लाल टी-शर्ट पहने उसकी सुनहरी बालों वाली बेटी उसी की ओर हाथ हिला रही थी । अजीब हुमक-सी उठी उसे भीतर । वह भी उस जुलूस में शामिल क्यों नहीं हो जाता ? ये तो इंसानीयत के मसले हैं... किसी एक देश की सीमाओं में नहीं बंधे । कोई, कभी भी, कहीं भी इनसे जुड़ सकता है । वर्षों बाद जैसे वह अपने घोंघे से निकल दुनिया की खुली हवा में सांस ले रहा था । वह किन्हीं अनजान, पर एक मकसद की पहचान लिये उन चेहरों की भीड़ में शामिल हो गया ।

दो

कितनी फ़र्क़ है उसकी बेटी की दुनिया । उसके मन में तो ऐसा द्वंद्व शायद कभी उठता ही नहीं... दोनों दुनियाएं उसकी अपनी ही होती हैं । वह तो यूं भी आसमान से रिश्ता जोड़ने की बात करती है । कहती है, "डैडी, ये जो पर्वतों, नदियों और समुद्रों ने बीच में आकर जमीन के

टुकड़े-टुकड़े कर दिये हैं न, इससे सभी कोई अपने को एक टुकड़े भर के साथ ही जोड़ पाते हैं... सच में आसमान तो अबाध है... आसमान से जुड़कर मैं पूरी दुनिया की हो जाती हूं... और दुनिया मेरी... आप और मम्मी तो बेकार में ही झगड़ते हैं ।"

सुनहरे बाल, सुनहरी आंखें और सुनहला रूप-रंग लिये मुलायम त्वचा वाली उसकी बेटी शक्ल-सूरत में एकदम अपनी मां पर गयी है । मनु की पत्नी आयरीन की हिन्दुस्तान में जबरदस्त बौद्धिक दिलचस्पी रही है... अंजलि में यह दिलचस्पी और भी गहरे उतर गयी है । उसकी तो ज़िंदगी का मक़सद ही जैसे अपनी पैतृक जड़ों की खोज और पहचान है । कॉलेज में अपनी पढ़ाई का मुख्य विषय उसने दक्षिण एशिया ही लिया । इसी सिलसिले में उसे साल भर के लिए शोध करने हिन्दुस्तान जाकर रहना था । आयरीन तो पहले बहुत घबरायी थी, "तुम उसे पार्क तक तो अकेले जाने नहीं देना चाहते, भारत अकेले कैसे भेज दोगे ?"

"लेकिन हिन्दुस्तान में भला किस बात का डर है ? वहां तो अपना घर है । जब जहां चाहे रहे... कभी दादा-दादी के यहां, कभी बुआ तो कभी चाचा के यहां !"

लेकिन अंजलि के हिन्दुस्तान के अनुभवों ने जो खौफ और दहशत उसे दी थी... वह उन्हें लेकर एक बड़ी भारी शर्म और ग्लानि महसूस करता था । ऐसी शर्म जो अपने मां-बाप को चोरी या हत्या करते देख महसूस होती है या ऐसी शर्म जो इंसान की पूरी विरासत, पूरे अर्जित संस्कार अपने-आप पर ही सवाल लगा दे या फिर अपनों के नाम पर जो सिर्फ एक गर्हित हीन-भाव का एहसास भर दे जाये । और यह सब उसकी अपनी पहचानी दिल्ली में हुआ । क्या हो गया है उसकी दिल्ली को ? डिफेंस कॉलोनी में जहां कि शहर के सभ्य लोग रहते हैं, उस भोली मासूम लड़की को कैसी-कैसी बातें सुनायी गयीं-"यू वांट ए चोद ।" "आई वांट टू फक यू ।" भाषा का ऐसा घिनौना इस्तेमाल !

एक अमरीकी लड़की अगर स्वतंत्र रूप से अपना काम करती हुई घूमती है तो क्या वह सिर्फ मर्दों या सेक्स की ही तलाश में है !

और फिर अपनी रिसर्च में आंखों-देखी सच्चाई के रंग भरने के मक़सद से बुआ के मना करने के बावुजूद वह किसान रैली में गयी थी ।

फिर खतरे की बात भी क्या हो सकती थी ? वह किसानों के साथ हमदर्दी जताने ही तो जा रही थी... उनकी लड़ाई में शामिल होने, उनकी ताकत बढ़ाने... और वहीं उसका पर्स किसी धक्कम-धक्की में नीचे गिरता है, वह झुकती है उसे उठाने को। सहसा एक भारी-सा हाथ उसकी दोनों जंघाओं के बीच में घुस आता है, एक दूसरा खुरदुरा हाथ उसकी छातियां जकड़ लेता है। संतुलन खोकर वह औंधी गिर पड़ती है... फिर पता नहीं कहां-कहां कितने हाथ पड़ते हैं। नीलों से भरा उसका जिस्म कुछ रहम-भरे हाथ भीड़ के किनारे तक पहुंचा आते हैं... मनु की सारी तहजीब, उसका हिन्दुस्तानी होने का सारा वर्षों से सहेजा फख्र बिटिया के सामने गंदले पानी की तरह बह जाता है।

लेकिन अंजलि हिन्दुस्तान को लेकर किसी तरह का अंतिम फैसला नहीं सुनाती। उसके पास तौलने के और भी कई पैमाने हैं।

"डैडी, सभी कुछ बुरा नहीं हुआ मेरे साथ। कुछ अच्छी बातें भी हुईं।"

और वह शर्मीली मुस्कान के साथ अपने पर्स से एक खूबसूरत सिख लड़के की तस्वीर निकालती है।

"डैडी, यह है करन बेदी। इससे मैं बैंगलौर में मिली थी। ही इज टैरिफिक। बेहद अच्छा लड़का है। भारतीय सेना में अफसर है।"

आयरीन पूछ डालती है, "आर यू सीरियस अबाउट हिम ?"

"हां। हम लोग शादी करने की सोच रहे हैं।"

मम्मी दहल जाती है।

"तुम उस देश में जाने की सोच भी कैसे सकती हो... ऐसे असभ्य, गंवार..."

और मनु से नज़र टकराते ही आयरीन चुप कर जाती है। इससे पहले कि मनु कुछ कह सके या कुछ ऐसा-वैसा महसूस करे, वह बात बदल देती है–

"क्या करन नौकरी छोड़कर यहां आयेगा ?"

"नहीं। इस मामले में वह बहुत पक्का है। मुझे ही जाना होगा। अगले साल वह छुट्टी पर यहां आ सकता है। अगर आपको मंजूर हो तो तभी शादी भी... लेकिन मम्मी, आपको मेरी फिक्र करने की कोई

जरूरत नहीं... आप करन को देखेंगे न... ऐसा लम्बा-तगड़ा है... पूरा छः फुट आठ इंच। कहता है वह हमेशा मुझे प्रोटेक्ट करेगा... उसके रहते मुझे कोई छू भी नहीं सकता।"

लेकिन मम्मी की आंखों में फिर भी कातरता और अविश्वास है... कहीं अपना अतीत तो नहीं जांच रही आयरीन ! साल भर आयरीन भी मनु के साथ हिन्दुस्तान रह चुकी है। शुरू-शुरू में खूब उत्साह... के साथ–नये के प्रति जिज्ञासा का उत्साह, नयी-नयी शादी और नये-नये प्रेम का उत्साह... लेकिन कुछेक महीनों बाद सिर्फ शिकायतें ही शिकायतें... हर किसी से शिकायत। धूल और धूप की ज्यादती से लेकर प्यार तक की ज़ियादती की शिकायत ! अंजलि मां की आंखों की शिकायतें नज़रअंदाज़ कर देना चाहती है। वह सिर्फ डैडी की ही आंखों में झांकती अपनी बात कहती चली आती है।

बेटी की आंखों को पढ़ता हुआ मनु फिर से वही महसूस करता है–कोई कभी भी, कहीं भी, किसी से भी जुड़ा हुआ महसूस कर सकता है। पार्क में बैठे अनजानों से भी, गिलहरी और कबूतर से भी। रुकावट बाहर नहीं, सिर्फ भीतर होती है। वह किन्हीं भौगिलिक हदों में बंधी हुई नहीं होती... बस खोलने की बात है। खोल दो तो खुलती जाती हैं मन की हदें, बंद कर दो तो घोंघे के खोखे में बस कीड़े की मानिंद पड़ी रह जाती हैं।

तीन

फिर दौर शुरू हो गया था पर्शियन गल्फ में हलचल का। इराक का कुवैत को हथियाना और अमरीकी राष्ट्रपति की उसे वहां से निकलने की धमकी, जिसका परिणाम था युद्ध। मनु ने भी लड़ाई के खिलाफ होने वाले शांति-प्रदर्शनों में सक्रिय हिस्सा लिया। लेकिन एक अजीब बात हुई। उनके सारे साथी जो शांति के हक में थे, चढ़ाई के बाद सहसा युद्ध के हक में हो गये।

हमेशा की तरह लड़ाई शुरू होने वाले वीकेंड पर भी वह पार्क में घूमने आया था। पार्क की एक ख़ासियत यह भी होती है कि आदमी व्यक्तिगत या सामाजिक जो भी कुछ होना चाहे, हो सकता है। चाहे तो किसी भी बेंच पर बैठे आदमी से बातचीत शुरू कर दे या फिर आत्मलीन

होकर किन्हीं पेड़ों के झुरमुट में छिपा एकांत मनाये। युद्ध की वजह से मनु बड़ा उद्विग्न और परिणामतः बोलने के मूड में था, दरअसल उसकी बीवी भी अमरीकी राष्ट्रपति से ही सहमत थी और कहती थी कि सद्दाम की ताकत का सफाया होना ही चाहिए वर्ना मध्य-पूर्व में लड़ाई का खतरा हमेशा बना रहेगा और इराक एक के बाद एक छोटे अरब राज्यों को हड़पता जायेगा। लेकिन उसकी बेटी अभी भी इस लड़ाई के खिलाफ थी और उसे इस बात का भी गुस्सा था कि करन के पास भारत जाने का अपना प्रोग्राम उसे लड़ाई के मारे स्थगित करना पड़ रहा है।

थोड़ी सैर करने के बाद वह अपने चहेते बेंच पर आकर बैठ गया और गिलहरी-कबूतरों का खेल देखने लगा। तभी उसने अपनी पहचान के एक आदमी को कुत्ता घुमाते उधर से गुजरते देखा। इस आदमी का चेहरा उसे बड़ा रूखा-सा लगा करता था, चेहरे की त्वचा के रोम ऐसे बड़े-बड़े थे जैसे पूरा चेहरा छेदों से छितरा हो। फिर भी उसे इस आदमी का नाम आता था इसलिए उसने सोचा कि वह इससे बात करेगा। उसे ज्यादातर अमरीकी नाम भूल जाया करते थे पर यह आदमी जब उसके साथ शांति-प्रदर्शन में था तो दोनों की खूब लम्बी गपशप भी हुई थी– इससे नाम और चेहरा पहचान के थे।

"हेलो, बिल !" मनु से काफी जोर भरी आवाज़ निकाली।

"ओह, हाय मनु।"

"सो लड़ाई तो शुरू हो गयी, बिल ! हमारा किया-कराया..."

"हां, सो तो है। पर वह तो जरूरी ही था। सद्दाम ने जिस तरह से जिद की, उसे सजा तो मिलनी ही चाहिए।"

"लेकिन इतनी बड़ी लड़ाई शुरू कर देना क्या अक्ल की बात है ?"

"अब इतना मौका दिया उसे समझौता करने का... यू.एस. सेक्रेटरी जनरल ने भी दम लगा लिया... इस अड़ियल ने कोई चारा छोड़ा ही नहीं।"

"फिर भी, बिल, मुझे तो यह लड़ाई गलत बात..."

बिल ने उसकी बात काट दी।

"तो तुम्हारा मतलब है कि दुनिया में कोई भी ताकतवर होने पर

छोटे कमजोर देशों को हड़प ले और उनका न्याय भी न हो !"

"यही तो अमरीका कर रहा है । रूस के कमजोर पड़ जाने के बाद अब अमरीका को अपनी सर्वोपरिता का, अपनी ताकत का इतना घमंड हो गया है कि वह दूसरों के मामले में दखलअंदाजी..."

वह आदमी एकदम आग का पलीता हो गया ।

"वहां कुवैती सरेआम कत्ल किये जा रहे हैं, सताये जा रहे हैं और तुम इसे अमरीकी सुप्रीमेसी, इंपीरियलिज्म बताते हो... तुम्हारा अपना बेटा लड़ रहा होता तो पूछता..."

"मेरा बेटा ऐसी गलत लड़ाई क्योंकर लड़ता ?"

वह आदमी अब आपे से बाहर होता जा रहा था ।

"यही तो स्वार्थी और नीचपन है तुम्हारा । तुम्हारे जैसे गद्दारों ने ही इस देश को कमजोर बना डाला है । चले जाओ यहां से... लौट जाओ अपने देश को । तुम साले हिन्दुस्तानी बस यहां का फायदा ही उठाना जानते हो । क्या किया है तुमने इस देश के लिए ? बस कमा लिया, बच्चे पढ़ा लिये । जिस थाली में खाना, उसी में छेद करना । चले जाओ अपने देश को । हमारा खाते हो, हमें ही को गाली देते हो !"

और उस आदमी ने जोर से एक घूंसा मनु के गाल पर मारा । घूंसा जोर से लगा था, उसकी दाढ़ हिल आयी थी । पर अभी वह मुंह पर हाथ रख चोट को सहला भी न पाया था कि दो-चार घूंसे और उसके मुंह और छाती पर पड़े । मनु को चक्कर-सा आने लगा । वह आदमी उसे गालियां देता हुआ वहां से चल दिया । वह लगातार दुहराता जा रहा था, "हमारी जमीन पर रहकर हमारी ही आलोचना करते हैं... बेहया... गद्दार कहीं के... जाओ अपने देश वापस ।"

आने-जानेवाले लोगों में से किसी ने कोई दखल नहीं दिया जैसे कि सब उसके मत से सहमत हों ।

मनु ने कहना चाहा, 'यहां प्रजातंत्र है, वह सरकार की आलोचना कर सकता है ।' पर उसका मुंह दर्द के मारे अकड़ा पड़ा था । वह खुद को संभाल भी न पाया और जमीन पर औंधे मुंह गिर पड़ा । अकड़े हुए खुले मुंह से लटकती जीभ पार्क की जमीन को छूने लगी । एक बड़ी पुरानी पहचान का मिट्टी का स्वाद उसने मुंह में महसूस किया... वही

पहचानी-सी ही गंध। सहसा उसे किसान रैली में औंधी गिरती अपनी बेटी का ध्यान हो आया। उस बेहोशी के आलम में भी उसने महसूस किया कि उसे किसी तरह की शर्म या ग्लानि का एहसास नहीं था। पर जो था... वह क्या था... यह भी साफ नहीं हो रहा था... क्या यह शर्म और ग्लानि का ही कोई बदला हुआ चेहरा था?

**

9. तीसरी दुनिया का मसीहा

जो ब्रूनो ने बात कहते-कहते स्टीयरिंग से हाथ उठा लिये और सही लफ्जों की तलाश की जद्दोजहद में हाथों की संप्रेषण शक्ति का पूरा इस्तेमाल करते हुए पूरे जोशोख़रोश के साथ अपनी बात खोलने लगा ।

"इस देश में आदमी का जिस्म भी एक इंडस्ट्री है... सारे डाक्टर उसी की कमाई खाते हैं... कोई-न-कोई बीमारी उगाकर पैसा बनाने की फ़िराक़ में रहते हैं । इन डॉक्टरों में कोई इंसानी हमदर्दी थोड़े न है... जितनी बड़ी आपकी बीमारी हो उतनी ही खुशी से वे फूलते-फलते हैं । आप तो दर्द से कराह रहे होते हैं और वह आपकी नब्ज़ पर हाथ रखे कोई बेहतर नयी गाड़ी या बड़े-से-बड़ा घर खरीदने की सोच रहा होता है ।"

पहले सहायक भाषा के रूप में उसका एक हाथ ही उठता रहा था पर अब बार-बार दोनों हाथ स्टीयरिंग से उठ जाते । यूं गाड़ी की रफ्तार बहुत धीमी थी, फिर भी मैं जो ब्रूनो के कभी हवा में झूलते और कभी कार की छत या स्टीयरिंग से टकराते हाथों पर नज़र ऊपर-नीचे, दाएं-बाएं करती बहुत नर्वस हो रही थी । शायद उसने मेरी बेआरामी भांप ली होगी क्योंकि उसने गाड़ी किनारे करके रोक ही ली और बात जारी रखी ।

"उनके लिए तो तुम्हारा शरीर एक बिगड़ी हुई मशीन है । एक पुर्जा ठीक लगा देंगे तो दो पेंच और ढीले कर देंगे । एक बार जब आपने आदमी के ढांचे को ही इंडस्ट्री मान लिया तो फिर बचा ही क्या ? जिस आदमी के इर्द-गिर्द सारा संसार रचा गया है, जब वही केन्द्र से हट गया तो पूंजी को केन्द्र में लाकर बनेगा भी क्या-एक डैड प्लैनेट ! पर यह सीधी-सी बात इस पूंजीवादी देश में किसी के पल्ले पड़ती नहीं, सब अपनी-अपनी पूंजी बनाने के चक्कर में घूम रहे हैं ।"

उसी दिन सुबह अख़बार में ख़बर निकली थी कि एक लगभग मृत पिचासी साल के बूढ़े को अस्पताल में एक नर्स ने ऑक्सीजन वगैरह लगाकर पुनर्जीवित कर दिया । ज़िंदा होने के बाद, ऑक्सीजन के कुछ देर तक पूरी तरह रुके रहने की वजह से उस आदमी के जिस्म का एक भाग लकवा मार गया था । अब उसने अस्पतालवालों पर मुकदमा दायर कर दिया कि उन्होंने उसे क्यों जीवनदान दिया, क्योंकि अब एक तो उसे अपंग होकर जीना पड़ रहा है, दूसरे उसके पास अस्पताल की फीसें चुकाने के लिए भी पैसा नहीं है । जो ब्रूनो ने अपनी बात इसी सिलसिले में शुरू की थी ।

जो ब्रूनो एक साथ चांद और अणु-अस्त्रों की भट्ठी में इंसान को भेजने वालों की इस नयी दुनिया का होकर भी नहीं था । बीस-बाईस साल पहले वह दक्षिण इटली से यहां आया था । तब उसकी नयी-नयी शादी हुई थी, बहुत कम उम्र थी उसकी, करीब उन्नीस-बीस रही होगी । उसके अनुसार उसकी बीबी के बहुत जोर देने पर वे यहां आये थे । मेरी ही तरह वह भी अपने देश में पल-बढ़कर यहां आया था । इसलिए पूरा अमरीकी नहीं बन सका । उसकी जुबान में भी इटैलियन भाषा का बहाव और पुट था । फिर भी इतना हिम्मती था कि स्टॉक्स (सट्टाबाजारी) में पैसा कमाकर उसने 'तीसरी दुनिया' शीर्षक से अपने एक केबल चैनल पर टेलीविजन प्रोग्राम शुरू कर रखा था । इस प्रोग्राम में वह विद्वान प्रोफेसरों और अपने विषय के विशेषज्ञों को बुलाकर तीसरी दुनिया के देशों के धर्म, राजनीति, आर्थिक-सामाजिक स्थिति और समस्याओं पर बहस के कार्यक्रम पेश करता था । यूं मुझे नहीं मालूम कितने लोग इस केबल चैन पर आनेवाले प्रोग्राम को देखते थे (केबल चैनल का क्षेत्र सीमित होता है), पर वह बड़ी निष्ठा से हर हफ्ते यह प्रोग्राम पेश करता । अपने स्टॉक्स बेचने के काम में उसे क़तई दिलचस्पी नहीं थी । कहता था कि उसे वहां बेचने के लिए झूठ बोलना पड़ता है इसलिए वह यह काम जल्द ही छोड़ देगा ।

मेरी उससे मुलाक़ात उसके 'तीसरी दुनिया' प्रोग्राम के सिलसिले में ही हुई थी । हिन्दुस्तानी औरतों के हालात पर बहस करने के लिए उसने मेरा भी इंटरव्यू लिया था । मैं इस विषय में कोई विशेषज्ञ तो नहीं थी,

लेकिन एक भुक्तभोगी पुरुष के अत्याचारों की शिकार नारी की हैसियत से मुझसे बातचीत की गयी थी। जो ब्रूनो के ख्याल में सभी एशियाई औरतें अपने पुरुषों द्वारा दबायी हुई हैं और उनके द्वारा किये गये अन्याय और अत्याचारों को खामोश रहकर सहती हैं इसलिए उसके इस प्रोग्राम के लिए कोई भी हिन्दुस्तानी औरत चल जाती। उसने हिन्दुस्तान जाकर दलितों और ग़रीबों पर एक लम्बी फिल्म भी बनायी थी, लेकिन किसी भी टी.वी. स्टेशन ने अभी तक उसकी फिल्म खरीदी नहीं थी। अपने केबल चैनल पर तो वह उसे दिखला चुका था पर जितना खर्चा फिल्म बनाने में हुआ था उसकी पूर्ति कैसे होती ? उसका अपना चैनल तो विज्ञापन-विहीन था। वह गुस्से में आकर अमरीका को और भी गाली देता।

"या तो फैशन राज करता है इस देश में, या राजनीति। हिन्दुस्तान आजकल फैशन में नहीं, रूस और कोरिया हैं... उन्हीं से राजनैतिक कार्य-कलाप चलना है... उन्हीं पर बनी फिल्में दिखायी जायेंगी। आपने फैशनेबल चीज नहीं बनायी तो यू आर आउट ऑफ सरकुलेशन ! इंसानीयत का तो नामोनिशान नहीं जबकि उसी का ढोल पीट-पीटकर ये सारी दुनिया को उल्लू बनाने की ताक में रहते हैं।"

कभी-कभी मुझे लगा कि मुझसे भी उसकी रूचि तीसरी दुनिया के एक नुमाइंदे के रूप में ही ज्यादा थी–नुमाइंदा भी तो अव्वल दर्जे की थी मैं–एक तो औरत, दूसरी दुःख की मारी। मेरी हालत किसी भी संवेदनशील इंसान में हमदर्दी जगा ही देती। रिटायर्ड पिता ने मेरे ब्याह के लिए सब कुछ बेच-बाचकर दहेज इकट्ठा किया था। यहां तक कि प्राविडेंट फंड का बड़ा हिस्सा भी इस शादी में लगा दिया था। इंजीनियर लड़का था... लड़के के मां-बाप ने उसकी खूब ऊंची कीमत लगायी थी। पहले तो उसने मुझे अमरीका बुलाने में ही ढील दे दी थी। किसी तरह जब यहां पहुंची तो पता लगा यह शादी मेरे पति कहलाये जाने वाले पुरुष ने सिर्फ अपनी शर्म को ढकने के लिए की थी, वर्ना उसकी प्रेमिका बहन पूरी तरह से उस घर पर, उस घरवाले के तन-मन-धन पर छायी हुई थी। जो मेरी ननद होती, वह मेरी सौत थी। शादी की आड़ इसलिए ली गयी कि औरों के सामने स्वीकारने का साहस नहीं था। पर यह भी कैसी

मनोवृत्ति थी अपने घोर वैयक्तिक सुख के लिए एक मासूम लड़की को उसके परिवार समेत बलि दे दिया जाये, कि दहेज भी मिलेगा और नौकरानी भी। भाई-बहन की सेवा के लिए चेरी तो चाहिए ही थी।

यूं विद्रोह किया था मैंने। एक बर्फीली रात में मुझे घर से निकल जाने का भी हुक्म हुआ था। बहुत रोयी, बहुत गिड़गिड़ायी थी मैं–कहां जाऊंगी इस परदेश में ? अपने असहाय-मज़दूर पिता को किस तरह बताती कि अपनी ज़िंदगी भर की कमाई लुटाकर भी बेटी के लिए विवाह-सुख जुटाने के इस दांव में वह हार गये हैं। उनके सदमे का एहसास मुझे पूरी तरह था। इसलिए उनको तो खतों में बस इतना ही लिखती, 'मैं ठीक हूं', 'मजे में हूं', 'मेरी फिक्र मत कीजियेगा', और हर पल तन-मन पर पता नहीं कितनी ही चोटें सहती ? कभी मेरी ज़ुबान खुलती तो भाई-बहन मिलकर मार-मारकर मेरा बुरा हाल कर देते। फिर मुझसे कहा गया, "यहां सब अपने काम करके कमाते हैं–इस घर से दफा हो, और अपना जुगाड़ खुद करो।"

जो ब्रूनो मुझे प्यार करता है... अगर मैं अपने पति कहलाये जाने वाले पुरुष से तलाक़ ले लूं तो मुझसे शादी करेगा–ऐसा बार-बार कहा है उसने। मैं कहीं अपने भीतर यह हिम्मत जुटा रही हूं कि अपने उस दूसरी स्त्री के प्रेमी पति से कह सकूं कि जितना बेजान और बेचारा मुझे समझा हुआ है उतनी नहीं हूं मैं। यूं तलाक़ के नाम से मेरे खून के कतरे तक कांप उठते हैं... समाज के डर को चाहे पल भर टाल भी दूं... पर अपने-आप से ही इतना डर लगने लगता है... पता नहीं कितनी तरह के खौफ। अपने हिन्दुस्तानी पति को छोड़कर किसी दूसरी जाति के इंसान पर भरोसा करना ही अपने-आप में बड़ी ख़ौफ़नाक बात लगती है... कितनी-कितनी अनजान-डरावनी स्थितियां मेरे ख्यालों में से पैदा होती रहती हैं... फिर जब जो ब्रूनो साथ होता है तो सारे डरों की बात सोचकर मैं ख़ुद में बहुत छोटा महसूस करने लगती हूं... जो ब्रूनो की इंसानीयत की कोई जाति नहीं थी। जितना हिन्दुस्तान या हिन्दुस्तानियों को प्यार और इज़्ज़त वह देता था, उतना मेरा हिन्दुस्तान पति क़तई नहीं दे सकता था। और इस तरह जब मन ठिकाने पर होता तो इच्छा होती कि अपने पति से कह डालूं–"लो, संभालो अपना घर। अपने घिनौने सुख के लिए मेरे बाप

को धोखा दिया... मुझे धोखा दिया—यह नौकरानी तुम्हें तलाक़ देती है। मेरा बाप तो शायद अब भी तुम्हें मसीहा ही समझता है पर मेरे लिए तो किसी शैतान से भी बदतर हो। शराफ़त का मुखौटा पहन मेरी ज़िंदगी तबाह कर दी।"

शायद छिपे रूप में वह कहीं मेरे लिए मसीहा भी रहा होगा। मुझे अमरीका न लाया होता तो शायद अपनी शख्सियत का इतनी जल्दी एहसास न हुआ होता मुझे। न ही मैं मिल पाती अपने इस नये मसीहा— जो ब्रूनो को।

जो ब्रूनो से मैंने कहा था कि ज्यों ही मैं यह इम्तिहान पास कर लूंगी और मेरी नौकरी लग जायेगी तो हम दोनों साथ रहने लगेंगे और फिर शादी कर लेंगे। बिना नौकरी के मैं तलाक़ नहीं लेना चाहती थी। दरअसल मेरे इस अर्थहीन वैवाहिक जीवन के मूल में भी यही एक छेद था। पैसा न होने की वजह से ही एक तो मेरे मां-बाप ने मुझे किसी दूसरे के हवाले करने की जल्दबाजी की, दूसरे यहां आकर चूंकि मैं खुद कमाने के काबिल नहीं हुई थी, इसलिए दूसरे की शर्तों पर ज़िंदगी ढोने को मजबूर हो गयी थी। अब धीरे-धीरे बच्चों की देखभाल के केन्द्रों में अस्थायी सब्स्टीट्यूट की नौकरी करके इतना अनुभव हो गया था कि कुछ पढ़ाई कर स्कूल टीचर बन सकूं। एक बार बस पक्की नौकरी लग जाये तो किसी भी पुरुष को चुनौती दे सकूंगी।

लेकिन जो ब्रूनो को मैं कोई चुनौती नहीं देना चाहती। न ही उसके लिए कोई चुनौती बनना चाहा। उसे तो मैं प्यार करती हूं... एक बहुत सहज आपसी प्यार का रिश्ता... बस यही चाहती हूं। उसे मैं अपने अन्नदाता या भरण-पोषण करने वाले पुरुष के रूप में भी नहीं देखती जैसा कि अपने पिता या पति को अब तक देखती रही हूं। वह इस किस्म का है भी नहीं जिस पर पूरी तरह से ऐसा भार डाला जा सके। वह तो बड़ा सैलानी किस्म का आदमी है। कभी हिन्दुस्तान भाग जाता है तो कभी नेपाल या तिब्बत तो कभी दक्षिण अमरीका। हमेशा किसी खोज में। प्राचीनता और पुरानी संस्कृतियों से उसे खास मोह है, इसीलिए हिन्दू धर्म और संस्कृति की भी उसके मन में खास इज़्ज़त है। वह मुझे भी कहा करता है, "तुम को तो अंदाज़ा ही नहीं,

तुम बहुत ख़ास लोग हो । मैं चाहता हूं कि हिन्दुस्तान की पुरानी महत्त्वपूर्ण संस्कृति और वहां की आज की ग़रीबी की तस्वीर दिखाकर संसार का ध्यान उधर दिलाऊं । वर्तमान हिन्दुस्तान की तरक़्क़ी के लिए अमरीका का अमीर आदमी तभी पैसा लगायेगा, जब उसमें यहां के आदमी की रुचि होगी और यहां के आदमी को आकर्षित करने का एक ही तरीका है—उन्हें हिन्दुस्तान की रंग-बिरंगी, मोहक, प्राचीन यानी क्लासिकल संस्कृति दिखायी जाये ।" अपने 'तीसरी दुनिया' कार्यक्रम द्वारा वह विश्वशांति और विश्व-बंधुत्व जैसी भावनाओं को स्थापित करने की कोशिश किया करता था ।

उसे खुद पैसे के लिए पैसा कमाने में कोई दिलचस्पी नहीं थी । जब-तब कुछ पैसा कमाकर वह घूमने निकल जाता था । लेकिन जहां भी जाता, मुझे खत या कार्ड भेजना नहीं भूलता था । वह कहता :

"मैं जहां भी रहूं, तुम्हारी कमी महसूस करता रहता हूं । मैं न्यूयार्क लौटता हूं तो सिर्फ तुम्हारे लिए... वर्ना कुछ नहीं रखा अमरीका में... बड़े निर्दयी लोग बसते हैं वहां ।"

उसे अमरीकी लड़कियां भी पसंद नहीं । मुझे प्यार करते हुए वह कह डालता है ।

"तुम्हें मालूम है तुम यहां की लड़कियों से बहुत फ़र्क़ हो—बहुत नर्म, बहुत प्यारी, बहुत मीठी । मैं कभी अमरीकी लड़कियों के साथ डेट नहीं करता अब । बड़ी ज़ालिम, बेहया और सख़्त किस्म की होती हैं वे । फैमिनिज्म ने कबाड़ा कर डाला है इन लड़कियों का ।"

उसके आग़ोश में मैं बहुत नरम कली-सी महसूस करती जिसे बड़ी एहतियात से चूमा जाता है कि कहीं हल्के-से दबाव से भी मसल न जाये, जबकि बुरी तरह से झकझोरे और मसले जाने के बावुजूद किसी की हवस बुझाने के लिए हमेशा तत्पर रही हूं । वह मेरे जिस्म के हर हिस्से को चूम-चूमकर जब उसे खूबसूरत बयान करता है तो मुझे लगने लगता है कि मैं पहली बार जवान हुई हूं । वह मुझसे हर बार प्यार करने की इजाज़त—मेरी रजा मांगता है । दरअसल वह मुझे बड़ी गंभीरता से लेता है—मेरी 'न' को 'न' और 'हां' को 'हां' ही समझता है । यूं आज तक मुझे मेरे मां-बाप या ससुरालघर में किसी ने

भी गंभीरता से नहीं लिया था इसलिए मेरी न या हां का कुछ परिणाम नहीं निकलता था। लेकिन अब उस न या हां के परिणामों का पूरा दायित्व मुझ पर था। इसलिए अपने को लेकर अब मैं गंभीर होती जा रही थी।

फिर भी मुझे यह अजीब लगता कि सिर्फ हिन्दुस्तानी होने भर से ही वह मुझे अच्छी लड़की की कैटेगरी में डाल देता। वह अक्सर कहता भी :

"तुम... तुम हिन्दुस्तानी नारियां सच्ची नारियां हो। यहां की औरतों ने तो अपना नारीत्व ही खो दिया है। उन्हें प्यार करने में भी डर लगता है। पता नहीं कब कौन-सा सिद्धान्त छांटने लगें। प्यार की नाजुकी को तो वे कुछ समझती ही नहीं। समानता-स्वतंत्रता के नारों को भोंककर सब कुछ तहस-नहस कर देती हैं।"

तब मैं उससे खुद औरताना बातें करने लगती।

–क्या तुम बहुत-सी अमरीकी लड़कियों से मिलते रहते हो ?

–अब नहीं। अब तो सिर्फ तुम ही हो मेरी ज़िंदगी में, हो और रहोगी भी। उसने मुझे बताया हुआ था कि वह तलाक़शुदा है।

–क्या तुम्हारी पत्नी भी अमरीकी थी ?

–आधी अमरीकी, आधी जर्मन। सबसे खराब मिश्रण, तभी हमारी पटी नहीं।

–क्या कोई संतान है ?

–नहीं।

और वह झट से बात बदल देता है।

–मैं तुम्हें ढेर सारा प्यार देना चाहता हूं। तुम्हारे हर दर्द को हर लेना चाहता हूं। हम दोनों साथ-साथ सिर्फ प्यार और समानता की जमीन पर टिकी ज़िंदगी जियेंगे।

और वह हंसकर जोड़ देता है कि उसके साथ न मुझे दहेज की समस्या होगी, न सास-ससुर के साथ निबाहने की, न घर की नौकरानी बनने की और न ही किसी की ज़ोर-ज़बरदस्ती सहने या मार खाने की... बस, साथ-साथ सब कुछ शेयर करते हुए... एक सही ज़िंदगी जियेंगे।

कितना खूबसूरत लगता है ज़िंदगी का ऐसा नक्शा ! जो ब्रूनो सच

में कोई मसीहा बनकर आया था मेरी ज़िंदगी में। और मुझे उस पल का भी बेइंतिहा इंतिजार था, जब अपने पिता को अपनी ज़िंदगी की सच्चाई से भरा खत लिख पाऊंगी।

उन्हीं दिनों मुझे केन्द्र में किसी ने शहर में आये एक स्वामी विराटानंद के बारे में बताया था। बड़े पहुंचे हुए गुरू हैं। सब बीमारियां ठीक कर देते हैं। भविष्य-भूत एकदम सही बतला देते हैं। मुझ में भी कौतूहल था। मैंने जो ब्रूनो से कहा–

–चलो, इन स्वामी जी से मिलते हैं। तुम यूं ही मुझसे हिन्दू धर्म और दर्शन के सवाल पूछते रहते हो, स्वामी जी सारे जवाब सही-सही दे सकेंगे।

स्वामी जी का व्यक्तित्व सच में बहुत प्रभावशाली था। जो ब्रूनो पर तो ऐसा असर हुआ था मानो किसी ने हिप्नोटाइज कर दिया हो।

–बहुत पहुंचा हुआ आदमी लगता है। यहां मुझे पहली बार ज़िंदगी में किसी ने सही तौर पर बताया है कि क्यों मेरी ज़िंदगी इतनी नाकामयाब रही... क्यों गलत फैसले हुए हैं मुझसे।

अचानक मैंने गौर किया कि उसके चेहरे पर छाया करने वाला उल्लास और रोशनी नदारद थे। उनकी जगह मैं उसकी आंखों में देख रही थी–संदेह, कन्फ्यूजन, डर।

–लेकिन गलत और नाकामयाब क्योंकर मानने लगे तुम अपने-आप को ? उसने एक लम्बी सांस ली।

–और क्या ! सब कुछ ही गलत हुआ है मेरी ज़िंदगी में। शादी की तो गलत लड़की से। पढ़ाई की तो इंजीनियरिंग जिसमें मेरी कतई दिलचस्पी नहीं थी। नौकरी की तो स्टॉक ब्रोकर की जो कभी भी मेरे स्वभाव के अनुकूल नहीं थी। फिल्म भी बनायी तो ऐसी, जिसे कोई खरीदता नहीं। जो मैं बनना चाहता था, कभी नहीं बन सका। सब कुछ इतना गलत, इतना उलझा हुआ है...

उसके चेहरे पर उदासी और आत्मदया बिखरी हुई थी। मैंने आज तक उसका सिर्फ समर्थ रूप ही देखा था। इस तरह देखकर धक्का लगा। शायद स्वामी जी से मिलकर वह अपने आपको छोटा महसूस करने लगा था–ऐसा मैंने सोचा। ऐसा शायद सभी को लगता है–खासकर

किसी को जब इतने ऊंचे पद पर बैठा दिया जाये, उसे भगवान के करीब मान लिया जाये । लेकिन मैंने अपना आपा नहीं खोया था । स्वामी जी की सिर्फ एक बात ने मुझे चौंका दिया था–"मेरे जीवन में बड़ा भारी परिवर्तन होगा ।" एक तरह से अच्छा ही लगा था । जो ब्रूनो के साथ विवाह की सोचकर गुदगुदाता रहा था मन... और क्या परिवर्तन संभव था ?

स्वामी जी ने ब्रूनो को दुबारा आने के लिए कहा था । मुझे नहीं बुलाया था सो मैं नहीं गयी । जो ब्रूनो बार-बार पास जाने लगा था ।

एक दिन जो ब्रूनो का फोन आया तो वह बहुत परेशान था । हमेशा की तरह उस दिन भी लंच के लिए हम एक छोटे-से चाईनीज रेस्तरां पर मिले तो मुझे उसके चेहरे पर अनगिनत रेखायें उभरी दिखीं ।

–तुम इतना परेशान क्यों हो, जो ?

उसने मेरी आंखों में सीधे झांकते जैसे कुछ पढ़ने की कोशिश करते हुए कहा :

–तुम्हें मैने अपने बारे में एक बात नहीं बतायी थी, शायद डर था कि तुम्हें खो दूंगा । अब बताना चाहता हूं ।

मैं डर-सी गयी । पता नहीं क्यों मैं बहुत जल्दी डर जाती हूं ? जब भी कोई बात कहने से पहले भूमिका बांधने लगता है, मैं डर से पहले ही अधमरी हो जाती हूं । मेरे मां-बाप ने ऐसी भूमिका बांधकर मेरी शादी की घोषणा की थी, मेरे पति ने ऐसे ही भूमिका बांधकर दूसरी स्त्री से अपनी प्रेम-चर्चा, अब ब्रूनो क्या कहने वाला है ? मैं सांस रोके सुनने को तैयार हो रही थी ।

–मेरी एक बेटी है ।

कहकर जो ब्रूनो मेरी प्रतिक्रिया जानने को थम गया लेकिन इसमें छिपाने की क्या बात थी ? जब उसने मुझे अपने तलाक़ का बता दिया था तो बेटी का बताने से क्या मेरा फैसला कुछ फ़र्क़ होता ? मुझे समझ नहीं आया मैं क्या प्रतिक्रिया दूं ? एक हल्का-सा धक्का इस बात का ज़रूर लगा था कि जो ब्रूनो झूठ भी बोल सकता है ।

–क्या तुम्हारे साथ रहती है ?

–नहीं, अपनी मां के साथ ।

मुझे लगा वह किसी तकलीफ़ में है... पर मेरे मुंह से कोई शब्द ही नहीं निकल पा रहा था ।

—दरअसल वह कुछ ठीक नहीं । मुझे मेरी एक्स-वाइफ ने बताया तक नहीं कि उसकी हालत इतनी खराब हो चुकी है... उसने स्कूल जाना तक छोड़ रखा है ।

—क्या हुआ है उसे ?

—कुछ दिमागी तकलीफ़... मैं जिस डॉक्टर के पास उसे भेजना चाहता हूं, वह मानती नहीं । जर्मन है न ! बड़ी जिद्दी असीटव है ।

—लेकिन इतना कुछ हो गया और तुम्हें पता ही नहीं लगा ? क्या तुम अपनी बेटी से मिलते नहीं हो ?

—इधर कुछ सालों से नहीं । अब वह मुझसे मिलना भी नहीं चाहती । पता नहीं मां ने क्या-क्या पट्टी पढ़ाई है । पिछले हफ्ते मैं उसे डिनर पर साथ ले गया तो मुझे बुरा-भला कहती रही कि इटैलियन बड़े स्वार्थी, लापरवाह और अनैतिक किस्म के होते हैं । सब मां वाली बातों का रद्दा मारा हुआ । अभी तक इसकी परवरिश का खर्चा मैं देता रहा हूं—तब भी मुझको ये बातें सुनने को मिल रही हैं । बहुत टूटता है मन । ये मां-बेटी कभी भी मुझे अपराध-**बोझ** से मुक्त नहीं होने देंगी ।

जिस अपने संसार को जो मेरे सामने खोल रहा था, उससे मैं अब तक पूरी तरह नावाक़िफ़ थी । फिर भी मुझे उससे हमदर्दी ही हुई ।

—तुम्हें बुरा नहीं मानना चाहिए, जो ! बच्चे तो हमेशा मां के ही रहते हैं... फिर वह तो मां के पास ही रहती है ।

—लेकिन इसका यह मतलब तो नहीं कि हर वक्त बच्ची को मेरे खिलाफ भड़काती रहे । बेटी को तो मैं अब भी बेहद प्यार करता हूं । उसकी ऐसी चोट वाली बातें... मेरा इस दुनिया में और है भी कौन... एक बेटी ही तो है ।

जो ब्रूनो के आखिरी वाक्य ने मुझे तकलीफ़ पहुंचाई । मैं कोई नहीं उसकी ! सच में, अभी तो एक परायी औरत ही हूं—किसी और की ब्याहता । मुझे अपना कहने का हक नहीं महसूस करता होगा । अभी तो हमारे बीच आश्वासन और उम्मीद का ही रिश्ता है । लेकिन संदेह तो

कहीं नहीं, सिर्फ विश्वास ही विश्वास । मेरा मन हुआ उसके माथे पर होंठ रखकर उसे तसल्ली दूं । रेस्तरां में लंच के वक्त की भीड़ थी । मैंने बस हल्के-से उसका हाथ दबा दिया ।

—मैं सोचता हूं उसे स्वामी जी के पास ले जाऊं, शायद उनके आशीर्वाद से कुछ फ़र्क़ पड़े ।

—तुम्हें विश्वास है उनकी सामर्थ्य में ?

—हां, है ।

जिस मजबूती से जो ब्रूनो ने हां कही, मन में कहीं खटका कि वह स्वामी जी को बहुत गंभीरता से ले रहा है । मैंने रोकना या खुद उज्र करना भी ठीक न समझा, आखिर उनके बारे में मैं खुद नहीं जानती थी कि कुछ साबित कर सकूं ।

—तो ले जाना ।

—पता नहीं वह राजी होगी या नहीं ।

लंच के बाद वह मुझे अपने 'अपार्टमेंट' ले गया था । उससे प्यार करते हुए मैंने महसूस किया कि आज हमारे रिश्ते का एक नया धरातल मिल गया था ।

तीन-चार रोज बाद जब मैं उसे मिली तो वह बहुत खीझ रहा था कि उसकी बेटी ने स्वामी जी के पास जाने से इन्कार कर दिया है ।

—मैं तुम्हारी कुछ मदद कर सकती हूं ?

—नहीं, स्वामी जी ने कहा है कि वही कुछ करेंगे कि जिसके असर में वह आने को मान जाये । लेकिन तुम्हारी बहुत सपोर्ट है मुझे, तनु । यू आर लाइक ए ब्रैथ ऑफ फ्रेश एयर । तुम ऐसी ही रहना, तनु । यही तुम्हारी मदद होगी ।

मेरे इम्तिहान नज़दीक थे और मैं जी-तोड़ मेहनत कर रही थी—अपनी कैद से छुटकारा पाने के लिए । अपने जो ब्रूनो के साथ नयी ज़िंदगी शुरू करने के लिए । मेरे पति को मेरी किसी योजना की भनक नहीं थी । उसने मेरे 'व्यक्ति' में कभी कोई दिलचस्पी ली ही नहीं कि मैं अपना भीतरी जगत उसके आगे खोलती । मैं घर के दूसरे पदार्थों की तरह ही एक पदार्थ थी । मैं सिर्फ तभी उसकी पत्नी होती, जबकि उसके मां-बाप या दूसरे रिश्तेदार हिन्दुस्तान से मिलते रहने के लिए आते । बाकी वक़्त

उसकी ज़िंदगी पर पूरा हक होता उनकी पत्नी-प्रेमिका-बहन का। मुझे एक नौकरानी की ही तरह घर चलाने का खर्चा हर महीने मिल जाता था। शुरू में अपनी यह हालत मुझे उड़ने को तत्पर किसी परनुचे पक्षी-सा घायल और पागल कर जाती थी। मैं सोच भी नहीं सकती थी कि कोई आदमी इतना कायर हो सकता है कि सिर्फ अपनी ही कायरता की वजह से ऐसी दोहरी ज़िंदगी जीने पर मजबूर हो जाये। पर अब अर्जुन के तीर की तरह मेरी निगाह सिर्फ मुक्ति पर जमी थी। और द्रौपदी की तरह मेरा फल भी जो ब्रूनो की उपलब्धि में निश्चित था।

जिस दिन मेरा आख़िरी पर्चा था, मैं बुरी तरह से नर्वस थी। मुझे इम्तिहान बढ़िया करना ही था। पर्चा जब सच में अच्छा हो गया तो मैं अपनी योजनाओं के पूरा होने की संभावनाओं से खुश लगभग कांप रही थी। मैं सबसे पहले जो ब्रूनो को फोन करके बताना चाहती थी और उससे मिलने का तय करना चाहती थी। स्कूल के बाहर आकर पब्लिक बूथ से ही मैंने पच्चीस सेंट डालकर फोन मिलाया। सड़क पर कुछ शोर था या क्या कि उधर से आती आवाज मुझसे पहचानी ही नहीं गयी। कई बार 'हैलो' करने के बाद बात शुरू हुई। वह दूसरी तरफ वाली आवाज जो शब्द रच रही थी, वे मैंने कभी नहीं सुने थे, कभी सोचे भी नहीं थे... कहीं दूर से भी कोई संभावना नहीं पैदा हुई थी।

–मैं अब तुमसे नहीं मिलूंगा, तनु... ! स्वामी जी ने कहा है कि मेरा–तुम्हारा मिलना शुभ नहीं है।'

–क्या मतलब ? तुमने स्वामी जी से मेरे बारे में बात की थी ?

–वह मेरी बेटी... दरअसल मेरी सारी परेशानियां दूर करने के लिए एक लम्बा जाप करवा रहे हैं। उन्होंने मुझसे मेरी भावी योजनाओं के बारे में पूछा था। मैंने बताया कि मैं एक हिन्दुस्तानी लड़की से शादी करने जा रहा हूं। उनके ज्यादा पूछने पर मैंने तुम्हारा शादी–शुदा और नाखुश होना भी बताया था। वह कहने लगे–यह बड़ा अधर्म होगा। कुछ गणना करके वह बोले–यह हम दोनों के लिए ही बहुत अनर्थकारी है।

–तुम मज़ाक कर रहे हो, जो !

–नहीं।

–तुमने इतनी आसानी से उनकी बात मान ली ?

–उन्होंने सभी बातें सही बतायी हैं । यह कैसे गलत मान लूं ? तुम्हारा-मेरा भला अलग रहने में ही है ।

–दिस इज स्टुपिड । आई कांट बिलीव दिस । ओह, जो ! तुम एक भगवे कपड़े वाले की बात का इतना विश्वास कर गये कि मैं मुझको..

मेरी आवाज टूट रही थी... मैं कहूं भी तो क्या ? गले में जैसे पत्थर अटका हुआ था । उधर से जो ब्रूनो की घिसती हुई आवाज टेलीफोन के कान से सटे छिद्रों से सुइयों की तरह उभर रही थी ।

–यह मेरी-तुम्हारी ज़िंदगी का सवाल है, तनु ! जान-बूझकर रिस्क लेने का क्या मतलब ? तनु, आर यू देयर ? केन यू हियर मी, तनु ?

–ओह, इतने कमजोर, इतने डरपोक हो तुम ! और मैं तुम्हें अपना मसीहा समझती रही ।

मैंने फोन का चोगा यूं ही लटकता छोड़ दिया... गुस्सा, आक्रोश, क्षोभ और... पता नहीं क्या-क्या घुल-मिलकर मेरी नसों को चकनाचूर किये दे रहा था । मेरी पूरी ज़िंदगी को जैसे किसी दीवार में चुन दिया गया था । सब कुछ फिर से एक शून्य में आ अटका था... क्या करूंगी अब मैं ? कहां जाऊंगी ? क्या फिर से उस अंधेरी गुफा में जहां अब और भी ज्यादा अंधेरा भर चुका था ?

इन स्वामी जी ने मेरे जीवन में भी बड़े भारी परिवर्तन की बात कही थी । क्या यही परिवर्तन था ?

भरी हुई अंडरग्राउंड ट्रेन में मुझे बैठने की जगह नहीं मिली तो निढाल-सी मैं हाथ टिकाने वाले लोहे के मोटे डंडे पर ही माथा टिकाकर खड़ी हो गयी । एक पुरुष सवारी ने मेरी थकी-कमजोरी हालत देख मेरे कंधे को हल्का-सा छुआ और मुझे अपनी सीट पर बैठने का इशारा किया। पता नहीं उस पल क्या गज़र गया मुझ पर ? मन हुआ चिल्ला-चिल्ला कर कह दूं–"तुम आदमियों में औरतों को लेकर मसीहा बनने की ख्वाहिश क्यों होती है ? और हम औरतें भी मान जाती हैं कि ये पुरुष मसीहा हो सकते हैं, हमारी ज़िंदगी संवार सकते हैं... जबकि उनसे अपनी ही ज़िंदगी का बोझ नहीं संभलता, सब-के-सब लंगड़े मसीहे ।

लेकिन मैं... मैं ही क्यों मसीहाओं का इंतिजार करती हूं ?

उस आदमी को सीट के लिए शुक्रिया कहते हुए मेरी आवाज़ तंज़ हो आयी थी । मैंने लगभग गिरते-गिरते खुद को संभाला और डंडे को और भी ज्यादा मजबूती से पकड़ लिया । नहीं, अब और किसी मसीहा की तलाश में नहीं जाना मुझे । डंडे पर सिर टिकाये मैं वैसे ही खड़ी रही ।

**

10. विभक्त

उसकी खनखनाती हंसी कमरे भर की किताबों और तस्वीरों पर चिपकी हुई थी । यूं उस कमरे में हंसी कोई आम बात नहीं थी । सभी ओढ़े हुए, डरे हुए या कुछ और हुए होते थे । खासतौर से नये-नवेले छात्र । पर वह यहां आते ही एकदम सहज हो उठती थी । वह मुझसे कहती भी थी– "आपका दफ़्तर इस पूरी यूनिवर्सिटी से अलग है... हिन्दी की किताबें... तस्वीरें... बड़ा अपना-अपना-सा लगता है यहां आकर !"

अब कुछ-कुछ वैसा ही चेहरा उम्र के बीस-पच्चीस अधिक साल लपेटे मेरे सामने बैठा था । पर अनन्या से कितना फ़र्क़ ! जिस तरह बांह के दोनों जोड़ों में मुट्ठियां घुसाये तनी हुई बैठी थी यह महिला, अनन्या तो कहीं दूर से भी इससे जुड़ी नहीं दीखती ! वह तो या खड़ी रहती थी या आराम से कुर्सी पर पसर जाती । पर मैं जानती हूं कि सामने बैठी महिला अनन्या की मां है और इसीलिए वह मुझसे मिलने आयी है । मां जब मज़बूर हो जाती है तो किसी के आगे भी झुकने या लड़ने को तैयार हो जाती है । वर्ना जब तक मज़बूरी का एहसास नहीं हो जाता, तब तक वह चाहे अपने वात्सल्य के पात्र पर ही चोट करती रहती है, चाहे वह चोट घंटे से टंकार उगारने के लिए ही हो, लेकिन वह टंकार तो दूसरों के सुनने भर के लिए ही होती है । घंटे पर गुज़री तो घंटा ही जाने !

सामने वाली महिला का चेहरा बड़ा क्षुब्ध-सा है । चेहरे के छोटे गोल नक्श शायद गुस्से की वजह से कुछ सूजे हुए–से दीख पड़ते हैं । यूं मुझे उससे हमदर्दी है लेकिन उसका जन्मजात रूखापन मुझे भीतर कहीं सुखाये दे रहा है । अनन्या ने कभी मुझसे कहा भी था–"मेरी मां के लिए सबसे ज्यादा अहम् उसका कैरियर है... हम सब उसके बाद आते हैं ! अब इस तरह अपने सामने उसे कसा हुआ बैठा देख मैं कोई सांत्वना के शब्द भी नहीं उड़ेल पा रही । वैसे इसको मुझसे अनन्या की सिफ़ारिश

करने की कोई ज़रूरत नहीं है... मैंने पहले ही डीन से कह दिया है कि अनन्या एक मेधावी और मेहनती छात्रा है और मुझे कभी उससे किसी तरह की भी शिकायत नहीं हुई । पर मेरे दफ़्तर आने से पहले इस महिला ने मुझे फोन पर कहा था–"मैं डॉक्टर मनोचा बोल रही हूं... अनन्या की मदर ! मैं आपसे मिलना चाहती हूं ।"

मुझे उसका फोन पाकर हैरानी नहीं हुई थी, मिलने की बात से भी हैरानी नहीं हुई थी । फिर भी उस आवाज़ का अंदाज़ कुछ ऐसा था... रौबीला-सा... कि मुझसे कुछ कहा नहीं गया । उसकी आवाज़ फिर सुनायी पड़ी–"मैं अनन्या के बारे में जितना ज्यादा जान सकूं, जानना चाहती हूं । मुझे आपकी मदद की ज़रूरत है । वह आपके बारे में बहुत बात किया करती थी ।"

जिस तरह पत्नी पति की हरकतों को जानने वाली आख़िरी शख़्सियत होती है, उसी तरह जवान बच्चों की मां बच्चों की हरकत को जाने वाली शायद अंतिम शख़्सियत होती है । खासतौर से जब बच्चे पंख लगाकर कॉलेज की दुनिया में उड़ आये हों तो ! अब खेत चुगे जाने के बाद क्या यह फिर से खेती करना चाहती है ?

हमदर्दी की जगह मैं एक कड़वा-सा वाक्य उछाल देती हूं–"वह घर से शायद कुछ असंतुष्ट थी । आप शायद उसे डॉक्टरी पढ़वाना चाहती थीं... आप और आपके पति दोनों डॉक्टर हैं न ?"

वह कुछ चिढ़ती हुई-सी बोली–"जी, मैंने तो कभी उस पर कोई दबाव नहीं डाला... बचपन से ही जो चाहा करने दिया... बचपन में भी यह प्यानो सीखती थी ।... यह तो जब से हिन्दुस्तान से लौटी है, बस तभी से इसे कुछ हो गया है !"

उन्होंने आख़िरी वाक्य कहकर एक लम्बी सांस भरी और हिन्दुस्तान का नाम लेकर फिर कुछ बड़बड़ायी ।

मुझे कुछ हंसी-सी आयी । बंगाल का जादू तो सुना था मैंने पर यह हिन्दुस्तान का जादू क्या था ?

यूं हिन्दुस्तान से लौटकर मुझे भी कुछ हो जाता है... जैसे कि घंटों सुस्त पड़े रहना ! काम में मन न लगना ! आवाज़ों की याद... दोस्तों और सगे-सम्बंधियों की याद... मौसम की याद... स्वाद और गंधों की याद...

बस एक मीठी-सी खुमारीं छाये रहना ! पर वह सब कुछ दिनों बाद छंट जाता है... ज़िंदगी देर-सवेर ढर्रे पर आ ही जाती है । ऐसा तो नहीं होता कि कुछ आमूल-चूल परिवर्तन आ जाये... यूं परिवर्तन होगा भी क्या ? वहीं की मिट्टी से ही तो गढ़ी हुई हूं मैं । बस वहां न हो पाने की कसक भर ही कभी-कभी उठ जाती है । लेकिन अनन्या तो यहीं की पैदाइश, यहीं पर पली-बढ़ी है । उसके भाई-बहन, मां-बाप और दोस्त सब यहीं हैं । फिर उसे किस बात की कसक ? हिन्दुस्तान का जादू उसके सिर चढ़ क्यों बोल रहा था ?

हिन्दुस्तान के प्रति कौतूहल तो ज़रूर उसमें पहले से रहा होगा क्योंकि कॉलेज के पहले साल में ही उसने हिन्दी पढ़नी शुरू कर दी थी और मेहनत करके क्लास में अव्वल रहती थी । उसने बतलाया था कि इंडियाना में हाई स्कूल की पढ़ाई के दौरान भी अपने मां-बाप के किन्हीं मित्र की पत्नी से उसने कुछ हिन्दी सीखी थी । इसीलिए शायद मेरी क्लास में वह इतनी आसानी से आगे बढ़ती जा रही थी । दूसरे साल के शुरू में ही उसने ख़्वाहिश ज़ाहिर की थी कि वह यूनिवर्सिटी के 'जूनियर इयर अब्राड' प्रोग्राम के तहत साल भर के लिए पढ़ाई करने भारत जाना चाहती है । उसकी काबिलीयत देख मैंने उसके लिए सिफ़ारिश के खत लिखती ही हूं और अक्सर उनमें से एकाध भारतीय मूल का भी होता ही है । अपनी जड़ों की पहचान की जिज्ञासा भी कोई नयी बात तो नहीं । हां, वह सिर्फ संवदेनशील युवक-युवतियों में ही होती है । और अनन्या की संवदेनशीलता तो उसके चेहरे से ही झलक जाती थी-बहुत कोमल, खूब घनी सांवली त्वचा और गहरी-गंभीर, बेहद इन्टेंस आंखें ! देखने में बहुत सुंदर नहीं थी वह, पर उन आंखों की सिद्क और त्वचा के सांवलेपन में एक तरह की लुनाई उसे बहुत आकर्षक बना देती थी । बहुत मतलब से सवाल पूछती थी वह और फालतू बात एकदम नहीं ! फिर भी भारतीय मूल के अन्य अमरीकी विद्यार्थियों से कुछ अलग नहीं दीखती थी वह...उन्हीं की तरह अमरीकी पहनावा, तौर-तरीके, बातचीत और खुशमिजाज !

हिन्दुस्तान में साल भर रहकर लौटने के बाद कुछ तब्दीली ज़रूर दिखी थी मुझे अनन्या में । सबसे पहली बात तो पहनावे की थी । वह

जब-जब मुझसे मिलने आयी, रंगीन छपे कपड़े या कढ़ाई के कुर्ते-सलवार पहने होती। उसका रंगों का चुनाव अमरीकी लड़कियों से फ़र्क़ हो गया था–अब वह काले, भूरे या सिलेटी रंगों के स्कर्ट-ब्लाउज या पैंटों की जगह हमेशा खिले हुए रंग पहने होती। सलवार-कमीज न हो तो भी कपड़ों का डिजाइन भारतीय किस्म का होता। एक बार वह मेरी साड़ी पर गौर करती हुई बोली थी–"आपकी साड़ियां बहुत खूबसूरत होती हैं।"

फिर कुछ रुककर कहा–"मेरी मम्मी कभी साड़ी नहीं पहनती–हमेशा पश्चिमी पोशाक पहनती हैं।"

अब अपने सामने बैठी उस महिला को देख, अनन्या का उस वाक्य को कहते समय चेहरे का भाव याद कर मैं सोच रही थी कि यह महिला भी कहीं ज्यादा गरिमामयी और नयनप्रिय लगती, अगर इसके जिस्म के बेढब मोड़-जोड़ इस तरह इसके कसे पैंट-टॉप से न झांक रहे होते तो! लेकिन इस पहनावे में यह खूब चुस्त-दुरुस्त दिख रही थी–इसमें कोई शक नहीं! अपनी डॉक्टरी प्रैक्टिस में इसके लिए यही पहनावा सहूलियत का होगा।

भारत से लौटकर अनन्या ने यह भी बतलाया था कि वह वहां साल भर कत्थक नृत्य सीखती रही थी और यहां अमरीका में भी उसे कत्थक सिखाने वाली गुरू मिल गयी है–इसलिए वह बी.ए. की शिक्षा नृत्य के मुख्य विषय के साथ खत्म करेगी और इसके लिए उसे विभागाध्यक्ष की विशेष अनुमति भी मिल गयी है। साथ ही चूंकि हिन्दी भाषा भी अच्छी तरह सीख ली थी। इसलिए अब उसने मेरे हिन्दी साहित्य के कोर्स में भी दाखिला ले लिया था।

कुछ दिन बाद वह मुझसे बोली थी कि अपनी थीसिस भी वह हिन्दी साहित्य या नृत्य के विषय पर ही लिखना चाहती है। क्या मैं उसकी सुपरवाइजर बनने को राजी हो जाऊंगी? और मैंने खुशी से हां कर दी थी।

थीसिस के विषय पर बात करने के सिलसिले में ही एक दिन उसने मुझे घर पर फोन किया और मिलने चली आयी। इसके बाद वह कई बार घर पर किसी-न-किसी बात के सिलसिले में आ जाती थी और घंटों अपने भारत के अनुभवों की या घर की बातें करती रहती।

कभी-कभी मुझे लगता उसके भीतर हिन्दुस्तान की ही एक ज़रूरत बन गयी है जिसे वह मेरे, हिन्दी भाषा और साहित्य या नृत्य द्वारा पूरा करने की कोशिश करती रहती है । क्योंकि बातचीत का विषय हमेशा भारत से ही जुड़ा होता–वह अपनी बुआ, मौसियों और कजन की बातें करती कि कितना प्यार देते हैं वे सब ? कभी अपने नृत्य के गुरू के बारे में बताती । उसकी बातचीत में अक्सर अमरीका के प्रति आलोचना और भारत के प्रति स्नेह झलकता । वह कहने लगती–"पढ़ाई खत्म करके मैं भारत जाऊंगी... बड़ी अजीब बात है कि मेरे मां-बाप को मेरा भारत जाना पसंद नहीं जबकि वे खुद वहीं के हैं ।"

मैं यूं ही पूछ बैठी–"तुम्हें क्या लगता है कि तुम कहां की हो ?"

"मैं तो अमरीकी ही हूं, इसमें कोई शक नहीं... लेकिन मुझे यह देश पसंद नहीं... यहां के लोग पसंद नहीं । यह बात और भी बुरी लगती है कि मेरे मां-बाप भी इनके जैसे हैं... मेरी बड़ी बहन भी । उसने तो एक गोरे अमरीकी से शादी भी कर ली है... यूं उसमें मुझे कोई आपत्ति नहीं... अपनी पसंद की बात है । पर वैसे कह रहीं हूं कि मेरे घरवाले अपने-आप को गोरों जैसा समझते हैं–उन्हीं की तरह व्यवहार करते हैं । पहले मैं भी उनकी ही तरह थी पर अब समझ आने पर यह बात बड़ी अजीब-सी लगती है कि हम जो नहीं हैं, वह बनने की कोशिश करें... किसी और की नकल करें, जबकि हमारा अपना कल्चर इतना अमीर है ।"

कभी मैं उससे पूछ लेती कि भारत उसे क्यों इतना पसंद है, तो उसके पास कोई बहुत साफ़ जवाब नहीं होता था–सिवा कुछ चलती-सी बात के कि वहां लोग ज्यादा प्यार वाले, मिलनसार और भले हैं–यहां की तरह चालाक या निष्ठुर नहीं । मुझे लगता कि वह और भी शायद बहुत कुछ महसूस करती है और कहना चाहती है पर ठीक शब्द नहीं खोज पाती क्योंकि उसका वाक्य कुछ इस तरह ख़त्म होता कि बहुत कारण हैं... बहुत ज्यादा कि वह सब गिना नहीं सकती ! कभी इन कारणों में मौसम और रंग शामिल हो जाते, कभी हवा और माहौल, तो कभी नृत्य और संगीत और उनसे जुड़ी भारत की सांस्कृतिक सम्पन्नता ।

कभी-कभी मुझे लगता कि उसे भारत से एक तरह का रूमानी

जुड़ाव ही है... सच में जब वहां रहने लगेगी तो ऐसी बात नहीं करेगी। अभी सब कुछ ऊपर-ऊपर से ही देखा है इसने। पर ऐसा कुछ कहकर अभी से उसका मन तोड़ने की हिम्मत कभी नहीं की मैंने। यूं भी रूमानी रिश्तों के बनने या टूटने में कार्य-कारण की कोई स्पष्ट तर्तीब़ तो रहती नहीं। इसलिए कोई ज़बरदस्ती तोड़ने की कोशिश करे भी तो परिणाम अनर्थ या प्रलय ही हो सकता है।

पर एक बार बात-बात में वह ऐसा कुछ कह गयी जिससे मुझे लगा कि शायद भारत के साथ उसके रिश्ते को रूमानी कहकर मैं उसके साथ ज़ियादती कर रही हूं। शायद वह कुछ और गहरे कहीं महसूस करती है। पर वह ऐसा विषय है जिस पर साफ़ बात यहां कोई नहीं करता क्योंकि वह एक शर्मनाक घाव की तरह है जिसे हमेशा ढक दिया जाता है। फिर आख़िरकार वह एक सम्पन्न भारतीय परिवार की है। अमरीका की एक अभिजात्य यूनिवर्सिटी में पढ़ती है। उसका ऐसा कुछ कहना ढोंग ही लग सकता है कि सब कुछ होते हुए भी शिकायत ! पर उसके उन वाक्यों ने मुझसे वह अकथनीय कह ही डाला था। बात वही भारत को लेकर ही थी। कहने लगी—"वहां जाकर मैं वहीं की हो जाती हूं। कोई मुझसे यह नहीं पूछता कि मैं कहां से हूं... मैं किसी को विदेशी नहीं लगती। और यहां जहां कि मैं पैदा हुई हूं, जहां मेरा घर है, हमेशा से रहती आ रही हूं, यहां हर नया मिलने वाला सबसे पहले यह पूछता है कि मैं किस देश से हूं जैसे मैं अमरीकी हो ही नहीं सकती ! जबकि मैं भी उन्हीं की तरह यहां की नागरिक हूं ! यह सवाल चाहे मैंने अमरीकी कपड़े पहने हों या भारतीय, उठाया ही जाता है। दूसरी तरफ कोई गोरी लड़की अगर भारतीय पोशाक भी पहन ले तो भी उसे सब अमरीकी ही मानते हैं जैसे कि यह देश सिर्फ गोरों का ही हो !"

यूं मेरे लिए यह समझ पाना मुश्किल था कि यह लड़की चाहती क्या है ? एक तरफ हिन्दुस्तानीपन बनाये रखने की बात करती है, दूसरी तरफ इसे शिकायत है कि इसे अमरीकी नहीं माना जाता ! क्या यह हिन्दुस्तानीपन बनाये रखने की बात भी इसके विद्रोह का ही एक चेहरा है ? आखिर यह चाहती क्या है ! और जो वह चाहती है क्या उसे पाना मुमकिन है ?

एकाध बार उसने मुझसे विभागाध्यक्ष के खिलाफ भी कुछ कहना शुरू किया था कि भारत के प्रति उनका रूख कुछ संवेदनशील नहीं। पर मैंने ज्यादा तूल नहीं दी तो वह ख़ामोश हो गयी।

फिर एक दिन वह निश्चित वक्त से कुछ देर बाद घर पर आयी–अलमस्त, झूमती-झामती। मैंने कौतूहल दिखाया तो कहने लगी कि वह शॉपिंग करने हारलम गयी थी। हारलम काले अमरीकियों का इलाक़ा था जहां ज्यादातर गोरे अमरीकी जाने से घबराते थे।

"आप कभी गयी हैं हारलम ? बहुत सस्ती चीजें मिलती हैं। ये देखिये... यह स्वेटर... सिर्फ दस डालर में मिला... और यह टॉप छह में..."

वह थैले में से चीजें निकालकर बड़े उत्साह से दिखलाती चली जा रही थी।

फिर पता लगा कि उसने अपार्टमेंट भी हारलम में ले लिया है। एक दिन मुझे चैलेंज-सा करती हुई बोली, "आप तो कभी नहीं आयेंगी मेरे अपार्टमेंट... हारलम में जो है... वहां कोई नहीं आना चाहता। सब डरते हैं।... मुझको समझ नहीं आता सब डरते क्यों हैं... ये लोग तो गोरों से ज्यादा अच्छे हैं।"

उसकी बातचीत में गोरों का ही जिक्र दूसरी जाति के रूप में होता... कालों का नहीं।

इन दिनों वह बहुत उल्लास और उमंग से भरी दिखती। एक दिन किसी रौ में आकर बोली–"आपको एक खुशखबरी दूं ?"

"क्या बात है ? आजकल खूब खुश दिखती हो ?"

"हां, बहुत खुश हूं क्योंकि मुझे मेरा मनपसंद ब्वॉय फ्रेंड मिल गया है।"

"कॉन्ग्रेचुलेशन्स !"

वह जैसे कुछ और कहने को बेचैन थी पर मेरे सवाल के इंतिजार में थी।

"आपने पूछा नहीं कि कौन..."

"हां बताओ..."

"एक काला लड़का है।"

वह कुछ पल मेरे जवाब-टिप्पणी का इंतिजार करने के बाद बोली–

"आप शॉक्ड नहीं हुई ?... और सब को तो एकदम शॉक लगता है !"

"तुम्हारे मां-बाप को मालूम है ?"

"नहीं... वे तो एकदम गश खाकर गिर जायेंगे... अभी नहीं बताऊंगी ।"

पल भर को मुझे लगा कहीं यह सबको चौंकाने के लिए ही तो काले लड़के से दोस्ती नहीं कर रही । यह इसका अपने मां-बाप के खिलाफ या अपने देश के गोरों के खिलाफ प्रच्छन्न द्रोह भी तो हो सकता है । प्रगट में मैंने पूछा–

"क्या शादी करने की सोच रही हो ?"

"कर भी सकती हूं, पर अभी कुछ पता नहीं... यूं कल शाम मैं उसके परिवार से मिली थी... बहुत अच्छे लोग हैं वे... बहुत वार्म और विनीत... और बहुत सुसंस्कृत भी... यह लड़का जाज संगीत सीख रहा है। उसका पिता एक मशहूर कम्पोजर है... मां भी गाती है... पूरा परिवार संगीत में है ।"

"और तुम भी... तुम भी तो संगीत में हो ।"

उसके इन्टेस चेहरे पर पहली बार शर्मीली मुस्कान दिखी ।

"वे लोग हिन्दुस्तानी संगीत के बारे में भी जानना चाहते हैं... वे मेरी डांस परफार्मेन्स में आयेंगे । आप भी आयेंगी न ?"

"कब कर रही हो तुम ?"

"अगले शनिवार... आप ज़रूर आइएगा ।"

"तुम तो क्लास के लिए भी छोटा-सा नृत्य प्रदर्शन देने वाली थीं, उसका क्या हुआ ?"

"आप चाहती हैं कि दूं !"

"बिलकुल ।"

"तो ज़रूर दूंगी । अगली क्लास में तारीख़ तय कर लेंगे ।"

लेकिन उसके नृत्य-प्रदर्शन में मैं नहीं जा सकी थी । क्लास में से और कोई भी नहीं जा सका था । न ही अगली क्लास में वह क्लास के

प्रदर्शन की तारीख नियत करने के लिए वहां मौजूद थी, यहां तक कि उसके कई दिन बाद तक मैंने उसे देखा भी नहीं । वह क्लास में भी नहीं आयी । मुझे फिक्र होने लगी कि इसने शायद थीसिस का काम तो शुरू ही नहीं किया होगा... कहीं ज्यादा देर न हो जाये ।

इसके बाद जब वह क्लास में आयी तो मेरे थीसिस का सवाल उठाने पर उसने कहा कि वह इस बारे में पहले ही विभागाध्यक्ष प्रोफेसर फिशर से बात कर चुकी है और अगले दिन उनसे मिलने वाली है । प्रोफेसर फिशर का नाम लेते हुए उसके चेहरे पर अजीब उलझन-सी दिखी थी मुझे, जैसे कि कोई बड़ी मुसीबत में फंसने वाली हो !

मेरे नृत्य-प्रदर्शन की तारीख़ के बारे में पूछने पर रुखाई से बोली– "रहने दीजिये । किसी की दिलचस्पी तो है नहीं ।"

"ऐसी बात तो नहीं ।"

पर उसने चेहरे का रूखा भाव बनाये रखा और बात आगे बढ़ने नहीं दी । फिर मैंने उसके काले ब्वॉय फ्रैंड का हाल पूछा तो उसके चेहरे पर विद्रूप-सा झलका । धीरे से बोली–"ओह... देयर इज नथिंग सीरियस !"

लगा कि कुछ है जो मुझे बता नहीं पा रही । कहीं ऐसा तो नहीं कि इसने अपनी सहजता में मन-ही-मन उस काले परिवार को अपना लिया हो और वे अभी ऐसे अपनापे के लिए तैयार न हों ! आखिर उनकी दुनिया की ज़रूरत तो अनन्या को ही है । या इसे अपने मां-बाप का भी डर... ।

वह फिर कुछ दिन ग़ायब रही । क्लास से कुछ देर पहले दफ़्तर में आयी तो परेशान-सी लग रही थी–कुछ बिखरी-बिखरी-सी । कहने लगी–"ये बस अपनी बात बोलती रहती हैं । न तो इनको मेरी बात समझ आती है और मैं मुंह खोलूं तो झट ये कुछ कहकर चुप करा देती हैं मुझे... प्रोजेक्ट मेरा है या इनका... काम तो मुझे करना है... मैं भी चुपचाप सुनती रही... करूंगी तो वही जो मुझे करना है ।"

मैं समझ गयी थी कि वह विभागाध्यक्ष से मिलकर आयी है–पर मैंने खुलासा जानने की कोई जिज्ञासा नहीं दिखायी । यूं भी किसी प्रोफेसर के खिलाफ छात्र की बात सुनना मेरी अपनी नैतिकता पर सवाल लगा देता था । पर चूंकि उसकी सुपरवाइजर मुझ ही को होना था, इससे मैंने उससे

विषय के बारे में फैसला लेने की बात कही। मैंने उसे विषय के बारे में एक-दो सुझाव भी दिये, जो उसे अच्छे लगे। फिर वह बोली कि कल-परसों तक फैसला लेकर वह काम शुरू कर देगी।

इस दौरान मेरी विभागाध्यक्ष से भी बात हुई और वह बताने लगीं कि अनन्या काफी जटिल लड़की है सो उससे काम करवाने में मुझे दिक़्क़त तो होगी... अपने परिवार से भी उसकी तकरार चलती रहती है। पर मैंने आश्वासन दिया कि मुझे अनन्या के साथ कोई मुश्किल नहीं, वह पहले भी मेरे कोर्स ले चुकी है और अच्छा काम करती रही है।

अनन्या इस बार जब क्लास में आयी तो बताने लगी कि विषय का निर्णय उसने ले लिया है पर वह मेरे सुझाये विषय को नहीं लेना चाहती और अपनी मर्ज़ी से काम करना चाहती है। मुझे उसकी यह बात अजीब-सी लगी पर कुछ कहना भी ठीक नहीं लगा। वह परेशान-सी भी थी। मुझसे पूछने लगी कि विभागाध्यक्ष हिन्दुस्तान के खिलाफ लगते हैं तो मैंने कह दिया कि नहीं, ऐसी कोई बात नहीं। उसे मेरी असहमति अच्छी नहीं लगी। क्लास के बाद मुझसे बोली—"इस क्लास में मैं कुछ सीखती नहीं, क्या आपके साथ इन्डिविजुअल स्टडीज कर सकती हूं।"

आधा सेमेस्टर बीतने को था और यूं भी कोर्स कुछ आसान नहीं था। मुझे लगा वह बेबात ही ऐसा कह रही है क्योंकि इस क्लास में कम-से-कम आधे छात्र उसके स्तर के थे। मैंने कहा—"बात सिर्फ पढ़ने की ही नहीं, दूसरों के साथ विचारों के आदान-प्रदान की भी है... क्लास में रहोगी तो यह सब सहज होगा। यूं इस सेमेस्टर के लिए मेरे पास अलग से वक्त निकालना भी मुमकिन नहीं होगा।"

फिर मैंने गौर किया तो पाया कि क्लास में वह किसी से ज्यादा बात नहीं करती थी। दूसरे छात्र आपस में काफी मैत्रीभाव रखते थे... पर वह उनसे अलग-थलग ही रहती।

एक दिन क्लास में औरतों के विषय पर बात होने लगी। ज्यादातर विद्यार्थी भारत में औरतों के हालात पर शोक प्रकट कर रहे थे। अनन्या को यह सब अच्छा नहीं लग रहा था। वह बोल पड़ी—"ऐसा क्यों है कि हम जब भी भारत के बारे में बात करते हैं तो उसकी बुराई ही करते हैं जबकि भारत में तो औरतों की समस्या है ही नहीं।"

उसका यह कहना सभी को चौंका गया । सवालों की बौछार होने लगी कि ऐसा कैसे कह सकते हैं ? अनन्या कहती गई–"भारत में औरतें आज़ाद हैं, वे जो चाहे करती हैं... मेरी सारी बुआ या मौसियां डॉक्टर-इंजीनियर या प्रोफेसर हैं । कोई उन्हें मन का काम करने से रोकता नहीं । सब औरतों की इज़्ज़त करते हैं । उनके साथ विनम्रता से पेश आते हैं । उनकी भावनाओं की कदर करते हैं । उनकी पूजा करते हैं । औरतों की समस्या सिर्फ इस देश में है... यहां औरतों की कोई इज़्ज़त नहीं । उन्हें कमअक्ल, नीचा और गैरज़रूरी समझा जाता है... वे यहां सिर्फ सेक्स का ऑब्जेक्ट मानी जाती हैं, इससे अलग उनकी कोई जगह नहीं ।"

क्लास के दूसरे अमरीकी छात्र उसकी बात से भड़क गये । एक छात्रा बोली–"तुम बात क्या करती हो ? भारत में तो औरतें न अपनी मर्ज़ी से शादी कर सकती हैं, न कहीं आ-जा सकती हैं । पहनने-ओढ़ने की छोटी-छोटी बातों पर जहां पहरे लगे हैं, वहां तुम औरत को आज़ाद कहती हो !"

फिर सबके थैलों में से हिन्दुस्तानी औरतों से जुड़ी एक-एक करके अनेक समस्याएं निकालकर मेज पर धरी गयीं–सती-प्रथा, बलात्कार, पति द्वारा प्रताड़ना, दहेज-हत्याएं, विधवा-विडंबना ।

एक दूसरी छात्रा बोली–"भारत में तो लड़की के कुंआरी होने को इतनी अहमियत दी जाती है कि उसके बिना शादी तक होना मुश्किल है... जबकि आदमी खुद जिस किसी से जो कुछ भी करे ।"

अनन्या बोली–"नहीं । अब ऐसा नहीं है... मुझसे बहुत से लड़के शादी करना चाहते थे, पर मैं तो कुंआरी नहीं ।"

"पर क्या तुमने बता दिया था कि तुम कुंआरी नहीं हो... जरा बताकर तो देखती ।"

"खैर ! ऐसा कोई सवाल तो उठा ही नहीं वर्ना बता देती और मुझे नहीं लगता कि उससे कुछ फ़र्क़ पड़ता ।"

वह कुछ ढीली पड़ी । फिर भी अपनी बात पर अड़ी रही ।

"मैं यह नहीं कहती कि भारत में कोई समस्या है ही नहीं... पर ज्यादातर समस्याएं अमरीका में हैं... यहां कहीं ज्यादा बलात्कार होते हैं... कहीं ज्यादा घरेलू हिंसा की शिकार औरतें होती हैं । पर जब अमरीका के

बारे में हम बात करते हैं तो यहां की तरक़्क़ी, उच्च शिक्षा और अमारत की बात करते हैं और जब भारत की बात हो तो हमेशा कोई-न-कोई नकारात्मक पक्ष ही उठाया जाता है। क्या मैं पूछ सकती हूं कि ऐसा क्यों होता है ?"

वह बात कहते-कहते बहुत आवेश में आ गयी थी कि क्लास में अचानक बड़ी अटपटी ख़ामोशी छा गयी। अब मेरा दखल जरूरी था।

अनन्या की इस बात से मैं खुद सहमत नहीं थी कि हिन्दुस्तान में औरतों की समस्या है ही नहीं। मैंने कहा-"देखो अनन्या, आत्मलोचन आत्मविकास की ही एक प्रक्रिया है। इसलिए आलोचना को नकारात्मक मान उससे दूर भागना कोई अक्ल की बात नहीं। दूसरे, यह कहना कि भारत में औरतें आज़ाद हैं और मनमर्ज़ी से जो चाहे करती हैं तो वह भी गलत है। अभी तुमने भारत को देखा ही कितना है ? एक बार वहां रहने लगोगी तो औरतों की असली हालत पता लगेगी। तुम्हारी यही मौसियां और बुआएं तब तुम्हें अंदरूनी सच्चाईयां बतलायेंगी।"

मेरी बात एक तरह से उस विवाद में हार-जीत का अंतिम फैसला सुनाना था। मैंने देखा अनन्या के चेहरे पर अचानक मुर्दनी-सी छाने लगी है। जैसे कि एक ही व्यक्ति जिस पर उसे भरोसा था, उसने भी उसका साथ न दिया और अचानक वह एकदम अकेली पड़ गयी। वह उठ खड़ी हुई-"मुझे आज जल्दी जाना है... माफ कीजियेगा, मैं चलूंगी।"

मुझे जैसे कुछ ध्यान हो आया कि वह कह रही थी कि एक बजे उसे कहीं जाना है पर अभी तो साढ़े बारह ही बजे थे।

"पर तुमने तो एक बजे जाना था न ?"

वह कुछ परेशान-सी बोली-"ओह ! एक बजे जाना था ! तो एक नहीं बजा ? लेकिन मुझे तो जाना है।"

वह कमरे से बाहर हो गयी तो एक लड़की ने कहा-"बड़ी अजीब-सी लड़की है यह ! क्या आप इसे जानती हैं ?"

यूं अनन्या का प्रस्थान अजीब तो सभी को लगा था पर इस वजह से उसका खुद यह विशेषण बन जाता, मुझे भाया नहीं था।

"अजीब तो नहीं, कुछ अपने ही ढंग से सोचती है यह लड़की। आज शायद कुछ डिस्टर्ब्ड-सी थी... क्या जाने क्या कुछ होता रहता है

तुम जवान लोगों की दुनिया में ?"

और मेरा आख़िरी वाक्य जिस अंदाज़ से कहा गया था, सब मंद-मंद मुस्कुरा पड़े। पर कहने के बाद मैं खुद ही कुछ उदास हो आयी थी। मन में कुछ कचोटता-सा रहा जबकि वजह बहुत साफ नहीं थी।

अनन्या अगली क्लास में फिर नदारद थी। उसके बाद वाली क्लास में वह कुछ देर आयी थी। पर जो हाल उसने अपना कर रखा था, अगर सड़क पर मिल जाती तो मैं पहचान भी न पाती। बाल एकदम बिखरे जैसे कि कई दिनों से कंघी न फेरी गई हो। चेहरा मैला और बुझा-बुझा-सा जैसे कि चार दिन से धोया न हो। और सबसे ज्यादा हैरानी की बात तो यह थी कि उसने सिर से पैर तक काले कपड़े चढ़ाये हुए थे--काली स्कर्ट, काला ब्लॉउज और काले ही स्टाकिंग्ज और बूट, जबकि हिन्दुस्तान से लौटने के बाद से उसे खिले रंग पहने ही देखा था। उसने एक बार खुद मुझसे यह कहा था कि सारी हिन्दुस्तानी लड़कियां जब खूबसूरत, आकर्षक और स्मार्ट लगना चाहती हैं तो काला लिबास पहनती हैं। उन पर काला रंग फबता भी है और एक अमरीकी ढंग का अभिजात्य सौंदर्य आ जाता है। इसलिए अगर किसी पार्टी में जाइए तो 90 प्रतिशत अमरीकी-हिन्दुस्तानी लड़कियां काले रंग की ही अलग-अलग किस्म की पोशाक पहने होंगी ! पर वह उस भेड़चाल में शामिल नहीं होना चाहती थी। और भारत जाने के बाद से विकल्प मिल भी गया था। अब उसके पास बेशुमार खिले रंगों के पहनावे थे। दूसरी हैरानी की बात यह थी कि वह कोकाकोला की बोतल मुंह में लगा चुस्कियां ले रही थी जबकि मुझे याद था कि मेरे घर पर इसने कोक पीने से इन्कार कर दिया था और कहती थी कि वह सिर्फ चाय या जूस ही पीती है... कोक या दूसरे सोडे वाले अमरीकी पेय नहीं पीती।

वह सबसे पीछे चुपचाप बैठ गयी थी। मैंने अपने-आप से कहा कि क्लास खत्म होने के बाद ज़रूर बात करूंगी। इसका यह व्यवहार कुछ सहज नहीं लगता।

क्लास खत्म होने में अभी आधा घंटा बचा था कि वह झटके से उठी और सीधे दरवाजे की राह ली। इससे पहले कि मैं कुछ कहती, वह हवा के तेज झोंके की तरह मेरी कक्षा की हद से बाहर हो चुकी थी।

मैंने सोचा इसका मूड कुछ ऑफ लगता है आज । शायद क्लास में बात करूंगी । छात्र जब तक खुद न मदद मांगे, उनके व्यक्तिगत जीवन में हस्तक्षेप यूं भी उचित नहीं ।

ऐसा तो मैं कभी नहीं सोच सकती थी कि वही क्लास उसके लिए मेरी आख़िरी क्लास थी । सोच पाती तो चाहे उसी दिन उसे रोक लिया होता ।

उसके बाद तो बस फोन पर फोन ! बस, आवाजों का ही एक लंबा सिलसिला !

अनन्या ने ही मेरी आन्सरिंग मशीन पर संदेश छोड़ा हुआ था–"प्लीज प्रोफेसर वर्मा ! इस क्लास में मैं सच में कुछ नहीं सीखती । क्या मैं आपसे अलग से नहीं मिल सकती ! भारत जाकर मैंने बहुत कुछ सीख लिया है... इन सब क्लास के लोगों को कुछ नहीं पता ।... ये लोग कुछ नहीं समझते हैं । न समझना चाहते हैं... सब एक ही तरह से बात करते हैं... बस, एक एटीट्यूड-सा बना है भारत के बारे में... मैं आपको दुबारा फोन करूंगी... मुझे इस बारे में आपसे बात जरूर करनी है !"

फिर एक फोन था विभागाध्यक्ष का । फोन उठाते ही बरसे थे स्वर !

"तुम्हें पता है कल क्या किया इसने ? एकदम नाईटगाउन में नंगे पैर चली आयी मेरे ऑफिस... ऊंचा-ऊंचा चिल्लाने लगी... मैंने कुछ कहा तो मुझ पर हमला करने लगी... हां, मेरे शरीर पर हमला... मैंने तुम्हें कहा था न... शी इज सीजोफ्रेनिक... शी इज सिक ।"

"किस की बात कर रही हैं आप, मैं कुछ समझी नहीं ?"

"अरे, उसी अनन्या की ! और किसकी ? यह तो शुक्र करो कि मेरी एक छात्रा मेरे पास बैठी थी । वही बीच में आ गयी वर्ना इसने तो मुझे मार डालना था । पता नहीं हो क्या गया है इसे... सोचो तो... ठंड में नंगे पैर... कहती है कि हिन्दुस्तान में हजारों लोग नंगे पांव चलते हैं... इसमें बड़ी बात क्या है... हर वक्त इंडिया और अमरीका की तुलना करती रहती है । पता नहीं क्या फ़ितूर भर गया है इसके दिमाग में ! तुम्हारे साथ कुछ उल्टा-सीधा व्यवहार नहीं किया इसने ?"

"इधर कुछ फ़र्क़ तो दिख रहा था उसके बर्ताव में । उस दिन

क्लास से बिना कुछ बताये उठकर चली गयी... लेकिन ऐसा कुछ अवांछित व्यवहार तो नहीं..."

"अरे, मैं कहती हूं वह लड़की पागल है... मेरे पीछे पड़ गयी कि मैं इंडिया का अपमान करती हूं... इंडियन्स के लिए मेरे मन में इज़्ज़त नहीं... कि सारे अमरीकी इम्पीरियलिस्ट और रेसिस्ट हैं... मैं कहती हूं पढ़ाई वगैरह उसके बस की नहीं ।"

"अभी वह है कहां ?"

"वहीं जहां उसे होना चाहिए था... दफ़्तर से निकलकर सुना है उसने टैक्सी ली थी... टैक्सीवाले से बोली कि एयरपोर्ट ले चलो... वह कोई भलामानुस था... उसका पहनावा... नंगे पैर वगैरह देखकर समझ गया कि हालत ठीक नहीं सो सीधे अस्पताल ले गया... अभी वहीं दाख़िल है। उसके मां-बाप को इत्तिला दे दी गयी है ।"

एक फोन डीन का था–"अब वह कैम्पस पर नहीं रह सकती... अगर आप सोचती हैं कि वह काम कर सकती है तो अपने घर से ही काम करके भेज दे । यहां उसका रहना खतरे से खाली नहीं... उसने प्रोफेसर फिशर पर हमला किया है... वह किसी के लिए भी ख़तरनाक हो सकती है ।"

मैं कहती रहती हूं–"पर ऐसा तो कुछ मुझे लगा नहीं था... वह ठीक से ही काम कर रही थी और सामान्यतः बड़ी मेधावी और मेहनती है। यह सब..."

लेकिन मेरी बात का असर नहीं होता । जिस पर एक बार संदेह का धब्बा लग गया, अब जाने क्या कुछ करना होगा संदेह मिटाने को ? उल्टे और भी बढ़ी-चढ़ी कहानियां–क्या पता कब आक्रामक हो जाये... दौरा पड़ जाये । यूं मैं खुद भी दावे के साथ क्या पैरवी कर सकती थी ? मैं तो बस हैरान-परेशान थी कि कितना कुछ उसके भीतर घट रहा था जिससे मैं इस क़द्र अनजान रही... बहुत कुछ देखकर भी कितना कुछ नहीं देख पायी !

विभागाध्यक्ष का फिर फोन–"उससे कुछ नहीं होगा... पढ़ाई करना उसके बस की बात नहीं... आई डोंट थिंक यू शुड वेस्ट यूअर टाईम ।"

मेरी कुछ समझ नहीं पड़ता है । अस्पताल में उसके मां-बाप के

अलावा और कोई नहीं मिल सकता ।

अब उसकी मां बैठी है मेरे सामने ! क्षुब्ध, त्रस्त । अंगारे-सी जलती और जला देने को आतुर !

"आप काम बता दीजिये न... मैं सारा काम करवा लूंगी... वह ठीक हो जायेगी... इस प्रोफेसर फिशर ने उस पर इतना दबाव डाला कि दो हफ्ते के अंदर-अंदर उसे थीसिस खत्म करना ही है... बस काम का प्रेशर बढ़ जाने से उसका ब्रेकडाउन हो गया है... डॉक्टर कहता है कि तीनएक महीने में वह एकदम दुरुस्त हो जायेगी और कॉलेज का काम कर सकेगी... आप बस इतना कर दीजिये कि कल ही सारे मैटीरियल की फोटोकॉपी बनाकर दे दीजिये । आगे मैं संभाल लूंगी ।"

उसे यह समझ नहीं आ रहा था कि बेटी की मौजूदा हालत के बारे में मुझे कितना बताये या मुझसे कितना छिपाये–न ही उसे यह अंदाज़ा था कि मुझे मालूम है या नहीं मालूम । इस वक़्त उसकी एक ही वृत्ति थी कि किसी तरह उसकी बेटी को डिग्री मिल जाये । बेटी को सचमुच में क्या हुआ है, इस पर गौर करने से भी ज्यादा बी.ए. की डिग्री की फिक्र थी उसे !

मन उदास-सा हो गया । लगा कि यहां से घर जाकर भी क्या दुरुस्त हो पायेगी वह ?

उसकी मां कहे जा रही थी–"मैं तो पहले ही नहीं चाहती थी कि इतना दूर न्यूयार्क में आकर पढ़ाई करे... मेरे पास होती तो अब तक बी.ए. खत्म कर चुकी होती... इसी की जिद थी आने की... अब तो यहां कभी नहीं भेजूंगी..."

मुझे बार-बार बस एक ही बात का ध्यान आता रहा कि उस दिन उसने काला लिबास क्यों पहना था और जो पहना था तो अगले ही दिन वह प्रोफेसर फिशर के कमरे में इस तरह से लड़ने क्योंकर पहुंच गयी ? किस हक से लड़ रही थी वह–एक अमरीकी के हक से या फिर अमरीका में रहने वाले हिन्दुस्तानी के हक से ! या कि कुछ और ही गणित था उसका... तर्क से परे... हम सबकी समझ से परे... डीन... प्रोफेसर फिशर या इस सामने बैठी उसकी मां की आवाजों के परे...

एक व्यक्ति क्या कुछ हो सकता है ?... कितने-कितने तरह के

शब्दों में बंधा-तुला, कितनी-कितनी किस्म की आवाजों में कैद... यह मेरी समझ की कमी है या उन आवाज़ों की जिनसे मैं आज बुरी तरह से घिर चुकी हूं... आवाजों के ये टुकड़े उन बर्फ के ओलों की तरह हैं जो जमीं पर बर्फ बनने से पहले ही पिघलकर तबाह हो जाते हैं... और मैं सुनती हूं सिर्फ उस टूटने को... उस चिथड़ा-चिथड़ा होती हस्ती को... जो अपनी ही कोई आवाज़ बुन रही है... बस, डर लगता है कि आवाज़ बुने जाने से पहले ही कहीं टूट-बिखर न जाए...

**

11. झाड़

ठा ! ठा ढिशुभ ! ढिशुभ !
क्ड़िंग ! क्ड़ांग ! ढाम ! ढाम !
ट्रडिश ! क्डिश ! डूश ! ग्डूश !

धातु के वस्त्र पहने किसी दूसरे लोक के जीव बड़ी तेज गति से रंगीन चमकीले परदे के एक सिरे से दूसरे सिरे तक तैर जाते हैं । लेजर की किरणों के नुकीले अस्त्रों से एक-दूसरे को चीरते ये मशीनी पुतले किसी अजीबो गरीब दानवी युद्ध में रत थे । यह भी पता नहीं लग रहा था कि भले लोग कौन हैं और बुरे कौन ? सभी बस एक-दूसरे को हड़प जाने को आतुर । सभी मारा-मारी पर उतारू । प्रजातंत्र ने एक भला काम तो किया ही कि सबको बराबर का बुरा बना दिया ! बटन दबाते ही कितने ही मानवीय पुतले धड़ाधड़ धराशायी हो जाते, कुछ अंतर्ध्यान हो जाते और फिर कुछ नयी फौजें टी.वी. के परदे पर प्रगट हो जातीं—और ढिशुम-ढिशुम का कर्ण-कटु कोलाहल जारी रहता । कभी ये मानवीय पुतले मछली या नक्षत्रों के आकार ले लेते और हड़पा-हड़पी का खेल उसी अंदाज़ में चलता रहता ।

बैगी जीन्स और स्नीकरों में पालथी मारकर आगे को झुका बैठा मिसेज सक्सेना का दौहित्र इस तरह टी.वी. के पर्दे पर आंख गड़ाये था जैसे कि आंख हटते ही वह पर्दा कहीं ग़ायब हो जायेगा और उसे हर तरह से बचाकर रखना था क्योंकि उसकी अपनी जान कहीं इस पर्दे में ही कैद थी । हरी कमीज पहने गोल-मटोल डील का दौहित्र टी.वी. के विशाल और रंगीन पर्दे के सामने कछुए-सा गड्डमड्ड होकर पसरा दीख रहा था । मिसेज मालती सक्सेना को इस सारे खेल में कोई तुक समझ नहीं आ रही थी और सबसे ज्यादा बेतुकी बात तो यह लग रही थी कि उनका इकलौता दौहित्र समीर उर्फ सैम बैनर्जी इन बेसिर-पैर की तस्वीरों में क्या तुक पाता

है ? और यह मारा-मारी न हो तो फिर वेसबाल का मशीनी खिलौना लेकर बैठ जाता है... बस बटन दबा-दबाकर स्कोर हासिल करता रहता है और महसूस यह करता है जैसे कि वेसबाल खेल में महारत हासिल कर ली है । जो खेल ही भाग-दौड़ का है, उसे बटन दबा-दबाकर बैठे-बैठे खेल डालना महारत का काम कैसे हुआ ? यह मिसेज सक्सेना की समझ में कतई नहीं आता !

सच्चाई को हाथ में पकड़कर महसूस कर सकने वाले ये कृत्रिम और सजे-सजाये डिब्बों में पैक्ड नमूने सच्चाई पर अधिकार का कितना झूठ भ्रम दे देते होंगे ? इसका वह अनुमान ही लगाती रहती थीं और सोचती थी कि वक्त ने शायद उन्हीं को कितनी जल्दी पीछे छिटक दिया है या फिर वक्त की चाल कुछ ज्यादा ही तेज हो गयी है कि उनका पचपन वर्षीय शरीर अब उसके बराबर नहीं चल पाता ।

यूं वह वक्त से पीछे रहने वालों में से थीं नहीं । हमेशा अपने वक्त से आगे ही रही । अपने फ्रेंच स्टाइल के कटे बालों को सहलाती वह सोचती हैं कि अपने वक्त की आधुनिकता को तो उन्होंने जज़्ब किया ही था-फिर वह चाहे अपने कॉलेज में अव्वल आना हो या कि उच्च सरकारी अफसर बनना हो या रहन-सहन और ओढ़ने-पहनने के आधुनिक तौर-तरीके अपनाने हों ! वह तो अपनी बेटी की पीढ़ी के भी साथ चलती रहीं । अपनी इकलौती बेटी अन्विता के साथ पूरा-पूरा सम्प्रेषण बना रहा । बिटिया मां की विद्वत्ता का, उनके विचारों का हमेशा सम्मान करती रही । दोनों मां-बेटियों की एक-दूसरे की ज़िंदगी से भरपूर शिरकत रही । बस वह तो अन्विता की शादी हो गयी-मां-बेटी को बिछड़ना पड़ा । अन्विता तो उन्हें बुलाती रही है कि उसके पास आकर रहो पर मां को अपनी गृहस्थी से ही फुर्सत कहां । शुरू में तो अन्विता खुद ही हर साल मां के पास फेरा लगा आती थी । फिर समीर पैदा होने के बाद गयी तो साहबजादे बुरी तरह से बीमार पड़ गये । फिर तो बिटिया रानी ने कसम खा ली कि जब तक बेटा एकदम पलकर दस-बारह साल का नहीं हो जाता, वह भारत नहीं जायेगी ।

मिसेज सक्सेना पांच साल बाद आयी हैं... बस अपने नाती का मोह करके । नाती जो कि इस दौरान सात साल का हो गया है और एक तरह

से पहली बार होश में अपनी नानी मां से मिल रहा है । दोनों का मिलना ऐसा है जैसे दो दुनियाओं का मिलना ! नानी का हृदय तो पहले से ही लबालब भरा है नाती के मोह से । लेकिन उसे नाती तक पहुंचाने का सही जरिया ही उन्हें नहीं मिलता । और नाती के लिए वह एक अजीबो गरीब दुनिया की नुमाइंदा हैं । उन्हें यह भी समझ नहीं आता कि यह इंसान उसमें इतनी रूचि भला लेता भी क्योंकर है ? यूं इसी वजह से नाती में भी उनके प्रति रूचि पैदा हो गयी है... लेकिन वह अब अपने आप में ख़ासा आज़ाद जीव है । उसकी ज़िंदगी का सिलसिला भी काफी बंधा हुआ है—जैसे कि सुबह आठ बजे स्कूल जाना, तीन बजे बेबीसिटर के साथ घर आना, होमवर्क करना और टी.वी. देखना । सात बजे के करीब मॉम-डैड लौट आते हैं... मॉम उसे खाना देती है और फिर कुछ टी.वी. देखकर वह सोने चला जाता है । इस बंधी दिनचर्या में किसी भी बाहर वाले रिश्तेदार वगैरह के लिए कोई जगह नहीं बची थी ।

इसलिए नानी ने जिसकी जगह ली, वह थी बेबीसिटर । और चूंकि समीर का स्कूल गर्मी भर के लिए बंद था, इसलिए बेबीसिटर का काम सुबह से रात तक फैला हुआ था । कभी मिसेज सक्सेना को किसी जान-पहचान वाले के यहां जाना होता तो अन्विता बेबीसिटर को बुला लेती । पर नानी के पास जाने की कोई ज्यादा जगह थी ही नहीं, इसीलिए सिवा दौहित्र में आंख गड़ाये रहने के और कोई काम भी नहीं । कैसी सूनी-सी तो जगह है । चारों तरफ या तो खुले मैदान या सूखे झाड़-झंखाड़ ! गर्मियों में हरियाली जरूर छा जाती है... पर उस हरियाली में न तो सघनता होती है, न ही उत्तानता । नानी तो आदी है आसाम और बंगाल के घने जंगलों की । खूब सघन, लम्बे-ऊंचे पेड़ । सीलन और ऊष्मा से जन्मे—आर्किडों की गंध में मथे । शेर, चीतों और गैंडों के झुंडों से आतंकित । जब बहुत छोटी थी तब पापा ने शेर का शिकार किया था । उस शेर की धारीदार खाल अभी भी उनके कलकत्तावाले घर की बैठक में दीवार पर सजी है । यहां मिडवेस्ट अमरीका के इस छोटे-से शहर में न पहाड़ है, न जंगल... बस जमीन का फैलाव भर है... अंतमुक्त फैलाव । पौधों से चितरा । मक्का के खेतों से चितरा । या फिर घास को ओढ़े हुए । पौधे—जो पेड़ नहीं बन पाते, बस झाड़ बनकर रह जाते हैं । पूरा-का-पूरा

प्रांत जैसे कोई बौना हो या कुबड़ा जिसके पास सीधे खड़े होने की ताकत नहीं। लोग रोजमर्रा की ज़रूरतों के मारे वहां टिके ज़िंदगी से और कुछ अपेक्षा भी नहीं करते–बस रोज़ की ज़रूरत चलती रहे। जरूरतें भी और उनको मुहैया करने के साधन भी। बिना उन जरूरतों के भी तो ज़िंदगी सरकती नहीं।

जब समीर दो साल का था तब भी मिसेज सक्सेना एक महीने के लिए आयी थीं यहां। उसका जन्मदिन था। बड़े अजीब-अजीब-से बदसूरत खिलौनों से खेलता था वह, बड़े बेढब कछुए जैसे आकार के। जन्म दिन पर कछुए का वेश धरकर एक बहुरूपिया आया था बच्चों का मनोरंजन करने। अजीब-अजीब-से कछुए की घघड़-घूं करती आवाज़ में गाने गाये गये। सारे बच्चे उस कछुए से ऐसे मोहित हुए मानो संसार की सबसे नायाब चीज एक कछुआ ही हो। कहां तो मिसेज सक्सेना बचपन में राजा-रानी के खेल खेलती थी या उनकी बेटी सिंडरेला और रैड राइडिंगहुड के। तब अन्विता कहा करती थी कि जब वह राजकुमारी बनेगी तो सब के कष्ट दूर कर देगी। अब रोज सुबह अन्विता स्कर्ट ब्लाउज पहन तैयार होकर अपने काम को निकलती है तो मिसेज सक्सेना की छाती गर्व से फूलने लगती है–उनकी बेटी खूबसूरत भी है और कितनी होशियार भी ! दुनिया भर के मुद्दों से जुड़ी... दुनिया भर के मसले सुलझाती ! कम-से-कम ऊंचाई को छूने की एक ललक तो होनी चाहिए न। उसके पापा कहा करते थे कि आसमान को छूने के सपने देखोगी तो कम-से-कम बादल तो छू लोगी... जिसने ऊंचाईयों के सपने ही नहीं देखे, वह पहुंचेगा कहां ! उनकी अपनी बहन के पोते के हीरो थे सुपरमैन और पीटरमैन, जो अभी पंद्रह-सोलह साल से ज्यादा के नहीं थे। और उनके अपने पोते के हीरो हैं यह मिस्टर कछुआ। पता नहीं इतने बौने क्यों होते जा रहे हैं ये हीरो ? वह पड़ोसवाली लड़की भी तो बंदगोभी के आकार की ठिगनी-सी गुड़िया लिये घूमती थी। बौनेपन से अजीब लगाव है इस शहर को। साधारणता का सम्मान करते-करते खुद ही साधारण हो जाना या होने की कामना करने लगना क्या श्रेयस्कर है ?

कितनी दूर है उनका नाती उनसे ? उनकी अपनी नानी उनसे कहा करती थीं "तेरे बच्चों के साथ मेरा कोई संवाद नहीं होगा, क्योंकि तब

तो मैं परनानी हो जाऊंगी। पंजाबी की एक कहावत है कि पड़ पया तो साख गया यानी कि संवाद गया।"

मिसेज सक्सेना सोच रही थीं कि वह तो नानी ही हैं, परनानी नहीं पर उनका तो दौहित्र से लाख कोशिश करके भी संवाद बनता ही नहीं। न ही उसका अपने मां-बाप से ही कोई गहरा संवाद दिखता है सिवाय इसके कि मां-बाप ने उसे जो मर्जी आये करने की इजाज़त दी हुई है इसलिए उनकी आपस में टकराहट ही नहीं होती और ऊपर से सब ठीक-ठाक ही दिखता है। तो किससे है संवाद ? इन बौने, बदसूरत और मारधाड़ी खिलौनों से ? सेल्यूलायड के द्रवणशील बिम्बों से ?

अन्विता उसे लिखती रहती थी–"मम्मा, हमारे पास आकर रहो न। यह लड़का तो एकदम अमरीकी होता जा रहा है। हम लोग अपने काम में इतने मसरूफ रहते हैं... यूं अपनी तरफ से कोशिश तो करते हैं कि उसके साथ ज्यादा-से-ज्यादा वक्त गुजारें पर हो नहीं पाता... सैकड़ों घर-बाहर के धंधे लगे ही रहते हैं।... और तो और, उसमें हिन्दुस्तानियत तो कतई है ही नहीं। या तो हममें ही नहीं बची। इसी से हम उसे दे नहीं सके... या फिर बेबीसिटर के साथ ज्यादा वक़्त गुजारता है इसलिए।... अमरीकी दोस्त, अमरीकी खाना... सब कुछ यहीं का पसंद है... मुझे अजीब लगता है कि मेरा अपना जाया मुझसे इतना अलग बन रहा है। उसमें अपने अमरीकी होने का गर्व भी भरता जा रहा है, जो शायद सही ही है... जैसे कि उसकी परवरिश पर हमारा कुछ बस ही नहीं... चाहे कहने को हम उसके मां-बाप हैं, हमसे ज्यादा जोरदार पुरअसर है यहां का माहौल !..."

एक दिन अन्विता ने समीर से कहा था–"नानी से हिन्दी में बात कर।"

यूं मिसेज सक्सेना अंग्रेजी में अच्छी तरह बात करती थीं पर घर पर उन्हें अन्विता से हिन्दी में ही बोलने की आदत थी, इसी से समीर कुछेक शब्द सीख गया था। पर उसने मां के कहे को सुनकर बड़ी सोच-समझ के भाव के साथ अनसुना किया।

अन्विता ने फिर कहा–"नानी से हिन्दी सीख ले।"

वह पलटकर बोला–"नो ! आई डोंट वांट टु लर्न हिन्दी।"

"तुझे मालूम है हिन्दी हमारी नेशनल लैंग्वेज है ?"

"नॉट माईन । आई वाज बार्न हेयर ।"

जिस तरह उसने कंधे उचकाकर और मुंह का थूथन बनाकर यह बात कही उससे लग रहा था कि उस लड़के को अच्छी तरह से मालूम था कि वह कौन और क्या है ? और वह मां-बाप से अलग हस्ती से भी वाक़िफ़ था । मिसेज सक्सेना उसके जवाब से एकदम सन्न रह गयीं ।

कुछ देर बाद वह कुछ कहने को होती हैं और उनके मुंह से 'समीर' निकलते ही समीर कह डालता है–"प्लीज कॉल मी सैम । माई नेम इज सैम ।"

उनका कानपुर आई.आई.टी. का पढ़ा समझदार-सुसभ्य इंजीनियर जंवाई उन्हें समझाता है–"मम्मा ! आप लोग भी तो पाकिस्तान से आये थे... पर जब हिन्दुस्तान में रहने लगे तो खुद को हिन्दुस्तानी ही मानते हो । ऐसे ही समीर का देश तो..."

उनको दोनों स्थितियों में कोई खास साम्य नहीं दीख रहा था कि उनकी तुलना की जाये । क्योंकि उनको तो लगता है कि किसी ने उनके वतन के एक टुकड़े को छीनकर ही उसे कोई और नाम दे दिया था ।

छुट्टियों में अन्विता जब काम पर चली जाती है तो मिसेज सक्सेना को पूरा दिन ही सैम की बेबीसिटिंग में बिताना होता है । यूं उन्हें यह काम बुरा नहीं लगता । रिटायर होने के बाद उन्हें दो ही कामों से सुख मिलता है–परिवार और दोस्तों से गप्पबाजी और किताबें पढ़ना । इतनी दूर फ़ासिला तय करके वह अमरीका में आयी भी इसलिए हैं ताकि बेटी की ज़िंदगी में कुछ शरीक हो सकें और खासकर अपने नाती को करीब से जान सकें । ज़िंदगी भर दफ़्तर की नौकरी के बाद अब तो इन नन्हें-मीठे सुखों की फुर्सत मिली है । परन्तु अब अन्विता की नौकरी बड़ी जिम्मेदारी की है । यह अपने शहर की सरकार में समाजसेविका है । कई तरह की ज़िम्मेदारियां हैं उसकी–खासतौर से वह नशीली दवाओं से सेवन करने वाले मां-बाप के लापरवाही से पल रहे बच्चों की मदद करती है । उनके लिए सही घर, सही मां-बाप खोजती है । सही मां-बाप को वह बच्चा गोद दिलवाती है । जज के सामने केस तैयार करके पेश करती है कि बच्चों की पिटाई करने वाले और अपने अधिकार का दुरुपयोग करने वाले

इन मां-बापों से बच्चा छीनकर उन्हें दिया जाये जो पालन के लिए ललक रहे हैं और अपने पालन के कार्य को पूरी सामर्थ्य के साथ निभाने को तत्पर हैं। कितनी भाग-दौड़ करती है बेचारी अन्विता ? दिनभर कभी कोर्ट में, कभी अनाथालय में, कभी घरों के चक्कर लगाती है। रोज़ एक नयी कहानी होती है उसके पास। सौतेले बाप की जवान बच्ची से छेड़छाड़। नशे में चूर मां का बेटी को मार-मारकर बेहोश कर देना... ऐसी कितनी ही कहानियां।

मिसेज सक्सेना की यही कोशिश है कि ये जो चार-पांच महीने बेटी के पास गुज़ारने हैं, उनमें किसी तरह से नाती के साथ एक रिश्ता बन जाये। आखि़र उनकी एक बेटी ही तो है और ले-देकर यह इकलौता नाती।

और वे उससे संवाद स्थापित करने की भरसक कोशिश करती हैं। उसी प्रयास में वह उससे बात करने की कोशिश करती हैं–

"अच्छा, यह बता तुझे पसंद क्या है ?"

वह चुप रहता है, लेकिन उनकी ओर देखता रहता है कि मतलब क्या है ?

"बता न, तुझे सबसे ज्यादा इस दुनिया में क्या पसंद है ?"

जवाब मिलता है–"वेसबाल... बास्केटबाल... फुटबाल !"

और वह अपनी मशीनी बेसबाल लाकर उनके सामने बैठ खेलने लगता है। खेल में रमता हुआ वह बेहद उत्साहित हो जाता है और नानी को अपना स्कोर बताने लगता है। नानी पूछती है–"कैसे खेलते हैं ?" वह खेलते-खेलते दो-एक बार कह देता है–"ऐसे।" और खेल जारी रखता है। इतना आसान खेल है कि नानी को तो समझ में आ ही गया होगा ! वह बेहद खुश है क्योंकि नानी की उपस्थिति में उसे बढ़िया स्कोर मिल रहा है।

लेकिन नानी चाहकर भी खेल में अपनी रुचि कायम नहीं रख पाती और न ही खेल उन्हें कुछ समझ आता है। नानी की बेज़ारी भांप वह भी खेल छोड़ देता है और टी.वी. लगाकर बैठ जाता है। टी.वी. में भी कोई गेंद का खेल ही चल रहा है। वह उसे देखने में मस्त हो जाता है। नानी को खेलों में वैसे भी कभी कोई रूचि नहीं रही। स्कूल में भी

उन्होंने खेलों में हिस्सा नहीं लिया । बस पढ़ाई में ही लगी रहती थीं । फिर ये वेसबाल, फुटबाल तो वैसे भी उनके हिसाब से लड़कों के खेल थे जिनसे वह कोसों दूर थीं ।

सहसा मिसेज सक्सेना को ध्यान आता है कि यह तो फिर टी.वी. देखने लग गया और वह उसे पुकारती हुई फिर से बातचीत का सिलसिला शुरू करती हैं–"अच्छा बता, खेलों के अलावा तुझे क्या पसंद है ?"

वह सोचने लगता है । कुछ देर सोचने के बाद कहता है–"कुछ नहीं ।"

"जानवर ?"

"नहीं ?"

"आदमी ?"

"जानवर... और आदमी... नहीं ।"

इतने में फोन की घंटी बज उठती है । नानी फोन उठाती है । फोन उनकी बेटी का ही है । समीर का हाल पूछ रही है । कहीं वह उन्हें तंग तो नहीं कर रहा ? और फिर अपना हाल बताने लगती है–"मम्मा, इतनी टैन्स हूं न इस वक्त मैं ! उस किशोर लड़की की मां का फोन था । मुझसे कहती है मैं कौन होती हूं दखल देने वाली ! यह तो उसकी अपनी पारिवारिक ज़िंदगी है । उसकी बेटी को कुछ नहीं हुआ और मैं फालतू में ही टांग अड़ा रही हूं । पर मम्मा, देखो मैं तो किसी से कुछ पूछने नहीं गयी थी, इसकी बेटी ने ही फोन किया हमारी एजेंसी को । तभी हमने एक्शन लिया ।"

"तू किस केस की बात कर रही है, अन्विता ?"

"वही मम्मा, एवलीन नाम की लड़की, जिसका घर पर भी फोन आया था । जिसका बाप उससे छेड़छाड़ करता है... बाप क्या, उसकी मां का प्रेमी है ! यूं शादी तो की हुई है उससे... लड़की का असली बाप तलाक़ लेकर कहीं अलग रहता है... अब इस औरत ने सरकारी संस्था में शिकायत करने की वजह से बेचारी बेटी को घर में बंद कर रखा है । कहती है कि उसकी बेटी उसके प्रेमी से जलती है, इसलिए उसके ख़िलाफ़ शिकायत कर रही है... और मुझसे कहती है कि मैं दखल न दूं ! मेरी तो कुछ समझ में नहीं आ रहा कि क्या करूं ।"

नानी का ध्यान कहीं और चला जाता है–"सुन, तेरा बेटा कुछ खा नहीं रहा। कई बार पूछ चुकी।"

"हां, ऐसे ही करता है वह। खाने-पीने के मामले में बहुत परेशान करता है। आप फिक्र मत करो, जब भूख लगेगी तो अपने आप कुछ उठाकर खा लेगा। अच्छा, फोन रखती हूं। कोई मिलने आ गया है।"

दोपहर हो चली, समीर ने नाश्ता भी ठीक से नहीं किया था। बस दूध ही तो पिया था। वह खाने-खिलाने की बातों के माध्यम से संवाद के नये सूत्र खोजने लगती हैं।

"अच्छा, यह बता कि खायेगा क्या?"

"आय एम नॉट हंगरी।"

"कुछ तो खा ले।"

वह जवाब नहीं देता। उसे शायद यह भी मालूम है कि नानी खाने की बात को दुहराती ही रहेगी। इसलिए उस ओर ज्यादा ध्यान देने की ज़रूरत ही नहीं। फिर नानी की बात सुनने से उसके खेल में भी तो हरज हो रहा था। इस हिसाब से बेबीसिटर बेहतर थी। वह ज्यादा टोकाटाकी नहीं करती, बल्कि एक दिन नानी को शॉपिंग जाना था। जब वह नींद से जगकर नीचे आया तो नानी जाने वाली थी और बेबीसिटर टी.वी. देख रही थी। बेबीसिटर खुद भी चौदह-पंद्रह साल से ज्यादा की नहीं थी। टी.वी. देखने का उसे खूब शौक था और वे दोनों साथ मिलकर मजे से टी.वी. देखा करते थे। उसे देखते ही बोली थी–"अगर तुम्हें अपने मन का चैलन लगाना हो तो लगा लो"... और मनपसंद चैनल लगा वह पूरा वक्त आराम से टी.वी. देखता रहा था। नानी तो टी.वी. उठाकर बंद ही कर देती है। पता नहीं क्या सुख मिलता है सैम को तंग करने में?

थोड़ी देर बाद उसे भूख लगी और वह अलमारी से चाकलेट और मार्शमैलोज निकालकर खाने लगा। नानी ने पहले तो डांटा, फिर समझ गयी कि बेचारे को भूख लगी होगी। बातचीत फिर शुरू की।

"यह सब गंद-बला मत खा।"

वह चुप रहा।

"परांठी बना दूं?"

"...."

"पूरी..."

"...."

"सैंडविच ?"

बड़ा एहसान जताता-सा कहता है—"ओ.के. ! आई विल हैव नूडल्ज ।"

और खेल में लगा रहता है । खाने के दौरान वह वेसबाल का खेल देखता रहता है ।

नानी पूछती रहती है—"कैसी लगी नूडल्ज ?"

उसका ध्यान टी.वी. के पर्दे पर है । इधर फोन की घंटी फिर बज उठती है ।

चोगा उठाते ही अन्विता की आवाज़ शब्द बुनने लगती है—"सुना मम्मा, आपने ! अब उसकी मां मुझसे कहती है कि कुछ भी हो, वह आदमी मेरा खावंद है । मैं तो उसी पर आश्रित हूं... बेटी के लिए अपने सुख की बलि कैसे दे सकती हूं ?"

"तेरे बेटे ने लंच में कुछ नूडल्ज तो खा ही ली । थोड़ा-सा जूस भी पिया है... बस शाम को तो तुम लोग होगे ही... फिर अपने आप डिनर खिलाना ।"

"मम्मा, देखो वह बेचारी बेटी सच कह रही थी तो इसने उठाकर उसे कमरे में बंद कर दिया । सच, कैसी होती हैं यहां की मांएं ?... मम्मा, समीर आपको तंग तो नहीं कर रहा न !"

"बस उसके खाने की फ़िक्र थी... सो तो खा लिया । बाकी..."

"मम्मा, कुछ भी कहो । सैम तंग कतई नहीं करता... बस अपना खेलता रहता है ।"

"वो तो सही है... सच में यह बच्चा बड़ा आत्मनिर्भर है । पर पहले मैं सोचा करती थी कि खिलौने बच्चे की परवरिश के लिए बहुत अहं चीज होते हैं... पर अब लगता है कि उनकी अति भी कहीं... इतना भी क्या कि इंसान को छूने या इंसानी संवाद की कहीं ज़रूरत ही महसूस न हो... फैंटेसी की दुनिया ही सच बनी रहे... अपने जैसे इंसानों की एकदम अवहेलना... उनके लिए भावना का विकास ही न हो..."

"मम्मा, ऐसी बात नहीं कि उसमें भावना न हो... देखा था उस दिन

कितना रो रहा था... जब मैं आपको लेकर अस्पताल चली गयी थी और स्कूल से आकर जब दरवाज़े बंद मिले तो बाहर बैठा समीर हिचकियां भर रहा था ।"

"याद है... और वह इसलिए रो रहा था कि दरवाज़े बंद हैं तो ज़रूर किसी ने नानी की हत्या कर दी है क्योंकि सारी टी.वी. फिल्मों में यही किस्सा होता है कि स्कूल से लौटने पर जब घर के दरवाज़े बंद मिलें तो कुछ ऐसी ही दुर्घटना... तू खुद ही तो बता रही थी मुझे कि कौन-सी फिल्म में ऐसा ही कुछ..."

"अच्छा मम्मा, एक और फोन आ गया है... रखने लगी हूं ।"

"तेरे बेटे का तो जैसे किसी से कोई रिश्ता ही नहीं... किसी की परवाह ही नहीं..."

"बस, ऐसे ही होते हैं यहां के बच्चे... ज्यादा इमोशनल होकर करना भी क्या है... अंदर से मज़बूत होना कहीं ज्यादा ज़रूरी है यहां ज़िंदा रहने के लिए ।"

"सो तो ठीक है पर..."

"मम्मा प्लीज ! आई मस्ट गो ।"

मिसेज सक्सेना को एकदम गुस्सा आ जाता है... पता नहीं अन्विता के सहसा फोन काट देने पर या अपने मन की बात पूरी न कह पाने पर । वह झट से टी.वी. बंद कर देती हैं और बिफर पड़ती हैं–

"इस तरह तंग करेगा तो वापस हिन्दुस्तान चली जायेगी नानी ।"

सैम पल भर को उन्हें घूरता है, मानो पूछ रहा हो कि कौन किसको तंग कर रहा है, मगर कहता कुछ नहीं । वह नानी को नाराज़ नहीं करना चाहता । मम्मा ने उसे बताया हुआ है कि वह उनकी मम्मा हैं । पर वह बड़ी अजीब-सी महिला हैं । उनकी बातें बड़ी अजीब-सी होती हैं... कुछ समझ ही नहीं पड़ता । पहनावा भी अजीब-सा है । एक दिन उनका पल्ला छूकर उसने पूछ लिया था–"वट आर यू वियरिंग ?"

तो नाराज़ होकर बोली थीं–"अरे, तुझे यह भी नहीं मालूम ! कुछ नहीं सिखाया तेरी मां ने तुझे ! साड़ी है, और क्या !"

उसने तब यह भी पूछ डाला था–"वाय डू यू वियर इट ?"

तो वह और भी नाराज़ होकर बोली थीं–"क्यों, मैं भी तेरी मां की

तरह स्कर्ट-पैंट ही पहनूं... आपको ज़रा हिन्दुस्तान में तशरीफ़ रखनी चाहिए... ज़रा पता लगे कि दुनिया में और भी लोग बसते हैं... जीन्स के अलावा भी सभ्य लोगों के लिबास होते हैं ।"

नानी हमेशा उसके खेल में दख़लअंदाज़ी करती है । हर वक्त उनकी आंख उसी पर लगी रहती है । यह सब सैम को पसंद नहीं जैसे कि कोई बेबात उस पर हक जमाये जा रहा हो... उससे हर वक़्त हुक्मबुलंदी की अपेक्षा कर रहा हो... उसे बड़ा बोझ-सा लगता है । उसके स्वातंत्र्य-बोध का इनकी उपस्थिति से बड़ा हरजा हो रहा है ।

वह शायद सिर्फ देखते-देखते खुद भी थक-सा गया है । वैसे ही खामोश बैठा रहता है । फिर उठकर कोई वीडियो गेम निकालता है और वी.सी. आर. में लगाकर खेलने लग जाता है ।

कुछ बदसूरत दैत्यनुमा आकृतियां फिर से सेल्यूलायड के परदे पर घूमने लगती हैं--बटन दबाते ही एक-दूसरे को निगलने लग जाती हैं... फिर कोई और मशीनी आकार प्रगट हो जाता है... जितने जीवन मरते जाते हैं, उतने ही स्कोर के हाशिये की संख्या में बढ़ोत्तरी होती जाती है और सैम का खेलने का उत्साह भी बढ़ता जाता है... और चेहरे की मुद्रा किसी विश्वविजयी की हो जाती है ।

सब बड़े फख्र से कहते हैं कि सैम ने इस वीडियो खेल में बड़ी क़ाबिलीयत हासिल कर ली है... सबसे उच्चतम स्कोर पाता है ।

टी.वी. के पर्दे पर किसी नये वीडियो खेल का इश्तिहार चल रहा है । सैम कहने लगता है–"दिस लुक्स गुड ! आय एम गोईंग टू टैल मॉम टू बाय मी दिस गेम ।"

नानी को मालूम है कि अन्विता पहले कहेगी–"बहुत बिगड़ गया है तू !" फिर अगले हफ़्ते की खरीदारी के वक़्त उसके लिए नयी गेम भी खरीद लायेगी । वे सब खेल यहां खाने-सोने जितने ही जरूरी हैं । उनका जंवाई कहता है कि ये खेल बहुत जरूरी हैं बच्चे के मानसिक विकास के लिए । बड़े होकर उसे कम्प्यूटर वग़ैरह हैंडल करने में आसानी रहेगी । और कुछ भी हो, अब तो जमाना ही कम्प्यूटरों का है । जो उसमें अच्छा होगा, उसी की बढ़िया नौकरी भी पक्की समझो ! समीर उर्फ सैम की भी कम्प्यूटर एक्सपर्ट या इंजीनियर की नौकरी तो पक्की ही

समझो । इसे तो अभी से महारत हासिल हो रही है । तब भविष्य तो आशंकामुक्त होना चाहिए ।

उसकी आत्मतृप्त और आत्मरत विश्वविजयी की मुद्रा नानी के चेहरे को सहसा एक हारे हुए सैनिक के निराश चेहरे में बदल देती है । मिसेज सक्सेना के मन में अजीब उदासी-सी घिर आती है... कितने फासले तय करके आयी हैं वह अपने नाती के पास । अब यहां उसके एकदम करीब पहुंच-कर फासले कितने बढ़ गये हैं ? क्या वह कभी पार कर पायेंगी ये फासले ? ये हाथ भर के फासले ! यह बच्चा कभी भी उन्हें वैसा सहज आदर और स्नेह नहीं दे पाता जैसा कि वह खुद अपनी नानी और दादी को दे पाती थीं ! क्या यह अपेक्षा उनकी अपनी कमजोरी ही है ? या उनकी अपनी प्यार की परिभाषा पुरानी पड़ चुकी है ?

वह कुर्सी पर सिमटकर बैठ गयीं । मन की उदासी और घनी ही हो रही थी । उन्होंने किताब उठा ली मन को दूसरी तरफ मोड़ने के लिए। पर उस सात साल के बच्चे ने कितनी आसानी से उनकी हस्ती को अस्वीकार कर दिया था और कितना कष्टकर एहसास दिला दिया था कि उनकी हस्ती मशीन के उस घिसे हुए पुर्जे की थी जो गुज़ारा तो चलवा देता है पर हर पल जिसे बदलने की ज़रूरत बनी रहती है । उनके और समीर के बीच न जाने क्या घटा था कि जाने उनका रिश्ता कितना सहज और अवश्यंभावी-सा बन गया था । तब ऐसा क्यों था कि यह हाथ भर का फासला उनसे तय नहीं होता । मानो उन दोनों के बीच जाने कितने ही कंटीले झाड़ सिर उठाये खड़े हों । मैदान में छितरा उन झाड़ों का फैलाव जैसे कहीं उन दोनों के बीच ही उग आया हो ! शायद उस फैलाव को वे कभी भी लांघ नहीं पायेंगी । और उनका नाती उन्हें लांघने की कभी कोई ज़रूरत ही महसूस नहीं करेगा । झाड़ ! जो उगते चले जाते हैं... बेमतलब... बिना कहीं पहुंचे... बेपरिणाम मशीनी खेलों की तरह ! कहीं किसी अर्थ को, ऊंचाई को छूने की आकांक्षा नहीं... बस किसी दूसरे द्वारा नियत किये बंधे-बंधाये कार्यक्रम को जी डालना ! उस जी डालने में किन्हीं जंगलों को पार करने का रोमांच नहीं... किसी शेर-चीते की आकस्मिकता का खतरा भी नहीं... कछुए-सा ही सुरक्षित,

आशंकामुक्त, नपा-तुला, सोच-समझ से निर्धारित जीवन... शायद इच्छित ही होना चाहिए यह जीवन... जहां लड़ाई सिर्फ झाड़ियों से है...।

अचानक उन्हें लगा कि ढेर सारे कछुए उन झाड़ों से निकलकर चारों तरफ फैल रहे हैं और जंगल के ऊंचे-ऊंचे पेड़ उनकी सख्त पीठों के वार से धराशायी हुए जा रहे हैं ।

**

12. अजेलिया के फूल

रास्ते भर मैं उन चटक रंगों के फूलों की झाड़ियां निहारती आयी थी और सोचती रही थी कि ये कौन से फूल हैं... दूर से देखने पर बोगनवेलिया की झाड़ियों का भ्रम दे देते हैं और पास आओ तो उनसे कहीं ज्यादा रंगों का खिलाव। आकार भी मोहक और खूब घने गुच्छे। जब कॉलेज के कैम्पस में पहुंचे तो वहां भी दूर तक फैली हरियाली के बीच-बीच गुलदस्तों की तरह सजे हुए! मुझसे रहा नहीं गया। खास तौर से प्रिंसिपल की पत्नी के साथ उसके घर की ओर आते हुए जब उनके घर के बाहर भी वैसी ही झाड़ी दिखी तो मैंने पूछ ही डाला–"फूलों की ऐसी झाड़ियां मैंने पहले कभी नहीं देखीं... न ही ऐसे चटकीले नीले, नारंगी, गुलाबी और सफेद रंग! कौन से फूल हैं ये?"

मिसेज मिलर ने बड़ी सहजता से कहा–"अजेलिया। बसंत में खूब फूटते हैं... और बिना खास मेहनत के... इसलिए आपको हर कहीं दिखायी दे रहे हैं।"

"दूर से देखने पर मैं इन्हें बोगनवेलिया ही समझती रही।"

"हां, बहुतों को हो जाता है यह भ्रम... खासकर हिन्दुस्तानियों को।" मुस्कुराई।

तो इस इलाक़े का बड़ा आम फूल है यह। लेकिन फिर भी उनके ज्ञान से प्रभावित थी मैं। अपने माहौल के साथ कितनी रची-बसी हैं। शायद वह खुद भी तो इस अजेलिया फूल की तरह हैं... इस भूमि पर, इस माहौल पर पूरे अधिकार से जमी हुई।

वह मुझे पिछवाड़े वाले दरवाजे से घर के अंदर ले चलीं। मैं उनके पीछे-पीछे चलती हुई भी उनकी फुलवारी को ही निहारती जा रही थी और सोच रही थी–ऐसे अभिजात और अमीर अमरीकियों के कॉलेज के प्रिंसिपल का घर भी कुछ खास तो होगा ही। और यह महिला भी खास

होगी जिससे प्रिंसिपल ने शादी की है ।

घर सच में ही ख़ास था । ऊंची-ऊंची छतों वाला विक्टोरियन शैली का जिसे बड़े ही करीने से सजाया था । उस सारी सजावट पर अंग्रेजियत की जगह एशियाई छाप थी । दरअसल एशिया के हर देश की कलाकृतियों के खूबसूरत नमूने वहां मौजूद थे–तिब्बत के थंका, इंडोनेशिया की कठपुतलियां, जापान का जेन बुद्ध, भारत की चोल मूर्तियां और श्रीलंका के मुखौटे । फिर भी चीजों का जमघट नहीं लग रहा था हर कलाकृति का अपना कोना था, अपनी जगह थी और उस विशालाकार भवन में जगह की कमी तो थी नहीं इसलिए सजावट भी सिर्फ बैठक की धरोहर नहीं थी । खाने और पढ़ने के कमरों की सजावट भी खास थी । सोने के कमरे चूंकि ऊपरी मंजिल पर थे इसलिए वहां तक हम नहीं गये, बाकी का घर बैठने से पहले ही मिसेज मिलर ने दिखा दिया था । दरअसल बाहर से ही फूलों की जो पूछताछ करनी मैंने शुरू कर दी थी, उससे उन्हें लगा कि मेरी रुचि घर की चीजों में होगी ही । इसलिए घर दिखाते हुए वह बड़े शौक से मुझे बताती रहीं कि किन-किन एशियाई देशों में वह अपने पति के साथ गयीं और वहां से यह खरीदारी की । यूं उस बताने में कोई विशेष उत्साह नहीं था... एक टूरिस्ट गाईड के अभ्यस्त वाक्यों की दोषहीन प्रस्तुति थी । मेरा ध्यान फिर उनके पहनावे और चेहरे-मोहरे पर चला गया और मैं उस घर के माहौल के साथ उनका तालमेल बिठाने लगी । यूं उनका बादामी रंग का रेशमी कुर्ता-चूड़ीदार तो इस माहौल के साथ मेल खा जाता था । उस पर पठानी चेहरे पर एक पंजाबी किसान का-सा अक्खड़पन था जो करीने से कटे बाल होने पर भी किस तरह की अभिजातता को चीर कर पार आ जाता था । उस चेहरे को मैं सुंदर भी नहीं कह सकती थी । इसलिए मैं हैरान होती रही कि क्या था इस महिला में जो इस कॉलेज के अभिजात परिवार के प्रिंसिपल को भाया होगा जो उनके विवाह के गठबंधन की नींव बना । क्योंकि अब तक मैंने उन बंगाली औरतों को ही अभिजात परिवारों के अमरीकियों से शादीशुदा देखा था और वे महिलाएं अपने आप में भी बड़ी अभिजात, इंग्लैंड की रानी की शैली की अंग्रेजी बोलने वाली और बला की रूपवती थीं । मिसेज मिलर तो अंग्रेजी भी पंजाबी लहजे में बोल रही थीं... फिर

क्या था ? क्या किसी तरह का यौनाकर्षण ! शायद उन बिल्ली आंखों और गोरे रंग की वजह से वह उनको अमरीकी ही लगी हों... और बाकी सब कुछ उनका नयापन ! या उनके उस किसान महिला के स्वस्थ, गुलाब की तरह दमकते रंग की ताजगी और लंबा-ऊंचा कद अपने आप में हिन्दुस्तानी खूबसूरती की एक नवीनता थी ! यूं अगर वह हिन्दुस्तान में होती तो मैं पहली नजर में उसे किसी पुलिस इंस्पेक्टर या सूबेदार की पत्नी समझती।

"चाय लेंगी ?" वह पूछ रही थीं।

"तकलीफ़ नहीं होगी बनाने में ?" मैंने औपचारिकतावश ही कहा था वर्ना चाय का मूड तो खूब था।

"तकलीफ़ किस बात की ?" और वह किचेन की तरफ बढ़ गयीं। मैं उनकी अनुपस्थिति में बैठक की चीजों को और भी गौर से देखने लगी। शायद ये सारी कलाकृतियां खुद प्रोफेसर मिलर ने ही खरीदी होंगी ! क्या उनकी सजावट का सलीक़ा भी उन्हीं की निगाह ने नहीं चुना होगा ! लेकिन मिसेज मिलर भी जितने आराम के साथ इन सबसे जुड़ी हुई हैं, ऐसा तो नहीं लगता कि घर उनका बनाया-सजाया नहीं है। फिर वह गृहस्थी के अलावा कोई और काम भी करती दिखती नहीं !

कुछ ही देर में वह ट्रे में चाय सजाकर बैठक में दाख़िल हुई। सुनहरी लकीरों वाला वह बड़ी महंगी और बेहतरीन किस्म की इंगलिश चाईना का टी सेट दिख रहा था। केतली पर पंजाबी फुलकारी की कढ़ाई वाली टिकोजी चढ़ी थी। काफी ट्रे मेज पर रखकर वह बड़ी, नफ़ासत से सुनहरी लकीर वाले उन प्यालों में चाय उड़ेलने लगीं। एक तश्तरी में बिस्कुट भी थे।

"भारत जाती रहती हैं आप ?" यह सवाल मैंने उठाया था।

"इतने साल तो हम लोग भारत में ही रहे। निक फोर्ड फाउन्डेशन के हैड थे न वहां।... अभी पांच साल ही तो हुए है यहां आये। कोई खास नहीं जाती। यूं भी..."

उनका 'यूं भी' मेरी आंखों में शायद सवाल बना टंगा रहा था इसीलिए कहना फिर से जारी कर दिया-"वहां जाकर मन खराब हो जाता है... सब लोग बस रोते-धोते ही हैं ! यहां अच्छा ही है कि लोग सिर्फ

ऊपरी बात ही करते हैं... सिर्फ रोना ही सुनती रही । जी उखड़ गया ।"

मैंने गौर किया कि मेरे लगातार हिन्दी में बात करने के बावुजूद वह अंग्रेजी में जवाब दिये चले जा रही थीं ।

"वहां या तो कोई-न-कोई मरता रहता है या बीमारी या आर्थिक चिन्ताएं लगी रहती हैं । मैं तो भारत से कोई नाता नहीं रखना चाहती । यहीं की होकर रहना चाहती हूं ।"

"आपका परिवार कहां है ?"

"वैसे तो नाभा में है... पर अब मां-बाप नहीं हैं... बस, भाई-बहन हैं ।"

"कितने भाई बहन हैं ?"

"आठ-तीन बहनें, पांच भाई ।"

"क्या करते हैं ?"

"सब अपनी-अपनी जगह सेटेल्ड हैं... वहीं पंजाब में ही । एक पुलिस इंस्पेक्टर था... टैरेरिस्टों ने हत्या कर दी... उसके बीवी-बच्चे दूसरे भाई के साथ रहते हैं ।"

मेरी आगे पूछने की हिम्मत नहीं हुई । बात का रुख बदलने के लिए मैंने कहा-"आप की प्रोफेसर मिलर से मुलाकात कैसे हुई ?"

"एक कैम्प में... वह अपनी ऐन्थ्रोपोलॉजी के शोध के सिलसिले में वहां आये हुए थे । मैं बच्चों को पढ़ाती थी ।"

"आपने पढ़ाई कहां की ?"

"वहीं, गवर्नमेंट कॉलेज से बी.ए. की थी ।"

अब मुलाक़ात का और खुलासा लेने की मेरी हिम्मत नहीं हो रही थी । न ही वह खुद इस विषय में पहल कर रही थीं । ऐसा लग रहा था कि उनको इस विषय में विस्तार से जाने में रुचि नहीं है, इसी से उनके जवाब नपे-तुले ही थे । यूं भी जिस तरह की औपचारिक मुलाक़ात थी, उसमें ऐसे सवाल पूछने ठीक भी नहीं थे । आख़िर मुझे सिर्फ साड़ी में देखकर ही तो यह चाय का निमंत्रण दे दिया गया था, वर्ना दूसरे छात्रों के मां-बाप भी तो थे । और किसी को तो नहीं बुलाया । ख़ासकर आज तो नहीं बुलाया जबकि सभी सीनियर्स के मां-बाप इस कॉलेज के उत्सव पर पहुंचे हुए थे । शायद यह मेरी दिल्ली के खजाना से खरीदी गई साड़ी

के प्रिंट का कमाल था। यूं साड़ी की खूबसूरती को लेकर तो उन्होंने कोई टिप्पणी नहीं की थी। न ही उसकी वजह से उनकी आंखों में मेरे लिए कोई ख़ास जगह बन गई थी। हां, साड़ी ने उनके मन में कौतूहल जरूर जगाया था। तभी तो उनकी निगाह मुझ पर टिककर पूछ बैठी थी–"क्या आप हमारे किसी छात्र की मां हैं ?" और मुझे भी सुनहरा मौका मिल गया था उनके प्रति अपनी सारी जिज्ञासाएं शांत करने का। मैंने तो पहले से ही उनके बारे में इस तरह से काफी सुन रखा था कि इस आभिजात्य कॉलेज के प्रिंसिपल की पत्नी भारतीय हैं और पंजाबी हैं।

सहसा हम दोनों के बीच चुप्पी का एक सफेद बादल आकर बैठ गया। मुझे घबराहट होने लगी–ऐसी स्थिति मुझे हमेशा परेशान करती है कि किसी से बात करने के लिए ही उसे मिला जाये और सहसा लगे कि कहने को कुछ है ही नहीं। पर जल्द ही मिसेज मिलर ने उबार दिया–

"चाय में चीनी कितनी लेंगी आप ?"

"चीनी नहीं लेती... सिर्फ थोड़ा-सा दूध !"

"मैं तो तीन चम्मच चीनी लेती हूं... बिना ढेर सारे दूध और चीनी के मुझे तो चाय अच्छी ही नहीं लगती–सब लोग यहां घूरने लगते हैं इतनी चीनी डालते देख... बट आई डोंट केयर !"

"सुबह के कार्यक्रम में गई थीं न आप ?"

उन्होंने छोटी-सी हूं कर दी।

"मुझे आप दिखी नहीं थीं। क्या आप स्टेज पर थीं प्रिंसिपल के साथ ?"

"अरे, नहीं... मैं उस तरह का प्रिंसिपल की पत्नी का रोल नहीं निभाती। मुझे अपनी आज़ादी पसंद है।"

"तो आप कॉलेज के उत्सवों में कतई हिस्सा नहीं लेतीं ?"

"जितना लेना पड़ता है, ले लेती हूं... पर किसी तरह अपने को दूसरों पर लादना मुझे बिलकुल पसंद नहीं–अब देखिये, मुझे ऐन्टरटेन तो करना ही पड़ता है सो आये दिन कॉलेज बोर्ड के सदस्य या दूसरे जो भी कॉलेज के नज़रिये से महत्त्वपूर्ण होते हैं, उनके लिए डिनर वगैरह करती ही हूं ! पर उससे ज्यादा इन्वाल्व होना मुझे सही नहीं लगता।... मैं तो निक के साथ ज्यादा कहीं आती-जाती भी नहीं... बस, जितना ज़रूरी

हो..."

"ज़रूरी-ग़ैरज़रूरी का फ़ैसला कौन करता है ?"

"काफ़ी दिलचस्प सवाल है आपका... शायद हालात सिखा देते हैं... एक सहजज्ञान दे देते हैं इंसान को इस तरह के फैसलों के लिए !... पता नहीं कैसे करती हूं यह फैसला... शायद तब निक ही कह देता है कि जाना चाहिए... आप बताइये आपको भी तो ज़िंदगी में क्या जरूरी या ग़ैरज़रूरी है, उसका फ़ैसला कदम-कदम पर करना पड़ता होगा... कैसे करती हैं ?"

मैं सकपका जाती हूं। सच है मुझे ही सवाल पूछने का हक क्यों हो... वे भी शायद मेरे प्रति वैसा ही कौतहूल रखती हैं जैसाकि मैं उनके लिए। शायद जानना चाहती हों कि भारत के कौन से हिस्से से मैं जुड़ी हूं, कि मेरे पति डॉक्टर हैं या बिजनेसमैन, कि मैं खुद भी किसी प्रोफेशन में हूं या कि गृहिणी हूं ! पर मैं उनके सवाल पूछते ही बीर-बहूटी की तरह अपने चारों पैर समेटकर बंद हो जाती हूं। मुझे अपनी पहचान छिपाकर अनजान लोगों से बात करने में यूं भी एक ख़ास मजा आता है इसलिए मैंने उन्हें यह तक नहीं बताया कि मैं भी उन्हीं के जैसी एक कॉलेज में प्राध्यापिका हूं।

वह इंतिजार करने लगती हैं मेरी ओर से कुछ कहे जाने का। मुझे एक और सवाल सूझ जाता है जो कि मुझे काफ़ी सही ही लगता है पूछना-"क्या हिन्दुस्तानी मित्र हैं आपके ?"

"वहीं हिन्दुस्तान में ढेर लोगों को जानते थे, वे सब यहां आते रहते हैं... कोई नये मित्र तो यहां आकर न बनाये... पर हमारे कुछेक दोस्तों के बच्चे यहीं कॉलेजों में पढ़ते हैं... इसी से वे आते-जाते रहते हैं।"

"तब तो खासे अमीर लोग होंगे... यहां आना-जाना..."

"बिलकुल... स्टिंकिंग रिच... पर हिन्दुस्तानियों की एक बात समझ नहीं आती... इतना पैसा होते हुए भी वे अपने बच्चों की पढ़ाई के लिए आर्थिक सहायता मांगते रहते हैं... मेरी अपनी ही सहेली है बंबई (मुंबई) में... लिखती है कि कॉलेज से पैसा दिलवा दो... लड़के की फीस के पैसे नहीं हैं पर लड़का यूं बड़ा ब्राईट है-दाखि़ला भी मिला है उसे यहां... मुझे तो शर्म आती है सच में... मैं जानती हूं कि करोड़ों से खेलने वाले ये लोग

हैं... अपने कपड़ों और घड़ियों पर लाखों उड़ेल देंगे पर बच्चे की फीस के लिए भीख !"

"पर यहां फीसें भी तो इतनी ज्यादा हैं... और हिन्दुस्तानी रुपये डालर के तौल में इतने कम..."

"सो तो मैं जानती हूं, पर करोड़ों से खेलने वाले..."

"कुछ भी हो, इस देश के सामने तो हम गरीब ही हैं ।"

यूं मेरी अपनी बिटिया ने यहां पढ़ने के लिए कोई आर्थिक सहायता नहीं ली थी, फिर भी मुझे यह पैरवी करनी ही सही लगी ।

"जानती हूं मैं... पश्चिमी देशों पर भी यह अपराध-बोध है कि तीसरी दुनिया के बूते पर ही वे अमीर भी हुए हैं इसलिए उनकी मदद करना इन देशों का नैतिक दायित्व है... लेकिन कब तक भरते रहेंगे यह हर्जाना ? और कब तक हम इनके आगे हाथ पसारे बैठे रहेंगे ? मुझे तो हिन्दुस्तानियों के रवीये से बहुत शर्म आती है... आखिर यहां भी पैसा कोई आसमान से तो गिरता नहीं... सबकी मेहनत से ही होता है... यहां तो अनलिखा कानून है कि जिन छात्रों को आर्थिक सहायता दी जाती है, नौकरी लगने के बाद वे अपने कॉलेज की आर्थिक मदद करते हैं... आज हमारे कॉलेज को जो सबसे बड़ी ग्रांट मिल रही है वह यहीं के एक पुराने छात्र की कम्पनी से है... हिन्दुस्तानी छात्र तो इस तरह की कोई जिम्मेदारी नहीं समझते... सिर्फ लेना ही जानते हैं ।"

बात सही होते हुए भी मुझे उनकी इस बात से बड़ी तकलीफ़ हो रही थी... शायद मैं विदेश में बैठी किसी हिन्दुस्तानी के मुंह से हिन्दुस्तानियों की बुराई सुनने की आदी नहीं थी... हिन्दुस्तानियों से मिलकर ज्यादातर घर की खट्टी-मीठी यादों को ही दुहराया जाता या फिर राजनीति की बात छिड़ जाती । पर इस तरह के औपचारिक माहौल में हिन्दुस्तानी होने मात्र से आ जाने वाली अनौपचारिकता बड़ी अस्वाभाविक-सी लग रही थी और मुझे अपने आप में अजीब तरह का नैतिक बोझ महसूस होने लगा । खासतौर से इसलिए भी मैं कुछ अटपटा महसूस करने लगी क्योंकि उनकी बातों में कुछ वैसी गंध थी जैसी कि ऊंचे तबक़े के अमरीकियों की बातों में होती है—कुछ पेट्रनाईज करने की, कुछ यह मान कर चलने की कि अगर मैं सफल हो सका हूं तो दूसरे क्यों नहीं हो

सकते और अगर नहीं होते तो उन्हीं में कमी है और इसीलिए वही इसका फल भी भोगें ! जबकि मेरी अपनी परवरिश चाहे भरे-पूरे घर में हुई थी, फिर भी समानता और समाज के हक में बोलना मैंने अपने कॉलेज के माहौल से जज़्ब किया हुआ था ।

"अब आप ही बताइये कि एशियाई देशों को सहायता देकर अगर अमीर बन जाने के बाद भी ये लोग कॉलेजों की सहायता न करें तो फिर इन कॉलेजों के आर्थिक स्रोत तो एकदम सूख जायेंगे... और अगर एशियाईयों को ही मदद मिलती रही और बदले में उन्होंने कुछ भी दिया नहीं तो कॉलेज बंद होने की नौबत आ जाएगी । आजकल कॉलेज यूनिवर्सिटियों में जो इतना आर्थिक संकट आ पड़ा है उसकी एक वजह तो यही है कि लोगों में वैसी देने की प्रवृत्ति नहीं रही और लेने वालों की गिनती में इज़ाफ़ा होता जा रहा है ।"

मुझे समझ नहीं आ रहा था कि मुझे यह सब क्यों सुनाया जा रहा है ? कौन-सी भड़ास है जिसे मुझ पर उगला जा रहा है ? अमरीका की पैरवी करके या हिन्दुस्तानियों की बुराई करके यह मुझसे क्या पाने की अपेक्षा कर रही है—सिर्फ हमदर्दी या एक सक्रिय अभियान ! या कुछ और परेशान कर रहा है इन्हें ! मेरी सहज बुद्धि चुपके से बोली—"हीनता ग्रंथि ।" पर किसी ने जोर देकर थप्पड़ जमाया उसे—"ऐसे भी कहीं बिना पड़ताल किये फैसले दिये जाते हैं... यह सब सरलतावादी दृष्टिकोण है... नहीं चलेगा ।" यूं भी फ्रायड की भाषा अब फैशनेबल नहीं रही—ज़रूरत से ज्यादा घिस-पिट चुकी है ।

मैंने धीरे से पूछा—"आपके ख्याल से हिन्दुस्तानी यहां के वैभव को पराया या लूट का धन मान उसका भोग करते या उसे उजाड़ते हैं—अपनों-जैसा नहीं समझते ?"

मेरा सवाल कुछ ज्यादा तीखा रहा होगा—वह अचकचायीं ।

"परायी संपत्ति जैसा बर्ताव तो जरूर करते हैं तभी लूट-मारकर—चाहे वाजिब ढंग से ही—अपना घर भरने की... अपने साथ हिन्दुस्तान भरसक ले जाने की कमोवेश प्रवृत्ति सभी में होती है... पर जहां तक अपना समझने का सवाल है..."

वह कुछ पल सोचने की मुद्रा में रहीं । दायां हाथ कुछ ऊपर को

उठा, फिर गोदी में वापस आ गिरा । वह जैसे शब्द ढूंढती रहीं–"अपना बनाना या अपना हो पाना... शायद वह सब मुमकिन ही नहीं ।"

मैं हैरान-सी उन्हें देखती रही ।

"चाहे जो भी हो जाये... अपने तो वे हो ही नहीं सकते ।"

"ऐसा क्यों कह रही हैं आप ?"

"अब मुझको देख लीजिये... बीस सालों से ब्याही हूं निक से... अभी भी किसी नये आदमी से मिलती हूं तो पहला सवाल यही पूछता है–'किस देश से हैं आप ?'... एक बात कहूं आपसे... मैं सोचती थी कि यहीं की हूं और दरअसल यहीं की होकर रहना चाहती हूं... लेकिन एक विदेशी बनकर ही... अमरीकी बनकर नहीं ।"

"ऐसा क्यों ?"

"सीधी-सी बात है... आपके अमरीकी बनना चाहने से क्या होता है ? असल बात तो तब है कि ये लोग आपको अमरीकी मानें ! ये लोग तो आपके रंग और शक्लोसूरत को देखकर पूछेंगे ही कि कहां से हैं आप ? उनके लिए यह सवाल बड़ा सहज है लेकिन सवाल उठते ही आप दूसरे की केटेगरी में आ जाती हैं... यहां की नहीं रहतीं ।"

मैं घूरे जा रही थी उन्हें ! यह बीस साल की पत्नी कह रही है ! वह पत्नी जो कि उन्हीं की भाषा बोलती है, उन्हीं के लिए लड़ती है, उन्हीं की पैरवी करती है, उन्हीं के सिद्धांत बघारती है, फिर भी उनके समाज का हिस्सा नहीं !

बहुत अजीब-सा लगा । एक पत्नी एक तरह से पुरुष के जीवन में सब कुछ होती है । अगर पुरुष की जगह समाज में होती है तो पत्नी की जगह अपने आप ही बन जाती है । फिर निक तो खुद भी भारत का बड़ा हिमायती, बड़े खुले दिल वाला इंसान दिखता है... अपने भाषण में भी उसने इसी बात पर जोर दिया था कि उसके कॉलेज में एशियाई विषयों को पढ़ाने पर विशेष ध्यान दिया जायेगा, क्योंकि वह बहुत जरूरी समझता है कि अमरीकी लोग बाहर की दुनिया को जानें-समझें । ऐसे व्यक्ति की पत्नी होकर भी यह खुद को बाहर का महसूस करती है । मैंने पूछ ही लिया–"लेकिन आपके पति तो..."

"नहीं, पति की बात नहीं... वह तो यूं भी निराले हैं... वैसा उदार

इंसान तो मैंने कभी नहीं देखा होगा... लेकिन उन्होंने खुद भी तो अपने समाज की अवहेलना कर ही मुझसे शादी की थी... निक के मां-बाप ने तो कभी भी इस शादी को अपना आशीर्वाद नहीं दिया... जब समाज की रजामंदी ही नहीं थी किसी को स्वीकारने को, बाध्य भी कैसे किया जा सकता है ?... यूं वह मिलते हैं, फिर बच्चों से भी बड़ा प्यार करते हैं..." उनकी आंखें कुछ खोजती हुई बैठक की शीशे की दीवार के पास से झांकती अजेलिया फूलों की नारंगी झाड़ी पर टिक गयीं—"जानती हैं मुझे कैसा लगता है... खासकर जब भी मैं निक के साथ इन अभिजात अमरीकियों के घर जाती हूं तो... नहीं, कहता कोई कुछ नहीं... पर जैसे उन आंखों में एक भाव रहता है जैसे मैं निक की कोई गलती हूं... ऐसी गलती जिसे वह शायद माफ कर देंगे... आखि़र पत्नी के चुनाव की गलती तो बहुत लोगों से हो जाती है... पर उस पत्नी के साथ निभाना उनकी मज़बूरी नहीं। वह निक को स्वीकार तो करते हैं क्योंकि वह उन्हीं के बीच का है... लेकिन मुझे पता नहीं कैसे... वह महसूस करा ही देते हैं कि मैं उनके बीच की नहीं... कि निक ने अगर गलती की है तो या तो उसका सुधार कर ले या फिर खुद ही भोगे... उनसे तो ऐसी अपेक्षा नहीं करनी चाहिए कि वे मुझे सिर पर चढ़ायें... सिर्फ इसलिए कि उनके समाज का एक सदस्य पागलपन कर बैठा है !"

चाय का प्याला मुझे थमाते हुए बोली—"यूं निक भी उनके जैसा तो नहीं... कहीं विद्रोही था... अपने समाज से बड़ा अलग था। तभी तो मेरे साथ निभी। पर अब कुछ अजीब-सा हो रहा है... ऐसा लगता है मानो वह अब फिर से अपनी पहचानी दुनिया के करीब जाना चाहता है... जबकि मैं इसके लिए तैयार नहीं हो सकती... फिर मेरे तैयार होने की तो बात ही नहीं... मेरा होना मात्र ही मुझे उस दुनिया से दूर छिटक देता है... बाकी सब तो बस कहने की बात है..."

"निक इस बारे में क्या महसूस करते हैं ?"

"निक तो डंके की चोट पर सब से मनवाने को तैयार रहते हैं... विद्रोह तो हमेशा से उनका स्वभाव रहा है... पर कहा न... एक पूरे समाज को बदलना किसी एक के वश की बात नहीं होती। फिर..."

वह रुक गयीं। मेरी आंखें उन पर जमी रहीं। शायद हार मान

आंखें नीचे झुकाये ही उन्होंने फिर से कहना शुरू किया–"शायद मैं खुद अपनी पहचानी दुनिया के करीब जाना चाहती हूं... एक अरसा घूम-घामकर अब अपने घर लौट आने का मन होता है।"

मैं दुविधा में पड़ गयी। अभी कुछ देर पहले वह यहीं की होकर रहने की बात कर रही थीं, अब घर लौटने की। पर मेरे कुछ कहने से पहले ही वह बोल उठीं–"पर घर से मेरा मतलब हिन्दुस्तान से नहीं है... शायद वहां भी रहना अब तकलीफ़देह ही होगा... घर मेरे लिए एक आरामदेह माहौल का ही नाम है... जिसे यूं कहीं भी खोजा जा सकता है... और कहीं भी खोया..." और उन्होंने एकदम चुप्पी साध ली, मानो इस विषय पर और बात नहीं करना चाहती हों और अपनी नज़र अजेलिया के नीले झाड़ पर गाड़ दी। मैं कुछ देर इधर-उधर ताकती रही।

मैंने चाय की चुस्की ली तो बड़ी पहचानी-सी खुशबू नथुनों की ओर दौड़ी।

"बड़ी बढ़िया चाय है... क्या इलायची डाली है इसमें ? खूब महक आ रही है।"

"सच में ! पसंद आयी आपको ! मुझसे तो यहां की चाय पी ही नहीं जाती... जब तक अपने मन का स्वाद न हो, चाय का मजा भी क्या... मैं तो अभी भी वही देशी ढंग से चाय बनाती हूं।"

मैं सुनहरी लकीर वाले उस बढ़िया अमरीकी प्याले से कड़क हिन्दुस्तानी चाय का स्वाद लेते हुए लॉन में चहकते-चहकते अजेलिया फूलों को देख सोचने लगी कि इनसे पूछूं कि क्या इन्हें हर कहीं उगाया जा सकता है !

**

13. सलोनी

बोगनबेलिया के चटक गुलाबी झाड़ों और मखमली हरी दूब के बीच आरामकुर्सी पर अंग्रेजी का कोई रोमांस या मिस्टर उपन्यास पढ़ती अलसाती सलोनी ! ढेर सारे घने काले बाल कंधों पर लहराकर फिर पीछे को झटक देती ! बालों के साथ-साथ आंखों की गहरी काली पुतलियां भी लंबी-लंबी बनौनियों को कंपाती हुई घूम जातीं तो नारंगी, नींबू और मौसमी के पेड़ों से गमकता मीनू आंटी के घर का लॉन और भी महक उठता ! यही था सलोनी का एक पहचाना-सा बिम्ब जो बरसों से मेरे मन में समाया हुआ था ।

बात नहीं होती थी कभी उससे । बस, हैलो-हैलो ही । उसे मैंने कभी किसी से बात करते देखा भी नहीं था । अगर वह कभी किसी से बतिया रही होती तो वह था उसका खूबसूरत और खूंख्वार अलसेशियन कुत्ता । उसका नाम भी सलोनी से मिलता-जुलता-सा था—लूना—यानी कि चंद्रमा । दोनों ही कुद्रत की दो खूबसूरत कृतियां थीं । सलोनी दिनभर उसी को चुमकारती-पुचकारती, झिंझोड़ती-आलोढ़ती । उन दिनों वह शिमला के इस मशहूर अंग्रेजी स्कूल में पढ़ती थी । जब छुट्टियों में घर आती, तभी दिखती । और तब भी देखना भर ही होता, कोई करीबी पहचान या अपनापन तो हमारे बीच था नहीं । मेरा ध्यान भी शायद इसीलिए उस पर जाता था चूंकि वह खूबसूरत थी... हां, बेहद खूबसूरत ! अपने नाम की तरह की सांवली-सलोनी, कमलनाल-सी नाजुक-लचीली और मृगछौने की भोली-गहरी आंखों वाली मृगनयनी ! चेहरे की त्वचा ऐसी मुलायम जैसे गुलाब की चिकनी-ओसधुली पंखुड़ियां हों ! शायद अपनी इस खूबसूरती से बेखबर नहीं थी वह । तभी हम जैसे साधारण से दिखने वाले रिश्तेदारों में उसकी किसी किस्म की दिलचस्पी नहीं थी । हम आंटी अंकल और सलोनी की छोटी बहन सोना से मिलकर आ जाते ।

इसीलिए जब केनेडा से उस दिन उसका फोन आया कि वह मुझसे मिलने न्यूयार्क आना चाहती है तो बड़ा अजीब-सा लगा था मुझे। फिर सोचा, शायद घूमने आना चाहती होगी। किसी ने मेरे बारे में बताया होगा तो सोचा होगा कि न्यूयार्क में रहने का मुफ्त ठिकाना हो जायेगा... वर्ना...। मेरे साथ उसका कोई संप्रेषण तो था नहीं। फिर भी सहज शिष्टाचारवश आने को तो कहा ही था। पर अब जिस तरह घंटों से वह मुझसे बतियाते चली जा रही है, कोई सोच भी नहीं सकता होगा कि बरसों सिवा हैलो के हमने एक-दूसरे से कुछ नहीं कहा था। हां, उसके बारे में मैं हमेशा सुनती रहती दूसरे रिश्तेदारों से... कुछ अजीब बात यह भी कि उसके बारे में ख़बरें भी ज़रूर कुछ-न-कुछ होतीं। शायद उसकी खूबसूरती या उसके अनोखे रंग-ढंग की वजह से और लोग भी उसमें दिलचस्पी रखते थे। शादी के बाद भी जब कभी मैं दिल्ली गयी, सलोनी की नयी-ताजी कुछ-न-कुछ होती ही थी। बरसों पहले मीनू आंटी ने ही बताया था कि सलोनी की शादी होने वाली थी किन्हीं चायबागान के मैनेजर से... बड़ा अच्छा खानदान और बहुत बढ़िया लड़का... वगैरह। फिर न्यूयार्क आने वाले किसी सम्बंधी ने एकाध साल बाद ही बतलाया था कि वह तो मां के घर लौट आयी है... कि कोई ठिकाना नहीं उस लड़की का... वह कहीं टिककर नहीं रह सकती... कि इतना सब तो मिला उसे... इतना अच्छा लड़का... पता नहीं क्या चाहती है आजकल की लड़कियां!

मुझमें भी कौतूहल है। मैं जानना चाहती हूं कि क्या हुआ? क्यों नहीं टिककर रह सकी वह अपने पति के साथ? पर मैं कुछ और ही पूछ डालती हूं—"तुम्हें कुत्ते बहुत पसंद हैं न?"

"बहुत! मैं केनेडा में जानवरों के साथ ही काम करती हूं!"

"क्या काम करती हो?"

"एक जानवरों के क्लिनिक में... कुत्तों और बिल्लियों का क्लिनिक!"

"करना क्या होता है?"

"उनकी ग्रूमिंग, देख-रेख... उन्हें नहलाना-धुलाना, बाल काटना... इंजेक्शन लगाना... सभी कुछ!"

"अच्छा लगता है?"

"मुझे और कोई काम आता ही नहीं... कॉलेज खत्म होने के पहले

ही शादी हो गयी थी... और कोई काम सीखा ही नहीं... यहां आकर नौकरी करनी जरूरी थी । इसी काम में नौकरी मिल सकी ! क्योंकि इस नौकरी के लिए क्वालिफिकेशन सिर्फ इतनी ही चाहिए थी कि पैट्स को संभालना आता हो... बस, लूना के साथ दिनभर का खिलवाड़ काम आ गया ।"

"कैसा है लूना ?"

"बूढ़ा हो चला... लेकिन अभी भी खासा ज़बरदस्त है और खूबसूरत भी... उसके लिए अक्सर यहां से डॉगफूड भिजवाती रहती हूं... ही लव्ज इट... ओह ! आई रियली मिस हिम ।"

उसकी आंख कुछ नम-सी हो आयी ।

यूं सलोनी के उस अतीत में डोलते बिम्ब का इस मेरे सामने बैठी सलोनी से कोई वास्ता नहीं था... न वैसी काले हीरे-सी दमकती आंखें, न रात के अंधकार को रश्क दिलाती वैसी घनी केशराशि, न ही वैसी फूल की पंखुरियों जैसी कोमल-मुलायम-स्वच्छ त्वचा ! अब तो कान तक की लम्बाई के छोटे कटे बालों में पूरी तरह से उघड़ी पड़ी थी चेहरे की बेरंग, झुलसी हुई त्वचा । नैन-नक्श की तराश तो वैसी ही बनी हुई थी पर उनको रंगत देने वाली मुलायमियत उकर चुकी थी । मैं सोच रही थी कि इस लड़की को सब कुछ तो मिला... खूबसूरती, पुरुष, पैसा, प्यार... फिर भी यह फल-फूल नहीं सकी ! क्या शायद इसी में इतना कुछ पचाने की सामर्थ्य नहीं थी ?... जब सब कुछ मिल जाये तो उसकी अवमानना, उसके तिरस्कार में भी तो एक सुख मिलता है न ! लोग शायद ठीक ही कहते हों... बहुत बिगड़ी हुई लड़की थी । लेकिन उसकी आंखों में झांकते हुए अपने इस ख्याल से भी डर जाती हूं मैं... एक अजीब सूनापन है उन आंखों में । वह मुस्कुराती है तो आंखों के इर्द-गिर्द खिंच आयी ढेरों लकीरों के बीच धंसी वे आंखें बड़ी खोखली-सी दिखने लगती हैं... मैं उनमें कुछ पढ़ने-समझने की कोशिश करती हूं पर वहां तो जैसे अंधी सुरंग है । घबराकर बड़ा औपचारिक-सा सवाल पूछ डालती हूं–

"न्यूयार्क में क्या-क्या देखना पसंद करोगी ?"

"ब्रॉक्स जू ।"

मुझे थोड़ा अचरज हुआ । यहां इतना कुछ है देखने को और इसे

चिड़ियाघर का ही ध्यान आया ! अगर कोई नन्हा बच्चा भी मेरा मेहमान होता तो न्यूयार्क में सबसे पहले उसे दिखाने को या तो मुझे यहां की दुनिया भर में मशहूर खिलौनों की दुकान का ख्याल आता या ऐम्पायर स्टेट इमारत का या स्टेच्यू ऑफ लिबर्टी का !

"और दीदी, सेन्ट्रल पार्क में भी सुना है कि एक जानवरों का पार्क है... मैं वहां भी..."

"हां... हां... वह तो पास ही है।"

मैंने बहुतों में जानवरों का मोह देखा है... लेकिन मानव जाति के बनाये सारे कला-साहित्य के प्रति ऐसी बेरुखी तो कम ही देखी थी... खासतौर से न्यूयार्क जैसी जगह जहां कि गर्व इंसान द्वारा बनायी चीजों पर ही किया जा सकता था और मुख्य रूप से देखने को थीं ही ऐसी चीजें-चाहे आसमान से टकराती इमारतें हों या म्यूजियम्स और गैलरीज हों या बढ़िया बुतीक या बड़े-बड़े स्टोर और रेस्तरां हों ! हर चीज इंसानी हाथों की कारीगरी ! अगर यह सब निकाल दीजिये तो न्यूयार्क का और कोई खास आकर्षण है ही नहीं। तब उस हालत में इसका यहां आने का मकसद ही क्या था ?

फिर अचानक ही वह बोल उठी-"दीदी, हिन्दुस्तानी गाने हैं तुम्हारे पास ?"

"बिलकुल।"

"तो लगाओ न ! बहुत दिनों से कोई हिन्दी गाना ही नहीं सुना... मुझे तो सालों हिन्दी का कोई लफ़्ज भी सुनने को नहीं मिलता... मुझे कोई हिन्दी की किताब दोगी ?"

"हिन्दी पढ़नी आती है तुम्हें ?"

"अच्छे से नहीं आती पर स्कूल में सीखी तो थी, अब फिर से सीखने-बोलने का मन होता है।"

"कौन से गाने सुनोगी ?"

"किशोर कुमार के हैं ? मुझे तो वही पसंद था।"

"तुम्हारी पीढ़ी के सारे गाने हैं... कितने साल की हो ?"

"अगले हफ्ते बत्तीस की हो जाऊंगी।"

"तब तो तुम्हारा बचपन ही साठवें में शुरू हुआ... वे मेरी जवानी

के दिन थे... सभी गाने मिलेंगे !"

"और दीदी... बड़ियां हैं तुम्हारे पास ? अरसे से आलू-बड़ी नहीं खायी... आज बनाओगी ?... तुमको वह खट्टा वाला कद्दू बनाना आता है जो पूड़ी के साथ खाते हैं ?"

यह क्या हो गया है इस लड़की को जो सिर्फ अंग्रेजी का पॉप संगीत सुना करती थी, अंग्रेजी खाने की शौक़ीन थी... अब क्या चाह रही है ? मैंने उसे सिर्फ अंग्रेजी ही बोलते-पढ़ते सुना... सिवाय इसके कि नौकरों के साथ टूटी-फूटी हिन्दी बोलने की कोशिश करती ! इसी तरह वहां सिर्फ नौकरों के कमरों में हिन्दी गाने बजते थे ! नौकर ही हिन्दुस्तानी खाना खाते... बिटिया रानी के लिए तो कटलेट और सूफ्ले वगैरह ही बना करते । जो चीजें वह अपने घर में चाहती ही नहीं थी अब घर उन सबसे कैसे जुड़ गया ? उनका प्रतीक कैसे बन गया ? या उसका यह सच मेरे सामने ही कभी ज़ाहिर नहीं हुआ ! आख़िर बाहर-बाहर से देखकर या लोगों की सुनी-सुनायी के बूते पर कोई किसी को कितना जान सकता है ? लेकिन बात शायद सिर्फ इतनी ही नहीं थी... कुछ और था उन आंखों में... जैसे फूलों की पंखुड़ियों का सूरज के ताप में सहज ही धीरे-धीरे सूखना नहीं बल्कि आग की लपटों में निर्दयता से झोंककर झुलसना देखा हो उन आंखों ने ! उस झुलसन की परछाई की ही छाप थी उस चेहरे की त्वचा पर भी !

छह-सात बरस जब मैं दिल्ली गयी थी तो सलोनी का एक और ही रूप देखा था मैंने । वह और एक उसी की तरह ख़ूबसूरत नौजवान बैठक के किसी कोने में बतियाते लव-बर्ड्स की तरह बैठे रहते थे... लड़का उम्र में उससे कुछ छोटा ही दिखता था । पता लगा कि वह किसी जाने-माने उद्योगपति का बेटा था । उसके मां-बाप इस रिश्ते के बेहद ख़िलाफ़ थे । उसे जाएदाद छिन जाने की धमकियां मिल चुकी थीं, फिर भी वह सलोनी के प्रेमजाल से मुक्त नहीं हो पा रहा था । सलोनी का पहली शादी से तो तलाक़ मिल चुका था... पर इस शादी में अड़ंगे बहुत थे । आंटी मुझसे पूछ रही थीं कि अगर मैं विदेश में उनके रहने का इंतिजाम कर सकूं तो शादी चुपके से करके उन्हें भगवाया जा सकता था... कुछ इसी तरह की स्कीम तक बन रही थी ।

उस बार वे दोनों बोगनवेलिया के गुलाबी और नारंगी झाड़ों में बतियाते चिड़िया के जोड़े-से दीख रहे थे... उसकी घनी बालों की लटें तब भी कहर बरसा रही थीं। बाद में सुना कि उससे शादी करके या केनेडा में आने के बाद शादी कर वे वहीं बस गये थे। लेकिन केनेडा पहुंचने के बाद न तो उसने कभी मुझे फोन किया, न मेरे पास उसका पता ही था कि मैं खुद करती। एक तरह से सूत्र कटा ही पड़ा रहता, अगर वह इस बार यहां आने के लिए मुझे फोन न करती ! मेरे मन में ढेरों सवाल थे कि इस दूसरे लड़के के साथ उसकी शादी कैसी रही... कहां है वह ? क्या वे दोनों साथ हैं ? या कि... यह केनेडियन पुरुष मित्र कौन है ? मुझे अपने कौतूहल पर शर्म भी आ रही थी—कि मैं उन औरतों से कौन-सी कम हूं जो उसके बारे में बातें बनाती रहती थीं। उसकी व्यक्तिगत ज़िंदगी के बारे में इस तरह खोद-खोदकर पूछना क्या तमीज़ की बात होगी ?

मेरा सहसा मन हो आया पूछने का कि उसने अपने ऐसे ख़ूबसूरत बाल कटवा क्यों डाले ?

उसकी आंखों में धंसी उदासी अब पूरे चेहरे पर फैल गयी।

"आपको किसी ने बतलाया नहीं ?"

"क्या ?"

"मुझे कैंसर हो गया था... ओवरीज में। जब कीमोथैरेपी चल रही थी तो बाल बहुत झरते थे... तब डॉक्टर ने ही कहा था कटवा देने को।" एक फीकी-सी मुस्कान उसके चेहरे पर लाकर कहा, "लम्बे बाल गिरते हुए नोटिस ज्यादा होते हैं, ऐसे खास पता नहीं लगता उनका गिरना।"

मुझे सच में किसी ने नहीं बतलाया था उसकी बीमारी का। धक्का-सा लगा।

"कब हुआ, कैसे हुआ सब... कोई पास था तुम्हारे ?"

"नौ महीने पहले ही हुआ ऑपरेशन। मम्मी खुद ही बीमार रहती हैं, इसलिए उन्हें बुलाना मुनासिब नहीं था। सोना आ गयी थी दो हफ्ते के लिए... इससे ज्यादा छुट्टी उसे अपने पति से मिल भी नहीं सकती थी... बहुत सेवा की बेचारी ने मेरी... यूं मैंने तो सोचा था किसी को बतलाऊंगी ही नहीं, पर डॉक्टर ने ही कहा कि... जब उसे कैंसर का शक

हुआ तभी उसने कहा कि मैं अगली बार किसी परिवार के सदस्य के साथ आऊं... तब मैंने अपने केनेडियन पुरुष मित्र से कहा था कि साथ चलें... वर्ना मेरा वहां कोई था ही नहीं ।"

मैं फिर सोचने लगी कि उस अमीर उद्योगपति के बेटे का क्या हुआ जिसके साथ शादी करके वह केनेडा आयी थी ? क्या वह उसके साथ नहीं था उसकी देखभाल करने को ? ऑपरेशन के वक्त कहां था वह ?... क्या इसकी यह हालत जानकर ही वह इसे छोड़ गया था ?... शायद ऐसा ही हुआ हो... पांच-छः साल तो शादी किये भी हो गये होंगे । मैंने पूछ ही लिया । हैरानी इस बात की ज्यादा थी कि वह बेझिझक सब कुछ बताने लगी–

"बड़ा स्पाईनलेस लड़का था... वही गोरी चमड़ी का शौक । आने के कुछ महीने बाद ही उसका रुख बदल गया था... किसी फास्ट-फूड चेन में नौकरी कर रहा था... पता नहीं मुझसे कहता कि मेरी नौकरी चली जायेगी... हफ्ते-हफ्ते घर ही नहीं आता । फिर नौकरी छोड़ दी... कभी घर आता, कभी नहीं... मैं दिनभर की थकी क्लिनिक से आती तो वह इस इंतिजार में बैठा रहता कि अब मैं ही घर आकर खाना भी बनाऊंगी... कि मुझसे शादी करके जैसे उसने एहसान किया था मुझ पर... मैं सोचती थी कि हमारी शादी की नींव हमारा प्यार होगा... पहली शादी तो मम्मी-पापा ने तय की थी लेकिन सौरभ से तो मेरे मन का रिश्ता... दीदी अजीब होते हैं ये पुरुष... सोखना जानते हैं, सींचना नहीं ।"

मेरा मन अटक गया था उसके अंतिम वाक्य पर–सोखना जानते हैं, सींचना नहीं । इस समय वह मुझे रसहीन, गंधहीन, किसी झरे हुए फूल की मानिंद ही दिख रही थी जिसका रस-रंग सब सोख लिया गया हो ! पर मन अनेक संदेहों से भरा था... यह खुद ही कहां एक पुरुष की होकर रहने वाली होगी... वर्ना चायबागान वाले पति को छोड़कर क्यों आती ? कितनी दु:खी थी आंटी भी... कितनी बदनामी हो रही है ?... क्यों नहीं वापस जाती अपने पति के पास ?

सलोनी अपनी रौ में कहती जा रही थी–"उसे कहीं लगने लगा था कि उसके मां-बाप ठीक ही कहते थे कि मैंने उसे फंसाया है... मुझे पाने के बाद उसे अपने मां-बाप का पैसा, उनके यहां का सुख-आराम बेहद

याद आने लगा था–यहां तो खुद काम करके ही ज़िंदगी की गाड़ी चलायी जा सकती थी । उसके मां-बाप ने तो साफ कह दिया था कि मुझ जैसी तलाक़शुदा लड़की से शादी करेगा तो जाएदाद में एक अधेला भी नहीं मिलेगा... उनके सारे ख़ानदान की नाक कट रही थी–वे तो मरने-मारने पर भी उतारू थे । वह तो हम किसी तरह बचकर यहां आ गये... पर सौरभ में अपने बूते जीने का दम-खम कतई नहीं था–मेहनत करने के बजाय अपने जिस्म को बेचना उसे कहीं ज्यादा आसान और सुखकर लगने लगा... फिर उसका पौरुष इसी में गौरव मानने लगा कि उसकी कितनी मांग है... और साथ ही मिल रहे थे वे सब विलास के सामान जिनको पाने के लिए अब मां-बाप के पास लौटना नामुमकिन था क्योंकि वे दरवाजे मुझ से ब्याहते ही बंद हो गये थे । यूं मुझे मालूम है कि आख़िरकार वह अपने मां-बाप के पास ही लौटेगा और वे भी इसे अपना लेंगे कि चलो उस डायन से तो छुटकारा मिला और किसी दूसरी लड़की से शादी करा देंगे... वह तो मर्द है न ! तलाक़शुदा होना कोई ख़ास बात नहीं होगी... रंडुआ होना भी बड़ी बात नहीं ! उद्योगपति बाप का बेशुमार पैसा किसी बदकिस्मत लड़की को खरीद डालेगा !"

कुछ देर रुककर वह कह उठी–"लेकिन मेरा केनेडियन मित्र बड़ा भला पुरुष है... ऑपरेशन के वक्त वही मेरे साथ था... वह भी तलाक़शुदा है... दो बच्चे हैं उसके । अपनी मां के साथ रहता है ।"

"शादी करोगी उससे ?"

"शादी !" विद्रूप था उसके चेहरे पर... "दो शादियां कर चुकी !... शायद ज़िंदगी का सबसे बड़ा अभिशाप दूसरों की शर्तों पर जीना ही है !... अभी तो वीकेंड पर मिलते हैं ।"

उसने लम्बा निश्वास छोड़ा और बात जारी रखी–"क्यों करते हैं लोग शादी... जब भीतर अकेले ही जीना होता है... किसके लिए यह दिखावा... नहीं, अब दूसरों के दिखावे के लिए नहीं जीना चाहती... वह घर... वह ठिकाना... वह ठहराव चाहती हूं... जहां तन और मन दोनों को सुकून हो... शादी इसलिए नहीं करना चाहती कि सामाजिक दृष्टि से पुरुष द्वारा सुशोभित होना एक औरत की ज़रूरत है... क्या ऐसा नहीं हो सकता कि घर जिसे कहा जाता है वह अकेली औरत का भी हो–उसके निजी सपनों,

निज सपनों, निज की शर्तों के मुताबिक ! कि मां का घर या पति के घर के अलावा भी घर नाम का अस्तित्व हो... जहां औरत अपनी इच्छा या ज़रूरत के मुताबिक रह सके । मुझे यह समझ नहीं आता कि जब मैं अपने दो पैरों पर खड़ी हो सकती हूं तो घर के लिए चार या आठ या दस पैर क्यों चाहिए !"

"वह क्या कहता है ?"

"वह भी अभी शादी के हक में नहीं... हम दोनों कुछ देर एक-दूसरे को जान-समझ लेना चाहते हैं । दरअसल बात उसे जानने की ही नहीं... मैं खुद को भी जानना चाहती हूं... मुझे तो खुद को ही पता नहीं लगता कि मैं क्या हूं... कभी लगता है कि विदेशी समाज ही मेरे मन के ज्यादा क़रीब है... मेरी पर्वरिश अंग्रेजियत के माहौल में ही ज्यादा हुई... फिर वहीं... जैसे कि मेरा केनेडियन मित्र ही बड़ा अजनबी लगने लगता है !... दरअसल विदेशी समाज का जो बिम्ब मन में होता है... उससे बहुत फ़र्क़ होता है यहां आकर रहना । हिन्दुस्तान में बैठे तो यही सोचती थी कि जिन चीजों को पाने के लिए इतना जुगाड़ करना पड़ता है... वे सब इतनी आसानी से मिलेंगी पर सिर्फ कंज्यूमर प्रॉडक्ट्स तो ज़िंदगी की हर जरूरत पूरी नहीं करते ।... वहां मैंने अपने आसपास को अपने से दूर ही रखा था... मेरा स्कूल, मेरा परिवेश... मैं तो हिन्दू मां के बजाय ईसाई धर्म को ही ज्यादा जानती थी जबकि वह मेरा धर्म नहीं था... पर मेरी हिन्दू मां ने भी मुझे धर्म जैसी कोई चीज तो दी नहीं थी... ऐसा लगता है जैसे कि ज़िंदगी जीने की पूरी तैयारी किये बिना ही मुझे संसार में धकेल दिया गया हो... और मैं तैराकी जाने बिना लगातार कोई रबर का टायर खोज रही हूं जिसके सहारे खुद को डूबने से बचा सकूं !"

मैं उसके बालों को, बीमारी से बुझ आये उसके चेहरे को देखती रहती हूं... कैसे सहा होगा इस लड़की ने यह सब ! और जब सब सहकर कुछ संभली है तो मुझसे मिलने आयी है... मैं भी तो उस भूली हुई हिन्दी या हिन्दुस्तानी संगीत की ही एक कड़ी हूं... जिसकी इसे खोज है... क्या चाहिए इसे मुझसे ? शायद इतना ही कि मैं इसके अतीत का एक पहचाना हुआ चेहरा हूं, मेरे माध्यम से यह अपने अतीत से, अपने खोये हुए परिवेश से फिर से नाता जोड़ सकती है... अपने घर के अपनेपन को

कम-से-कम तलाश तो सकती ही है । कल कह तो रही थी-"दीदी, केनेडा में मैं किसी हिन्दुस्तानी को जानती ही नहीं... सोचती हूं वहां रहने वाले हिन्दुस्तानियों से मिला जाये... महीनों बीत जाते हैं... मुझे तो अपने मुल्कवालों का चेहरा भी नहीं दिखता... मेरा काम भी तो ऐसा है... हिन्दुस्तानियों से वास्ता पड़ता ही नहीं... कुत्ते-बिल्लियों के क्लिनिक में कौन हिन्दुस्तानी दिलचस्पी लेगा... अब तो मुझे भी कम काम बोर लगने लगा है... कुछ और करना चाहती हूं... जहां और लोगों से मिलूं... अब तक मुझे लोगों में रुचि ही नहीं थी... पर अब कुत्तों की ग्रूमिंग कर-करके थक गयी हूं... बड़े भारी होते हैं कभी-कभी तो... दो बार मेरे पेट के टांके टूट चुके हैं... अब और नहीं होगा मुझसे यह काम... ।"

मेरा मन अभी भी कुरेद रहा है । क्या था जो इतना खूबसूरत होने के बावुजूद इस लड़की ने इतना दुःख झेला... क्या यह किसी पुरुष से संप्रेषण नहीं कर पाती होगी... अपने सौंदर्य के गौरव से ही भरी रहती होगी... और जो नहीं कर पायी उसे, उस असफलता की जड़ों को, अब कहीं अपने में ही खोज रही है । या यह सिर्फ बाहर से देखनेवालों के अपने मन की ही संदेह-ग्रंथियां हैं, जो उस सौंदर्य के सामने इतने छोटे पड़ जाते हैं कि अपने छोटेपन का सामना न कर पाने के लिए उसी सौंदर्य पर आघात करने लगते हैं ।

मैं जो तस्वीर बना रही हूं... उसका एक चित्रखंड अभी भी ग़ायब है । मन में डर है कि मेरा कोई कौतूहल-लदा सवाल उसे चोट न पहुंचाये... फिर भी हिम्मत कर डालती हूं ।

"सलोनी, एक बात पूछूं ?"

"क्या, दीदी ?"

"चायबागान के मैनेजर से जब तुम्हारी शादी हुई थी, तुम वहां कितने दिन रहीं ?"

"आपका मतलब कुल मिलाकर ?... क्योंकि आती-जाती रही कई बार ।... साल भर तो रही ही होऊंगी !"

"मन नहीं लगा वहां ?"

"मन लगने की बात ही नहीं थी ।"

"तो यह रिश्ता टूटा क्यों ?"

"उसने पहले से किसी और से शादी कर रखी थी... वह हमारे साथ ही रहती थी..."

"ओह ! तो तुमसे क्यों...?"

"वही घिसी-पिटी कहानी... मां-बाप का डर... पहले मां-बाप को उल्लू बनाया, फिर मुझे । मैं मुंह से आवाज़ निकालती तो मुझे मारता... घर आती तो मम्मी-पापा वापस मुझे उसी के पास भेज देते... मेरे रोने-धोने का किसी पर असर ही नहीं था... यह तो नानी थी जिन्होंने कहा कि तू मेरे पास रहकर तलाक़ की अर्जी दे... वर्ना और सब तो मुझे उसी नरक में वापस भेजते कि जैसे-तैसे अब निभाना ही है... दीदी, हिन्दुस्तान में तो तलाक़ लेना इतना मुश्किल है... हर चीज का सुबूत मांगते हैं... कहां से लाती मैं सुबूत कि एक और महिला साथ रह रही है... वहां दूर चाय बगानों में... कोई गवाही देने को तैयार भी न होता... सात साल लड़ती रही मैं ।... उसके मां-बाप भी मुझसे नाराज़... सबको बस अपनी बदनामी का डर रहता है वहां... ज़िंदगी की कोई कीमत नहीं । मुझको तो कोर्ट जाने में भी डर लगता था कि कहीं ये लोग मुझे मार ही न डालें... बस, नानी हमेशा मेरे साथ रही । कभी सोचती हूं उस अनपढ़ महिला में ऐसी हिम्मत क्यों कर आयी जबकि मेरी अपनी मां तक मुझे निभाने को कहती रही ।"

"मैंने भी ऐसे ही उल्टी-सीधी बातें सुनी थीं कि बिगड़ी हुई..."

"दीदी, लोग यह तो कहते हैं कि इसके साथ नहीं रही, उसके साथ नहीं रही... टिक कर रहने वाली लड़की नहीं... पर क्यों नहीं रही ? यह कोई नहीं जानना चाहता... जैसे अन्याय को न सहना मेरा दोष हो... पता नहीं कैसे नियम हैं हमारे समाज के ! चुपचाप सहती रहती तो सब मेरी कहानी का मज़ः लेते, वाहवाही करते... सती होने की शाबाशी देते... और कोई भी यह न कह सका कि इसे इस नरक से निकालो... क्योंकि पति का घर तो हर हालत में स्वर्ग ही होता है... एक तरह से तो अच्छा हुआ मेरी मां ने मुझे हिन्दू धर्म की शिक्षा नहीं दी... मेरे पास कोई धर्म था ही नहीं... बस मेरी अपनी इंस्टिंक्ट थी... जैसे किसी जानवर को चोट लगाओ तो वह अपनी सामर्थ्य के हिसाब से या भागेगा या पलटकर वार करेगा... बस मैंने वही किया... भुक्तभोगी थी न इसलिए सौरभ ने यहां आने के बाद जब इस तरह गोरी लड़कियों से रिश्ते बनाने शुरू किए तो मैंने साफ़

कह दिया कि तुम्हें अगर मुझसे प्यार नहीं, मेरी पर्वाह नहीं तो इस शादी का मेरे लिए कोई मतलब नहीं... और इस बार तलाक़ की सारी कार्रवाई मैंने खुद संभाल ली थी... खुद ही वकील से सम्पर्क किया... सब कुछ अपने बूते पर । इस सबसे गुजरने के बाद अब तिबारा शादी का मन नहीं होता... ज़िंदगी के अनुभवों से बहुत कुछ सीखा है मैंने... पर वहीं बहुत तोड़ा भी है उन्होंने !... जबकि अभी भी बहुत ज़रूरत महसूस होती है... ठिकाने की... बस हमेशा के लिए कहीं टिक जाने की ।"

उसकी आवाज़ का दर्द और तल्खी और भी तीखे हो गये थे । वह कहती गयी–"पुरुषों से मुझे कभी कुछ मिला नहीं... मुझसे लिया ही गया है–मेरा जिस्म... मेरा प्यार । फिर घर उसके साथ बनाना लाज़िमी क्यों हो ? अगर पुरुष से सुरक्षा ही चाहिए तो लूना शायद वह सब देने में ज्यादा समर्थ है और वफादार भी ।" आख़िरी वाक्य कहते हुए उसके बेरौनक चेहरे पर हल्की-सी मुस्कान आयी पर जल्द ही गायब भी हो गयी ।

उसकी सूनी और बुझी हुई आंखें जैसे कुछ खोजती-सी शून्य में जाकर टिक गयीं ।

मैं उसके किसी तलाश में खोये चेहरे पर नज़र टिकाये सोच रही हूं तो यह भटकन इसकी अपनी चुनी हुई थी ! मैंने उसकी आंखों में झांकने की कोशिश की । वहां वही सूना आकाश फैला हुआ था... जिसमें उड़ती हर चिड़िया किसी घरौंदे या किसी आशियाने की तलाश में होती है ! फिर उसका वह सवाल भी कौंध गया कि क्या उस घोंसले में एक अकेली चिड़िया–सिर्फ अपने ही नाम की तख्ती लटकाकर, अपनी शर्तों पर–बसर नहीं कर सकती ! क्या घर नाम की चीज दो पैरों पर खड़ी नहीं हो सकती ?

**

14. पतझड़ का रोमांस

इस कहानी की नायिका को आप चाहे जो भी नाम दे दें, चलेगा। यानी कि कोई भी रोमानी-सा नाम-राधिका, मधुलिका, रति, रितु, रमा या अनुराधा ! यूं फिल्मी नामों से कुछ दूर ही रहियेगा क्योंकि यह नायिका कुछ मुख़्तलिफ़ किस्म की है। उसे परियों की कहानियों वाले जादुई रोमांस का शौक है जहां पलक मारते ही झन्न से चिड़िया राजकुमारी बनकर धरती पर उतर आती है और कोई राजकुमार दीवाना बना उसके इर्द-गिर्द ही नहीं घूमता बल्कि बात-बात पर जान देने को उतारू हुआ रहता है। शायद कला फिल्मों वाला कोई नाम चल जाये पर ज़रूरी बात यह है कि नायिका रोमांस की खोज में है इसलिए नाम रोमानी ही होना चाहिए।

यूं रोमांस से जुड़ा क्या नाम होना चाहिए... इस बारे में भी मतभेद हो सकता है। आख़िरकार आज तक रोमांस की सही परिभाषा तो खोजी नहीं जा सकी... तब सही रोमानी नाम खोजना... और बात सिर्फ नाम की ही नहीं... उम्र की भी है। यह नायिका कोई षोडशी या कुमारी नहीं है। चालीस की होने चली है, फिर भी रोमांस अभी उसे खोजना है। यह बात नायिका को खुद भी बड़ी अजीब-सी लगती है क्योंकि जब वह सचमुच षोडशी थी, तब जो भाव सबसे ज्यादा उस पर हावी रहता था, वह था डर। हर किसी का डर। मां-बाप का डर तो था ही... यहां तक कि लड़कों से भी डर लगता था... जैसे कि उनसे बात करते ही वह गर्भवती हो जायेगी और फिर उसका हश्र होगा कुएं में छलांग या नींद की गोलियों के रहम से मिली बेरहम पक्की नींद।

उसकी अपनी जिगरी सहेली शमा (यह भी खूब रोमानी नाम है... एकदम गजलाना या कविताना-शमा और परवाना की तर्ज पर) का तो खूब रोमांस हुआ था पर शायद इसी से हमारी नायिका जो कुछ ज्यादा ही

घबरा गयी थीं क्योंकि शमा के घरवालों ने घर के चारों और पाबंदियों की चहारदीवारी खड़ी कर दी थी । यहां तक कि उसका घर के बरामदे में खड़ा होना भी मना था क्योंकि उस रोमांस का आलंबन ठीक घर के सामने वाले घर की खिड़की पर जमा रहता था । जब नायिका ने अपने उस मित्र प्रेमी युग्म के बीच दूती की भूमिका निभानी शुरू की तो वह अपनी तुलना उन फिल्मी नायिकाओं से करने लगी थी जो दूती की भूमिका निभाते-निभाते खुद ही नायिका बन जाती हैं । दुर्भाग्य या सौभाग्य से हमारी नायिका के साथ ऐसा-वैसा कुछ नहीं हुआ । तब वह अपने एक सहपाठी के साथ ही रोमांस की कल्पना करने लगी जो सिर्फ थ्योरी में ही बना रहा—न तो चिड़िया राजकुमारी बनी, न ही कोई राजकुमार उसके प्यार में पागल हुआ ।

उम्र का वह सारा हिस्सा बस थ्योरियां चाटने में ही निकल गया... रोमांस का एक पहलू शायद यह भी था—कुछ कर दिखाने का । कुछ नया, कुछ साहसिक या कुछ अहं कर जाने या बन जाने का । हमारी नायिका ने भी खूब कर दिखाया—बीस बरस की उम्र में पढ़ाई का वजीफा लेकर अमरीका पहुंच गयी । उन दिनों उसकी ज़िंदगी का रोमांस अमरीका और अमरीका से जुड़ी हर बात थी—अमरीकी यूनिवर्सिटियां, अमरीकी पहनावा, अमरीकी आइडियाज और अमरीकी दूल्हा भी । जी हां, हमारी नायिका ने अमरीकी दूल्हा भी खोजा और फिर अमरीकी तलाक़ भी ! आपने सुना है डायवोर्स अमेरिकन स्टाइल ! यानी कि बिना लड़ाई-झगड़े के आपस में यह तय कर लिया कि अब हम और साथ नहीं रह सकते इसलिए तलाक़ लाज़िमी है । मुस्लिम रिवाज में तो सुना है तीन बार तलाक़ कहा जाता है और तलाक़ हो जाता है, हिन्दू घरों में तलाक़ की धमकियां दी जाती हैं पर ज्यादातर तलाक़ होता नहीं, जनाज़ा भले ही उठ जाये... पर यहां तो तलाक़ का नाम भी नहीं लिया गया । डायवोर्स देने के बजाय बस इतना ही कहा गया—लेट अस सेपरेट !

सो हमारी नायिका की रोमांस की खोज खत्म हुई ही नहीं । न ही उस खोज से उसे कुछ मोती मिले । यूं गोते तो वह अभी भी लगा ही रही है पर अब अपनी उम्र को लेकर उसे हैरानी होने लगती है । जब वह षोडशी थी और उसकी सहेली शमा की मां को किसी अधेड़ पुरुष ने राह

चलते छेड़ा था तो बड़ी हैरत हुई थी उसे ! उतनी बड़ी उम्र की महिला में उस पुरुष को क्या दिलचस्पी थी ? वे भी तो तब पैंतीस-चालीस की ही रही होंगी !

दरअसल तब हमारी नायिका के रोमांस का अंतिम छोर था विवाह ! पर अब इन सीमाओं को नापने के बाद वह अछोर या असीम हो गया है। रोमांस का एक वृहत्तर अर्थ पा लिया है उसने । यानी कि रोमांस का मतलब है उन चीजों की खोज जो वह अब तक पा नहीं सकी ! यूं हमारी नायिका अब तक यह फैसला नहीं कर सकी कि ऐसी क्या चीज उसे पानी है या पाने का प्रयास करना है जिसमें रूमानियत या कहें रोमांस हो ! उम्र की बढ़ोत्तरी के साथ जो सबसे बड़ी घटोत्तरी या नुक़सान होता है वह है रोमांस और रोमांच का ! नायिका की ज़िंदगी में भी बहुत कम चीजें रह गयी हैं जिनसे रोमांच मिल पाये । लखपति-करोड़पति के सपने तो पूरे हो ही गये, शहर की नामी वकील भी वह बन चुकी है । अब तक उसके रोमांस के स्रोत भी यही थे–कैरियर, नाम, पैसा ! जो पुरुष जीवन में आया वह भी केन्द्र में नहीं रह सका क्योंकि केन्द्र में रोमांस के दूसरे आधारों की भीड़ पहले से ही लगी हुई थी । इसलिए पुरुषहीन हो जाने में एक मुक्ति का एहसास भी था । लेकिन अब उसकी तलाश का मिज़ाज बदल रहा है... इच्छा होती है किसी तरह उस राजकुमार को खोज डाले जो अपने वुजूद से उस केन्द्र पर पूरी तरह से हावी हो जाए... जो एक बार आये तो उसकी ज़िंदगी रोमांच और रोमांस में भर जाये !

क्या वह अभी भी किसी पहले प्रेम के रोमांच की तलाश में है ?

यूं वह चालीस की ज़रूर है पर तीस-बत्तीस से ज्यादा की दिखती नहीं । आकर्षक है । शरीर की रेखायें बाकायदा बरक़रार हैं । गालों के गड्ढे अभी भी देखने वालों के दिल में गढ़े बना डालते हैं । चेहरे की सांवली त्वचा में ऊष्म देशों की धूप जैसी चमक अभी भी मौजूद है और सबसे बड़ी बात तो यह कि वकालत करते-करते वह खासी प्रभावशाली प्रवक्ता भी बन गयी है ।

तो इस प्रवक्ता-वकील उर्फ आकर्षक नायिका की मुलाक़ात है विदेश यात्रा पर आये भारत के एक मंत्री जी से । इन मंत्री जी का नाम–चलिये, कुछ भी लगा लीजिये–सतीश कुमार, कमल कुमार, अरुण कुमार

या सुरेन्द्र कुमार । नाम कुछ कुमार टाईप का ही रखना होगा क्योंकि हमारी नायिका को उनमें जो खास बात लगी वह यह थी कि न तो ये मंत्री जी धोती-कुर्ते वाले कोई हिन्दी-प्रदेश के भजनलाल-देवीलाल किस्म के थे, न ही कोई दक्षिण भारतीय गहरे श्याम-वर्णीय रेड्डी-वेड्डी टाईप के, बल्कि यह तो ऑक्सफोर्ड शैली की अंग्रेजी बोलने वाले सूट-टाई से सुसज्जित, पश्चिमीकरण की लम्बी प्रक्रिया से निकले किसी अमरीकी भारतीय से दो कदम आगे ही थे । उम्र में पचपन-साठ के होते हुए भी बालों में अमरीकी डाई यानी कि ख़िज़ाब लगाकर कुछ जवान हो गये थे । यूं दिल से जवान तो पहले के ही रहे होंगे तभी तो नायिका को देखकर, फिर सुनकर, वे पूरी तरह से लट्टू हो गये । हाल तो यही नायिका का भी था । बस, फिर क्या ! फोन पर फोन... मुलाक़ात पर मुलाकात ! मंत्री जी कहते न थकते, 'यह कैसा जादू कर दिया है आपने हम पर ! सच में अपनी सारी ज़िंदगी में ऐसी महिला से नहीं मिला था... इतनी सुंदर, ऐसी विदुषी, ऐसी प्रवक्ता, इतनी सोफिस्टेकेटेड... सच में सर्वगुण सम्पन्न !'

मंत्री जी के प्रेम के सागर में डूबते-डूबते नायिका को कभी-कभी दुविधा भी होने लगती थी—मंत्री जी शादीशुदा थे, तीन बड़ी-बड़ी लड़कियां और दो बड़े बेटे थे । इसके अलावा मंत्री जी की तोंद भी थी और उनके मुंह से बासी मांस-मछली वाली एक बू भी आती रहती थी । जब मंत्री जी बात करते तो लगता भाषण दे रहे हैं और जब भी बात करते तो सिर्फ अपने बारे में ही करते । यानी कि उन्होंने भूत में क्या-क्या महान काम किये जिससे कि सबने उन्हें मिन्नतें कर-करके इस मंत्री पद को सुशोभित करने पर राज़ी किया । वर्ना मंत्री जी खुद को एक स्कॉलर यानी कि विद्वान मानते थे । राजनीतिज्ञ तो उन्हें परिस्थितियों ने बना दिया । इस तरह वह खुद को एक उच्चतर कोटि का राजनीतिज्ञ साबित करने की कोशिश करते और एक विद्वान के रूप में भी खुद को राजनैतिक मान्यता प्राप्त विशिष्ट विद्वान घोषित करते ।

फिर भी हमारी नायिका जी मुग्धा नायिका बन गयी थीं जो मंत्री जी की हर बात पर बस मुग्ध रहतीं । उनकी बातों में उसे हिन्दुस्तान की सत्ता की गतिविधियों के उतार-चढ़ाव उतरते-चढ़ते दिखते । वह और भी मोहवश हो जाती । सत्ता के इतने करीब वह पहले कभी नहीं आयी थी ।

एक अजीब-सा नशा था। उसके पोर-पोर पर जैसे बसंत छाया हुआ था–बसंत भी वह जो पतझड़ में आ जाये। सूखने को आयी टहनियां फूलों से लद-लद जायें। एक कौतूहल भरे बालक की तरह वह सवाल पूछती रहती–"राजनीति में क्या ज्यादा आकर्षक है, ताकत या आइडियोलॉजी?" 'कैसा लगता है इतनी बड़ी ज़िम्मेदारी उठाकर, डर नहीं लगता कि संभलेगा या नहीं?' 'सारे देश की बागडोर हाथ में थाम लेने पर क्या आदमी कहीं अंदर से बड़ा हो जाता है या वही बना रहता है?'

नायिका को बांहों में भरकर चूमते हुए जब मंत्री जी उसके सवालों के कभी सीधे या कभी गोल-गोल जवाब देते तो उसकी आंखों में उनका आकार बड़ा ही होता जाता। पल-पल में गुणा होने वाला वह आकार हफ्ते भर के संसर्ग में इतना विशाल हो गया कि नायिका वकालत-वकूलत भूल, पिंजरे की चिड़िया बनने पर उतर आयी।

–तुम्हारे साथ रहना चाहती हूं।

–हां, क्यों नहीं! मैं तो यहां आता ही रहता हूं... तुम्हारे बहाने कुछ और दौरे लगा लेंगे।

–नहीं, ऐसे नहीं... वह तो बहुत कम मिलना होगा... तुम्हारे साथ लम्बा वक्त बिताने का मन होता है... मैं आऊं हिन्दुस्तान... छुट्टी लेकर?

–हां-हां... हां-हां... क्यों नहीं... क्यों नहीं... तुमको संसद का अधिवेशन दिखलायेंगे... राजनीति के असल ड्रामें तो लोकसभा में ही होते हैं।

–वो तो बेहद एक्साइटिंग रहेगा। मैं जरूर आऊंगी... नवम्बर में आऊं?

–हां, जाड़ों के अधिवेशन के दौरान आ जाना।

अचानक फोन की घंटी बज उठती है। मंत्री जी के साथ जब भी बातचीत रंग पकड़ने लगती है, तभी फोन बजता है। लेकिन इससे उनके रंग में भंग नहीं पड़ता। वह एक हाथ से कान के पास फोन का चोगा लगाये, दूसरे हाथ को नायिका की जंघाओं पर फेरते आराम से बात करते रहते हैं। नायिका को बड़ा अजीब-सा लगता है... प्यार करने का भी एक अभ्यास होता है क्या?

एक बार उनके परिवार का फोन था–देर तक पत्नी और एक के बाद एक पांचों बच्चों ने बात की... शायद फर्माइश ही । और वह बड़ी सहजता के साथ नायिका का बदन सहलाते रहे ।

लेकिन नायिका प्रणय के क्षणों के जादू को टूटने नहीं देना चाहती है । वह इन अंधड़ों को नज़रअंदाज़ कर हल्की-हिलोरती बयार का इंतिजार करने लगती है । उसे अब तक यह भी मालूम हो चुका है कि फोन का चोगा रखते ही वह उसकी खूबसूरती और उसके व्यक्तित्व की विशिष्टता के बखान के पिरामिड बनाने लगेंगे और वह उसके नीचे दबी अपने-आपको भी भूल जायेगी ।

फिर अचानक वह बताते हैं कि प्रधानमंत्री जी ने एकदम वापस बुला लिया है... वह नाराज हैं कि इतने दिन विदेश क्यों रह लिये ? नायिका घबराकर लिपट गयी उनसे–

'तुम छोड़ जाओगे मुझे ?'

'सच में मन तो करता है तुम्हें बांहों में भरे रहूं... पर काम तो करने ही हैं ।'

'मैं कैसे रहूंगी तुम्हारे बिना ?'

'अब तुम आना न दिल्ली ।'

'मेरे साथ बिताने के लिए वक्त होगा ?'

'क्यों नहीं... क्यों नहीं... हर वक़्त राजनीति का ही तो काम नहीं होता ।'

'कहीं दूर... किसी खूबसूरत-से स्पॉट पर चले जायेंगे... हफ़्ता साथ बितायेंगे... एकांत में... !'

'हां हां... उसका भी इंतिजाम कर लेंगे हम ।'

'तो पक्का रहा । नवम्बर में मौसम भी बढ़िया रहेगा । तब आऊंगी ।'

नायिका आवेश में आ जाती है । घिसे-पिटे सवाल पूछने लगती है... वही जो रोमांस के किसी-न-किसी पड़ाव पर हर नायिका पूछती है... खासतौर से जब उसे इन्सिक्योरिटी होने लगती है ।

'तुमने कभी और भी प्यार किया है... पत्नी की बात नहीं पूछती...'

'नहीं...'

'सच में ?'

'इस पूरे महाद्वीप में मेरा तो तुम्हारे सिवा किसी दूसरी की ओर आंख उठाकर देखने का भी मन नहीं हुआ... बस तुम्हीं में रम गया है तन-मन ।'

'हूं ऽऽऽऽ... यानी कि... क्या हर महाद्वीप में एक-एक...'

'कैसी बातें करती हो तुम !'

विश्वास करने को उत्सुक नायिका मुस्कुरा देती है ।

'खासी चालाक चीज हो तुम भी ।'

'क्यों, बुद्धू होता तो पसंद करतीं !'

'वो भी ठीक है ।'

कुछ पल बाद–

'कल शाम तो जाना होगा मुझे... क्या किया जाये ?'

'कल का दिन साथ बितायें ?'

'तुम्हारा दफ़्तर... ?'

'मैं छुट्टी ले लूंगी ।'

छुट्टी लेकर अगले दिन वह मंत्री जी के होटल पहुंच जाती है । संदेश मिलता है कि वे अभी आते होंगे... और वह लॉबी में इंतिजार करने लगती है । एक घंटा... दो घंटे... शाम के चार बजने को हैं... नायिका को बेहद फ़िक्र लगी है... समझ नहीं आता क्या करे... क्या कौन्सलेट में फोन करके उनका पता लगाये ?

तभी देखती है सामने के दरवाजे से मंत्री जी प्रवेश कर रहे हैं... पीछे-पीछे तीन-चार आदमी चले आ रहे हैं... सबके हाथों में सामान से भरे भारी-भारी थैले हैं ।

मंत्री जी उसे देखते ही बोल पड़े–

–आय एम वैरी सॉरी । वो पत्नी और बच्चों ने इतनी लम्बी शॉपिंग लिस्ट दे दी कि अभी भी पूरी चीजें नहीं ले पाया... वो वीडियो कैमरा तो रह ही गया । चलिये, आप ऊपर चलिये... यह सारा सामान पैक भी करना है... फ्लाईट में सिर्फ दो-ढाई घंटे ही रह गये हैं ।

चारों बाशिन्दे सामान लेकर साथ ही आये । कमरे में पहुंच सारी चीजें थैलों से बाहर पैक करने के लिए निकाली गयीं–वी.सी.आर.,

कैमरे, माइक्रोवेव ओवन तथा दूसरे कितने ही इलेक्ट्रॉनिक सामान । घड़ियां, साड़ियां, परफ्यूम्स । जब तक सामान पैक हुआ, उनका एयरपोर्ट जाने का वक़्त हो गया । कुछ और लोग भी नीचे लॉबी में पहुंचे हुए थे उन्हें विदा देने के लिए । होटल के बाहर लिमोजीन खड़ी थी, उन्हें एयरपोर्ट ले जाने के वास्ते । जब तक बाशिन्दे सामान लिमो में रख रहे थे, मंत्री जी ने विदा करने वालों पर कृपादृष्टि फेरी और फिर सबकी उपस्थिति के प्रति सजग हो नायिका को एक औपचारिक-सा नमस्कार कहकर लिमो में बैठ गये । मंत्री जी कुछ और बड़े हो गये थे, वह कुछ और छोटी ।

उदास-मन, थकी-हारी नायिका हाथ के इशारे से सड़क पर जाती एक टैक्सी को रोकती है । टैक्सी में बैठते ही अजीब-सी बू उसके नथुनों से टकराती है... उसे सहसा मंत्री जी के मुंह से आने वाली दुर्गन्ध का ध्यान आता है... पर्स खोल वह अपना परफ्यूम निकालती है और अपने चारों तरफ छिड़कने लगती है... फिर निढाल-सी पीछे की सीट पर सिर टिका कर आंखें मूंद लेती है ।

लगता है नायिका ने अपने रोमांस का आलंबन सही नहीं चुना । यूं चुनाव का या इंतिजार का अब वक्त था ही कहां ! उसकी माला के फूल तो मुरझाने को ही हैं । पर यह मंत्री जी मुझे तो प्रेमलायक लगते ही नहीं । जो आदमी अपनी प्रिया को घंटों इंतिजार में सुखाकर खुद पत्नी-बच्चों के लिए खरीदारी करता रहे और फिर विदा के वक़्त सिर्फ हिपोक्रेसी निभाने की ख़ातिर आंखों से भी प्रणय का मूक अभिवादन न दे, ऐसा प्रेमी नायिका द्वारा बिलकुल धता बताने लायक है ।

लेकिन नायिका को नवम्बर का बेताबी से इंतिजार करने लगी । ठीक महीना पहले उसने मंत्री जी को खत लिखा कि वह भारत आ रही है और फिर नियत समय पर पहुंच भी गयी ।

दिल्ली पहुंचते ही फोन किया उनके घर । किसी ने कहा कि अस्पताल गये हैं । घबरा गयी वह । फिर फोन रिसीव करने वाले ने बताया कि उनकी पत्नी की टांग का फ्रैक्चर हो गया है, उनके पास अस्पताल गये हैं । नम्बर छोड़ा और वह अपनी पुरानी सहेली से मिलने चली गयी ।

दो दिन बीत गये । मंत्री जी ने सम्पर्क ही नहीं किया ।

चौथे दिन फोन किया तो मंत्री जी मौजूद थे । बोले–

'तो आ गयीं आप ! बहुत अच्छा हुआ । कब मिलियेगा ?'

'आज मिलें ?'

'इस शुक्रवार को तो बेटी की शादी है... उसी की तैयारियों में लगे हैं ।–

'ओह !... तो कब मिल सकेंगे ? मैंने तभी बहुत पहले से तारीखें...'

'आप शादी में आइये न... वहीं मुलाक़ात होगी !'

नायिका में उनकी बेटी की शादी को लेकर कोई उत्साह नहीं जागा, उल्टे कोफ़्त हुई । उसका एक-एक दिन कीमती था । साल में दो हफ़्ते की छुट्टी मिलती है... एक हफ़्ता ऐसे ही निकले जा रहा था । मन में कहीं आहट भी थी–क्या यह व्यक्ति खुद उससे अकले में नहीं मिलना चाहता ? वह सब कुछ जो था, क्या... ? शादी में वह किसी को जानती-बूझती नहीं । क्या करेगी जाकर ? लेकिन मंत्री जी को तो इस बात का ध्यान ही नहीं था कि वह आयी या नहीं क्योंकि वह इंतिजार करती रही थी कि उनका फोन तो आयेगा । पर जब दूसरा हफ़्ता भी बीतने को हुआ तो उसने खुद ही फोन मिलाया... मंत्री जी फोन पर आये तो उसने चैन की सांस ली ।

'सॉरी, शादी में नहीं आ सकी ।'

'क्या... कौन... ?'

'जी, मैं... मैं... '

'ओह ! अच्छा कैसी हैं आप ?'

'आज मुलाक़ात हो सकती है !'

'बड़ी ही मुसीबत आ पड़ी है... कल बड़े बेटे ने कार से एक आदमी को मार दिया... बड़ा ही हंगामा हुआ बैठा है... बेवुकूफ़ पुलिसवालों का भी कुछ पता नहीं चलता... उठाकर गिरफ्तार कर लिया–एक-दो दिन इसी का इंतिजाम करने में लगेंगे... आजकल इन सालों को किसी का लिहाज नहीं...'

नायिका के भीतर कुछ जोर से तड़का । उसे लगा कोई विशालाकार इमारत उसके समने भुरभुराकर चकनाचूर हो रही है । और उसी के साथ

ढह रहा है उसका अपना संसार... उसका अधूरा, स्वप्निल रोमानी डिजनीलैंड...

उसने मलवे के भीतर से आवाज़ लगाने की कोशिश की।

'अपने साथ संसद अधिवेशन देखना चाहती थी... आप दफ़्तर कब जाते हैं... वहीं मिलूंगी।'

'दफ़्तर... हूं... वह तो मालूम नहीं कब जा पाऊंगा... यहां पर घर और दफ़्तर में फ़र्क़ थोड़े ही है।'

'तो दफ़्तर का काम कब करते हैं आप ?'

'वो... काम तो चलता ही रहता है...'

'मतलब कि... ?'

'मतलब कि वह तो अपने आप होता ही रहता है... अब भला देश का काम कभी रुक थोड़े ही सकता है।'

'मैं कल अमरीका वापस लौट रही हूं।'

'लो, अभी तो आई हो, अभी लौट भी चली।'

'बस, दो ही हफ़्ते की छुट्टी मिलती है। मैं तो आप ही के लिए आयी थी... तभी आपको ख़त में लिख दी थीं। पता होता आप इतने मसरूफ...'

'अरे भई, रूक जाओ न कुछ और...'

'नहीं, रूक कैसे सकती हूं... लौटकर काम संभालना है।'

'लो, काम का क्या है... वह तो चलता ही रहता है...'

'जी, मेरे लिए तो कुछ भी अपने-आप नहीं चलता, चलाना पड़ता है।'

मंत्री जी ने आवाज़ को कुछ नरम और धीमा कर कहा–

'आह ! देखो तो फोन में भी तुम्हारे बदन की महक आने लगी है... सुनो, अगली गर्मियों में मेरा अमरीका आने का दुबारा बनेगा... शायद उसी होटल में रूकूं... चाहो तो दो-चार दिन तुम्हारे अपार्टमेंट में...'

नायिका को लगा वह मलवा किसी घिनौने कीचड़ में तब्दील हो रहा था और वह उसमें धंसती ही जा रही थी।

'कितना आसान है न... कितना कन्वीनियन्ट है आपके लिए... प्रेम या हत्या... राजनीति... या रिश्ते...'

और वह फोन धीरे से नीचे रख देती है । अचानक उसके नथुनों में फिर से वही दुर्गन्ध भरने लगती है । सुविधा के रिश्तों से बचने के लिए ही तो उसने खुद को उस विवाह से मुक्त किया था... क्या सहूलियत से बड़ा और कुछ नहीं ? वह छटपटाने लगती है... किसी पिंजरे में बंद चिड़िया-सी ! नहीं... अब उसे किसी राजकुमार का इंतिजार नहीं... उसे बस आकाश चाहिए... उड़ने को... पूरे पंख फैलाकर उड़ने को... एक अनन्त आकाश... !

**

15. सरस्वती की धार

दर्द की बेहोश कर देने वाली ढेर दवाएं खाने के बावुजूद शारदा के पेट में टीस उठने लगती। जरा-सा भी हिलती तो ऑपरेशन के टांके टस-टस कर खुलने लगते। छुरा अंतड़ियों से गुज़रता पीठ को भी चीर गया था... पता नहीं कैसे बच गयी वह ? पर अब दर्द... बला का दर्द उसकी हिम्मत पस्त किए देता था। ऊपर से एनस्थीसिया के असर में जी भी कैसा मिचला-सा रहा था। अस्पताल की शैया पर इस तरह असहाय पड़ जाना उसे बेहद कष्टकर हो रहा था। पता नहीं कब तक इसी तरह रहना होगा। निकम्मे, पर-निर्भर होकर। बार-बार कराह उठती। कराहटों में बस वही एक चेहरा आकर जम जाता था–सूखा, पीला, आतंकित और निरीह। ऐसा चेहरा... ऐसा उदास... नन्हा... जीवनरिक्त चेहरा ! ऐसा चेहरा उस पर आघात कैसे कर सका ? क्यूं कर सका ? जो किसी वक़्त एक सौंप देने वाले भाव से उस पर भरोसा करने लगा था... उसे अपने विश्वास का पात्र बनाये था... वह एकदम इस तरह... उसी से प्रतिकार ! लेकिन किस बात का प्रतिकार ? क्या किया था उसने ? क्या चोट पहुंचायी थी ? क्या उसके जाने बिना ही इतनी दूरी बन चुकी थी कि पाटने का यही एक तरीक़ा बच रहा था ? अपने जाने तो उसकी पूरी कोशिश यही थी कि वह उसे कुछ बना दे, उसके मन में कोई उम्मीद, कोई हसरत पैदा कर दे, कोई चिंगारी सुलगा दे। क्या यह चिंगारी उसी को जलाने के लिए उठी थी ? पर चिंगारी सुलग ही कहां पायी थी... यह तो जमा हुआ लावा था–उस ठंडे, अकड़ आये लावे का वार था यह। क्रूरता का ठंडापन–जब सारी इन्द्रियां जमकर निर्जीव हो जाती हैं... अनुभूति छू नहीं पाती। इंसान सोता-जागता है, खाता-पीता है, सारे धंधे करता है पर मरा हुआ होता है। तभी तो पांचवीं क्लास में... सिर्फ बारह साल का बच्चा छुरा लेकर आता है और हर किसी पर वार करने को

तैयार रहता है । पता नहीं यह मरना उसका अपना मरना था । या उन घरवालों का या उन समाज वालों का जिन्होंने उसे जीने की तालीम नहीं दी । पर शारदा तो उसे जीना ही सिखाना चाहती थी । उस नफ़रत के बवंडर से बाहर निकालना चाहती थी जो उसे जड़ता के अंधेरे कुओं में धकेले दे रहा था ।

समाज विज्ञान की कक्षा थी वह । शारदा क्लिन्टन के राष्ट्रपति बनने के संदर्भ में अमरीकी राष्ट्रपतियों के बारे में पढ़ा रही थी । तब वह बोला था–"बना नहीं तो क्या... बन सकता है... काले गवर्नर तो हैं... राष्ट्रपति भी बनेंगे... तुम बड़े होकर बनना न !"

उसे मज़ाक़ लगी थी शारदा की बात । शायद बहुतों की नज़र में वह मज़ाक़ हो भी । पर शारदा जो कहती है या करती है, वह पूरी कन्विक्शन और आत्मविश्वास के साथ । उसे न तो खुद के इरादों पर कभी संदेह होता है न दूसरों को ही करने देती है । उसे तो लड़-मिटना मंजूर है, हेरा-फेरी करना नहीं । पहले शारदा को भी वह संदेह से ही देखता था । पर नब्बे प्रतिशत गोरे शिक्षकों के उस स्कूल में उसे शारदा पर फिर भी औरों से तो कुछ ज्यादा भरोसा था । फिर शारदा की आंखों में एक स्वागत का भाव बना रहता था... जो उसे उसके प्रति आकर्षित करता था । वही क्यों, बाकी सब को भी शारदा पर बड़ा जल्द भरोसा हो आता था । थी भी तो इतनी मीठी वह । चेहरे के गोलाई लिये सांवले नक्श, संवेदना से दीप्त छोटी-छोटी आंखें–उसके मुखड़े से हरदम मिठास ही टपकती रहती थी । ऊपर से जब बोलती तो लगता जैसे किसी ने मुंह में मिसरी की डली घोल दी हो या गुलूकंद का गोला धर दिया हो । नब्बे प्रतिशत काले-हिस्पैनिक बच्चों की आबादी के उस स्कूल का गोरा प्रिंसिपल भी शारदा के ही हवाले कर दिया जाता । और वह कोई-न-कोई तरीक़ा खोज ही लेती छात्र के साथ संप्रेषण का, समस्या के हल का । प्रिंसिपल इस बात से बहुत प्रभावित था शारदा से । वर्ना उस स्कूल के सारे शिक्षक इन छात्रों से घबराते थे और मन-ही-मन उनकी यही कामना होती थी कि कब किसी दूसरे स्कूल डिस्ट्रिक्ट में उनका तबादला हो । हर वक्त मन में खौफ-सा बना रहता था कि कहीं कोई गलत बात मुंह से न निकल जाए या कुछ ऐसा-वैसा न हो जाए कि कोई अनचाहा

परिणाम भोगना पड़े। हर ओर से बस नफ़रत और संदेह की घटाएं ही उमड़ती रहती थीं। यूं शारदा को खुद से भी नफ़रत महसूस नहीं हुई। हां, डर एकाध बार जरूर लगा। पर उस डर की वजह तात्कालिक हालात मात्र थे। खासतौर से जो उसे नहीं जानता, वह तो उस पर भी चोट कर ही सकता था। पर मूल रूप से तो वह निडर ही थी–बल्कि काली जाति के अधिक नज़दीक़ महसूस करती थी और मन में कहीं यह विश्वास भी था कि वह दोनों को ही समझती है। वह यहां रहने वाले दूसरे हिन्दुस्तानियों से भी अलग थी जो कि ज्यादातर गोरों के पीछे ही भागते हैं और उन्हीं की सभ्यता- संस्कृति की नकल या सम्मान करते हैं। कालों से वे उसी तरह बर्ताव करते हैं जैसे कि यहां के गोरे या उनसे बदतर ही। क्योंकि गोरे रंग का सम्मान कहीं उन्हें भी अपने पुरखों से विरासत में मिला होता है। वे अपना दोस्ती का हाथ गोरों की ओर ऐसे बढ़ाते हैं जैसे कि आर्यरक्त के माध्यम से वे सदियों से एक-दूसरे के बंधु रहे हों। यहां तक कि उपनिवेशवादिता भी कहीं एक छिपा हुआ वरदान ही हो, दो खोये हुए भाईयों को वापस मिलवाने का। शारदा शायद अपने सांवले रंग की वजह से या अपने अतीत की वजह से खुद को कालों के क़रीब महसूस करती थी पर साथ ही हिन्दुस्तानी होने की वजह से किसी तरह का ऐतिहासिक मनमुटाव अमरीकियों के साथ भी नहीं था। ज्यादातर हिन्दुस्तानी काम करने वालों ने यूं भी काम की दुनिया में अपनी एक इज़्ज़तदार जगह बना ली थी। शारदा ने यहां आकर 'स्पेशल एजूकेशन' में सर्टिफिकेट हासिल किया था। और इस तरह पढ़ाई में कमजोर बच्चों की मदद करना उसका पेशा ही था, पर इस काम से उसे बहुत अंदरूनी तसल्ली मिलती थी। शायद इसलिए उसे सफलता भी मिली थी। वर्ना बहुत से शिक्षक ऐसे पढ़ाने से कतराते थे। एक यह वजह थी कि अप्रवासियों को इस क्षेत्र में नौकरी भी अपेक्षाकृत आसानी से मिल जाती थी। शारदा को लगता कि उसे कहीं उसके मन का कर्मक्षेत्र मिल गया है। वह इन बच्चों के साथ काम करते हुए कहीं रंग के प्रति भी सम्मान उपजाना चाहती थी– आपसी विश्वास, स्नेह और हमदर्दी को बढ़ाना चाहती थी।

शारदा की आंखों के सामने से उस चेहरे को घेरता-सा स्कूल के

आसपास का माहौल घूम गया—खंडहरों को भी मात कर देने वाली मैली, काली-पड़ी इमारतें, गोलियों और पत्थरों से छिदे खिड़कियों के शीशे, दीवारों के बीच-बीच उघड़े जख़्मों की तरह टूटी हुई ईंटें। कई इमारतों के पूरे-के-पूरे दरवाजे-खिड़कियां जल चुके थे, अधजली शहतीरों और ईंटों का मलवा इर्द-गिर्द की सारी ज़मीन पर छितरा पड़ा था। ऐसी ही कितनी ही इमारतों से घिरा था उसका स्कूल। स्कूल की इमारत भी साबुत नहीं थी—जगह-जगह चोट खायी, नीली, काली और हरी ग्राफिति से ढकी। कक्षाओं के भीतर भी मैले-पुराने, बेढंगी चित्रकारी से मढ़े डेस्क और कुर्सियां, चूं-चर्र करती ढीले पेचों वाली मेजें। शहर के एक सिरे ब्रुकलिन से अंडरग्राउंड ट्रेन का लंबा सफर तय कर जाती है वह ब्रांक्स के इस स्कूल में पढ़ाने। ब्रुकलिन और ब्रांक्स के बीचोंबीच पड़ता है मैनहैटन। सारा मैनहैटन यह अंडरग्राउंड ट्रेन में अंधेरी सुरंगों में से ही पार कर जाती है। पर उसे मालूम है कि ठीक उसके ऊपर दुनिया भर की अमीरी इन गलियों, इमारतों और दुकानों से बसी हुई थी। पर ज्यों ही वह सुरंगों से निकलकर शहर के इन उच्छिष्ट हिस्सों में पहुंचती है, त्यों ही वह कहीं उन सपनों के संसार के भी बाहर हो जाती है जो इस देश की गोरी-भूरी आंखों में बसते हैं। तभी शायद उस बारह साल के लड़के का पढ़ने से साफ़ इन्कार शायद कोई बहुत बड़ी बात नहीं है। पर शारदा अभी से उसे सपनों से रिहा नहीं करना चाहती। अगर एक उम्र है सपने देखने की तो ज़रूर देखने चहिए... चाहे वे किसी और के ही सपने हों। शारदा इसीलिए पूरा-का-पूरा सपनों का शहर पार कर इस टूटी-मरोड़ी, अस्त-व्यस्त नगरी में जाती है सपने बेचने! जबकि यहां रहने वाले हर आदमी-बच्चे को पहले से ही मालूम है कि इस व्यापार में उन्हें हमेशा घाटा ही पड़ा है—अब वे तनिक भी राशि लगाने को तैयार नहीं।

फिर क्यों जाती है? शायद नौकरी है इसलिए! पर पिछले चार सालों से यही जिंदगी का रवीया, ज़िंदगी का मक़सद बन गया है। कुछ और सोच या कर पाने की फुर्सत भी तो नहीं मिलती। चूंकि वह संभाल लेती है, इसलिए सब उसी पर सब कुछ छोड़ देते हैं। बल्कि जितना ज्यादा संभालती है, उतनी ही ज्यादा ज़िम्मेदारियां पड़ती जाती हैं उस पर।

लेकिन उतना ही सुख-संतोष भी तो मिलता है उसे–तभी तो कामों का जाल फैलता ही जाता है–हर काम में एक नया चैलेंज, एक नया उत्साह।

आह ! दर्द की एक तीखी लहर उसे झिंझोड़ देती है। कमरे में नर्स दाखिल हुई है।

"प्लीज मिस ! गिव मी सम पेनकिलर।"

नर्स कहती है कि डॉक्टर आ रहा है, वही दवा की खुराक बढ़ायेगा।

फिर पूछती है–"टी.वी. चला दूं ?" और कहते-कहते पॉवर का बटन दबा देती है।

सूखे बीमार चेहरे टी.वी के पर्दे पर तैरने लगते हैं। खबरें आ रही हैं सोमालिया के बारे में–भुखमरी, अभाव और बीमारी को ढोते चेहरे। जर्जर शरीर, मांस की झिल्लियों से ढके अस्थियों के पिंजर। शरीर का हर उभार फटे गुब्बारे-सा पिचका, अधफटा हिस्सा घूरता बाहर को।

वह कराह उठती है। संपन्नता, सुख–सभी कुछ कितना अल्पजीवी होता है। पैदाइशी हक़ या कि कमाया हुआ हक़–कितनी बेमानी हो जाती हैं ये सब व्यवस्थाएं। तख़्ते पलटते हैं तो सही-गलत की कोई चेतना नहीं रह जाती। हर आदमी सिर्फ अपना तात्कालिक लाभ देखता है... उसके आगे कुछ नहीं। पहले वह लाभ के लिए नस्ल के नाम पर जुड़ता है, फिर मौका पड़े तो नस्ल को भी लहूलुहान कर डालता है। आज़ादी, राष्ट्रीयता–कितने खूबसूरत नाम हैं... उसके कारागार भी कितने मोहक ! एक बार इन नामों की कैद में पड़ जाओ तो बाहर आना भी तो लगभग नामुमकिन हो जाता है। इच्छा भी कहां रह जाती होगी ! आगे जो बहुत कुछ है उस रास्ते पर। एक बार चोटी पर पहुंचकर भी कहां दम लेते हैं लोग। फिर चोटी पर अपना नाम-धाम आंकने का काम ही कौन-सा कभी ख़त्म होने वाला होता है। बस एक बार चोटी पकड़ में आ गयी तो ऐसा कसकर पकड़ते हैं कि जब तक वही पिघलकर हाथ से न छूट जाये, वे उसी से लटके रहते हैं।

सोचते-सोचते उस पर तंद्रा-सी छाने लगी। तस्वीरों-खुशबुओं और जहरीली हवाओं का एक रेला-सा शारदा के ऊपर से गुज़र गया। वहीं तो पैदा हुई थी। ढेर सारे पेड़ों और हरियाली से घिरा वह बंगला।

माता-पिता दोनों डॉक्टर थे। खूब बढ़िया चल रही थी प्रैक्टिस। उसे याद है-वह स्नेहमयी अफ्रीकी आया जो उसे और भैया को उजले धुले कपड़े पहना कर बगीचे में खेलाया करती थी, बहुत प्यार करती थी वह उन दोनों को। बहुत मीठे और कोमल स्वर में अपनी स्थानीय बोली में लोरी गाकर जब वह उसे सुलाती थी तो शारदा एक सुखमय सुरक्षा के माहौल को समर्पित परियों के लोक में पहुंच जाती। उसके सान्निध्य में कोमल आश्वासन था। उसकी उपस्थिति में वह मम्मा-पापा को भी भूल जाती थी। शाम को डिनर पर मम्मा-पापा हमेशा रहते थे। नैनी उसे रोज़ एक-न-एक कविता सिखा देती जिसे वह और भैया खाने की मेज़ पर सुनाते थे। आज सोचती है उन दिनों के बारे में तो ऐसा लगता है मानो किसी परियों के देश में रह रही थी। पर फिर अचानक एक दिन सब कुछ बदल गया था। बहुत-सी चीजें आज भी उसके स्मृति-पटल पर अंकित हैं और बहुत कुछ जो उसने बार-बार मम्मा से सुना है, उसमें डूब-डूबकर अपनी ही स्मृति का अंश बना लिया है। उस दिन स्कूल से घर आयी, तब भी सब कुछ सामान्य ही था। नैनी ने रोज़ की ही तरह उस शाम भी उसे नाश्ता खिलाया। नहाने के लिए गुसल तैयार किया। नहा-धोकर झकाझक उजली धुली कलफ़ लगी फ्राक पहन वह शामभर सहेलियों के साथ खेलती भी रही थी। सभी कुछ तो एकदम सामान्य था। बस शाम को जब मम्मा-पापा घर में थे, तभी कोई तूफ़ान आया था। खाना लगने ही वाला था और उस दिन आया ने उसे एक मोटे सेठ की कविता सिखलायी थी। वे लोग बैठक में कविता दुहराते बड़े उत्साह के साथ पापा के बैठक में कदम रखने का इंतिजार कर रहे थे। तभी दो सिपाही आये थे कोई पर्चा देने। पापा को ही बरामदे में आना पड़ा था खुद साईन करके पर्चा लेने के लिए। पर्चा पढ़ते ही पापा का चेहरा कैसा विकृत-सा हो आया था जैसे कि दिल के दौरे के बीमार का होता है। मम्मा चिल्लायी थी-"नो ! दे कांट डु दिस टु अस ! हमने अपनी मेहनत से बनाया है सब कुछ। किसी का कुछ छीना तो नहीं ! तब ऐसा बर्ताव क्यों कर रहे हैं हमारे साथ ?"

शारदा तब बात की गंभीरता को नहीं समझ पायी थी। सिर्फ़ मम्मी-पापा के चेहरों की हांफ और हड़बड़ाहट ही उसकी याददाश्त पर

छपी हुई है ।

अचानक उनको हुक्म हुआ था कि अगली सुबह से सब गवर्नर के कम्पाउंड में इकट्ठे हो जाएं । उसे याद है उस रात ढेर बरसात पड़ रही थी । सुबह भी बरसात में ही भीगते वे वहीं दूसरे हिन्दुस्तानी बच्चों के साथ खेलते रहे थे । उसे अजीब भी लग रहा था कि उस दिन स्कूल से छुट्टी कैसे हो गयी थी ? किसी ने खेलने से रोका ही नहीं । नैनी भी वहां नहीं थी । जब शाम तक खेल-खेलकर थक गये थे, तब हारकर खुद ही घर जाने की फर्माईश की थी । बताया गया था अभी घर नहीं जा सकते । वह हैरान थी-उन्हें घर पर वापस क्यों नहीं जाने दिया जा रहा था ? थके हाल उसे नैनी, मम्मा-पापा के साथ होने वाले डिनर और फिर अपने बिस्तर की खूब याद आने लगी थी । पर नैनी तो साथ थी नहीं-बौखलायी-सी मम्मा और उनके कितने सारे हिन्दुस्तानी दोस्त हैरान, परेशान चेहरों के साथ जैसे किसी दहलाने वाली घोषणा के इंतिजार में थे । मम्मा एक बार जोश में आकर चिल्लायी थी । सब लोग चुपचाप घबराये-से उन्हें ताक रहे थे । किसी सिपाही ने मम्मा से कड़ककर कहा-"खामोश रहो वर्ना गोली से उड़ा दी जाओगी ।" पापा ने बहुत घबराकर उनको चुप कराया था कि उनके मारे शायद और सब परिवारों को भी मौत न झेलनी पड़े ।

उसके बाद शायद वह थक-थकाकर सो गयी होंगी क्योंकि अगली सुबह उसकी जब आंख खुली तो वे सब भेड़-बकरियों की तरह किसी ट्रक में लादे जा रहे थे । वह पूरी तरह से जगी भी नहीं थी कि ट्रक चल पड़ा था । खूब धचके लगते रहे थे उस ट्रक में । मम्मा कहती है सब ऐसे एक-दूसरे से सटे पड़े थे जैसे पकी हुई खजूरें । जिस पर गिरते उसी का सहारा ले उठते या गिरे ही रहते । कई बच्चे उल्टियां कर रहे थे । माएं साड़ी के पल्ले से ही पोंछतीं । गिचपिच, बू, सड़ांध से भले-चंगों को भी उबकाइयां आ रही थीं । कितने ही घंटों के इस जिस्म के हर जोड़ को पिरा देने वाले सफर के बाद वे उतारे गये थे । पता नहीं कैसी सूनी-सी जगह थी वह । भयावह जंगल । किसी भी जानवर के हमले का खतरा था । भूख की जगह अब डर से प्राण निकल रहे थे ।

घंटों इंतिजार के बाद एक दूसरा ट्रक आया । फिर से लदा-लदाई हुई । बच्चे पहले ही अधमरे थे । गोदियों में उठा-उठाकर चढ़ा दिया गया । पर ट्रक चला ही नहीं । सब को पैदल चलने को कहा गया । घंटों उनका क़ाफ़िला पैदल ही सरकता रहा । भूख, प्यास और थकान से जूझते वे कई घंटों के बाद ही पहुंचे थे किसी बंदरगाह पर । पता लगा कि समुद्री जहाज में जाना है । दिनभर जहाज का इंतिजार होता रहा । रातभर जागे रहने के बाद दिन में सबके बदन वैसे भी टूट रहे थे । भूख से पेट बिलबिला रहे थे और किसी के पास खाने-पीने को कुछ नहीं था । किसी को कुछ पता नहीं था कि अगले पल में क्या होने वाला है ? मम्मा-पापा चुपचाप किसी अनर्थ की प्रतीक्षा कर रहे थे और शायद मन ही मन उससे बचाव की प्रार्थना । उसने उस रोज थकान, नींद और भुखमरी की हालत में कई बार मम्मा से पूछा था-"हम घर कब जायेंगे ?" और उसके भाई ने भी यही सवाल उसके साथ दुहराया था और मम्मा के चेहरे पर जड़ी अनिश्चतता से जैसे कोई जवाब पाकर फिर पूछना भी भूल गये थे ।

लंबे इंतिजार के बाद एक सामान ढोने वाला जहाज आकर किनारे से लगा था । उसी में उनको ठूंसा जाने लगा । जहाज किसी उम्मीद का आकाश और नाउम्मीदी का अगाध जलमय फैलाव बना जैसे खुद ही कोई जल-थल का अंतरिक्ष था जिस पर सबका सब कुछ अटका था या दांव पर लगा था । किसी तरह सबको लादकर जहाज चल पड़ा । पर सब के सब थके-हारे, परेशान और क्षुब्ध थे । जहाज में न ढंग से बैठने की जगह थी, न खड़े होने की । न ही यात्रियों के खाने-पीने की व्यवस्था थी । इतना लम्बा सफ़र और सिवा बेहाली और बेचैनी के कुछ भी नसीब नहीं था । बच्चे चीख-चिल्ला रहे थे । पूरे जहाज़ में जैसे हाहाकार मच गया था । छोटे-बड़े सभी या रो रहे थे या अंटसंट बक रहे थे । ऐसी प्रलय और अराजकता मची थी जैसे जानवरों का दरबा हो । किसी को कुछ सूझता भी न था कि क्या करें ? कैसे भूखे-बिलबिलाते बच्चों को संभालें तो कैसे खुद को ? शायद अदन के पास थे जबकि अचानक जहाज़ के कप्तान का दहलाता हुआ हुक्म हुआ कि सारे बच्चे एक लाईन में लग जाएं । बस मिनटों में कप्तान

के आदमियों ने सभी बच्चों को एक लाईन में खड़ा कर दिया। हुक्म हुआ कि कोई आवाज़ निकालेगा या उधम करेगा तो सख़्त सजा दी जायेगी और पलों में ही सब बच्चों में मुंह में कपड़े ठूंसे जाने लगे। जिस सख़्ती से कपड़े ठूंसे गये थे–किसी बच्चे का मुंह हिल तक नहीं सकता था। सारे सफ़र में इसी हालत में रहना बस उसे याद है। करीब बीस–बाईस घंटे का सफ़र था। पता नहीं कब हिन्दुस्तान पहुंचे, उसे याद नहीं। मां बताती है कि उसे बहुत तेज़ बुख़ार हो गया था। वह बंबई पहुंचने के वक्त लगभग बेहोश थी। मां-बाप दोनों डॉक्टर थे पर किसी तरह की भी दवाएं उन्हें मुहैया न थीं।

ज़िंदगी का दूसरा अध्याय शुरू हुआ था हिन्दुस्तान में। हटकर मम्मा–पापा ने फिर से शुरू की ज़िंदगी। शारदा ने भी–स्कूल–कॉलेज की पढ़ाई। पता ही नहीं लगा रिश्तेदारों-दोस्तों के बीच पलते-बढ़ते। आठ–नौ बरस तक का अफ्रीका में जिया जीवन इतिहास बन चुका था। बस वहां की खुशबुएं, रंग और हरियाली शारदा के जिस्म की महक में घुल–मिल गये थे। उसके स्वप्नों में अक्सर कोई पुरानी पहचान की धरती के धुंधले-विस्मृत चेहरे उभर आते। बिस्तर पर लेटते ही सहसा नानी की शहद–घुली लोरियां उसको सहलाने लगती थीं। पर जिस्म के आकार–बनावट, रंग और हिन्दुस्तानी परिवार में पनपी मानसिकता की वजह से वह हिन्दुस्तानी ही तो थी। फिर से वही हो गयी। हिन्दुस्तानी दुनिया भर में कहीं भी रह आये, उसका रंग और संस्कृति चूंकि उससे छूटते नहीं हैं इसलिए लौटकर भारत में ही बसना भौतिक असुविधाएं तो पैदा कर सकता है पर मन की पर्वरिश फिर भी होती रहती है। असंतोष हो तो भी अपनेपन की गाढ़ी चाशनी उसे मिठास में लपेट लेती है।

उसे याद है मां के रिटायर होने में कुछ साल बाकी थे और वह हर वक्त शारदा की शादी की चर्चा किया करती थीं। पापा इसी दौरान दिल के दौरे के शिकार हुए और बिना ख़ास नोटिस दिए दुनिया से रूख़सत हो गये थे। वह तब बी.ए. के दूसरे साल में ही थी और भाई हाईस्कूल में। यूं मम्मा ने बहुत सुघड़ता से सब कुछ संभाल लिया था। फिर भी अकेले संभालना, वह भी जबकि जिस्म उम्र के बोझ तले थकने लगा

हो। उनका मन था कि कम-से-कम बेटा तो डॉक्टर बने । तब शारदा ने फैसला किया था कि वह भाई को सेटल करके ही शादी करेगी और बी.ए., बी.एड खत्म करके एक स्कूल में नौकरी करने लगी । भाई की मेडिकल की पढ़ाई लगभग खत्म होने को ही थी जबकि भाई को भरी जवानी में ही दिल का दौरा पड़ा । बड़ा-सा छेद था उसके दिल में । डॉक्टर ने कहा था कि इसे बचाना है तो अमरीका ले जाओ वर्ना भारत में कुछ नहीं किया जा सकता और बिना इलाज के वह किसी भी पल... । शारदा ने स्कूल से छुट्टी ली । जमा पूंजी, रिश्तेदारों-दोस्तों से उधार ले-लवा कर अमरीका में आ गयी । सिर्फ़ यहां पहुंच जाना आसान नहीं था । अब ऑपरेशन के लिए भी पूंजी इकट्‌ठी करनी थी । शुरू में किसी खैराती अस्पताल में दिखाया था, वहां पर ऑपरेशन हुआ । पर वह उसको बचा न सकी ।

भाई के बिना हिन्दुस्तान लौटकर मां का सामना करना पीड़ा के एक लहराते समुद्र में लगातार थपेड़े खाते रहने जैसा था । अपनी तरफ़ से उसने भाई को जीवन देने की हर कोशिश कर डाली थी, पर मम्मा के आगे वह खुद को अपराधी ही महसूस करती । मम्मा ने उसे अपनी सबसे अमूल्य निधि सौंप दी थी जिसकी वह रक्षा न कर पायी ।

उसने मम्मा को लिखा कि वह अमरीका में ही टिककर कुछ पक्का काम खोजेगी । जल्द ही किसी तरह मम्मा को भी वहीं बुला लेगी । एक संसार उजड़ गया है तो एक नया बसाने की कोशिश तो कर सकती है । यहां कुछ जान-पहचान हो ही गयी थी उसकी ।

लड़ाई का एक नया मैदान । औजार भी कुछ अलग । दुश्मन भी कोई और । पर शारदा तो लड़ने की आदी हो चुकी थी । किसी तरह इम्तिहान दे-देकर अंततः उसे स्कूल में नौकरी मिल ही गयी थी । एक बार मिल गयी तो कम-से-कम ऐहिक जीवन तो सुधरा । जबकि तभी शारदा को महसूस हुआ कि उसकी शादी की उम्र कब की पार हो चुकी है ? ज़िंदगी के उस पहलू को उसे लगभग भूल ही जाना था वर्ना एक और शत्रु पैदा हो जाता और नयी-नयी सीमाओं पर जाकर लड़ने की इच्छा नहीं बची थी । मम्मा के साथ एक आरामदायक गृहस्थी जम ही गयी थी। वह तो उस सब को संवारना चाहती थी जो सामने था,

आगे था ।

और आगे था वह टूटी-फटी हस्तियों का संसार । चकनाचूर सपनों की बस्ती, जिसे बचाने के लिए वह बारह-वर्षीय लड़का हमेशा जेब में चाकू धार कर लाता था । अपने भोलेपन में उसने शारदा को बतला भी दिया था-"मेरे पास चाकू है... कोई तंग करेगा तो उसे मार डालूंगा ।"

बुरी तरह से घबरा गयी थी शारदा । समझाती-सी बोली थी-"यहां कोई नहीं तंग करेगा तुम्हें । चाकू मेरे पास रखवा दो । चोट लग सकती है ।"

शारदा के लहजे में कुछ ऐसा रहा होगा कि उसने चाकू शारदा को दे दिया । स्कूल खत्म होने पर वापस मांगा तो शारदा बोली-"मैं इसे तुम्हारी मां को ही दूंगी... तुम्हें चोट लग सकती है ।"

तो वह भड़ककर बोला था-"लेकिन मेरी मां तो शराब पीकर मुझे मारती है... उसी से बचने के लिए तो मैंने चाकू लिया है ।"

"तो तुम अपनी मां पर हमला करोगे ?"

"तुमको मालूम नहीं, वह मुझे कितनी बुरी तरह से मारती है । यह देखो..."

उसने अपनी टी-शर्ट उठाकर पीठ के निशान दिखलाये ।

शारदा और भी परेशान थी और जुबान से कुछ कहते भी न बन रहा था । पर उस रोज़ उसने चाकू वापस नहीं दिया था । समझाती रही थी उसे ।

"देखो मैलकम, तुम्हारे लिए ढंग से पढ़ना इसलिए भी जरूरी है कि तुम अपने लिए एक सही दुनिया बना सको । तुम्हें इस गंदगी से बाहर निकलना होगा । तुम्हें पढ़-लिखकर खुद कमाना होगा ताकि अपने पैरों पर खड़े होकर तुम अपना रास्ता खुद चुन सको ।"

मैलकम उसे नासमझी के भाव से देखता रहा था ।

अगले दिन अपनी जेब से सरकारी सहायता का भेजा चैक निकाल उसे दिखाता हुआ बोला-"मैं क्यों पढ़ूं ? मुझे तो हर महीने पैसे मिल जाते हैं । मुझे तो कमाने की ज़रूरत ही नहीं, फिर मैं स्कूल में क्यों पढ़ूं ?"

सिर पीट लिया था शारदा ने !

"ओह मैलकम ! कौन सिखाता है तुम्हें ऐसी बातें ? तुम सिर्फ़

कमाने के लिए नहीं पढ़ रहे हो। तुम्हें इस गंद से निकलना है... अपने समाज को बदलना है... बिना पढ़े-लिखे तुम भी शराब, नशीली दवाओं और ऐसे ही मारामारी और चोर-उच्चकों की दुनिया में घिरे रहोगे। तुम क्या इस सब से बाहर निकलना ज़रूरी नहीं समझते ?"

"आप अपना वक़्त जाया कर रही हैं, मिस। मेरी मां कहती है हम लोग चाहे कितना ही पढ़-लिख लें, कितने ही होशियार बन जाएं... हमारे जिस्म का रंग हमेशा लोगों में नफ़रत ही जगाता रहेगा... हमारी नियति हमारी चमड़ी के रंग से शापित है।"

शारदा हक्की-बक्की-सी उसे देखती रही थी। यह बारह साल का बच्चा था जो अभी से अपने आपको अपनी नियति से वाक़िफ़ जता रहा था। निराशा का इससे कुरूप चेहरा क्या हो सकता था ?

वह बड़बड़ाती रही—"बकवास है यह सब ! गलत है। तुम्हें गलत बातें सिखायी जाती हैं। तुम्हारे भीतर पता नहीं क्यों यह नफ़रत भरी जा रही है ?... तुम वेलफेयर के पैसे पर जीते हो और बदले में देते हो नफ़रत। न तो तुम शुक्रगुजार हो, न ही इस व्यवस्था से बाहर निकलना चाहते हो ! आख़िर तुम चाहते क्या हो ?"

"आप हमारे बीच न ही पड़ें तो बेहतर है। हमारी लड़ाई आज की नहीं है। न ही आजकल में खत्म होने वाली है। जब हमें हर तरफ़ से नफ़रत मिलती है और वह भी बिना हमारे किसी दोष के, तो हम क्या खाके प्यार बरसायेंगे... मेरी मां मुझे रोज़ याद दिलाती है कि नफ़रत बहुत ज़रूरी है, नहीं तो हम दुबारा से दासता की बेड़ियों में बंध जायेंगे... हमारी जाति को पिछड़ा रखने में ही सबका फायदा है—आपका भी, क्योंकि तभी हमारे हिस्से की संपन्नता आपके पास आयेगी। इसलिए आप लोगों का प्यार भी ख़तरनाक है।"

मुझे प्यार और नफ़रत दोनों से ही बचना है।

"तुम अपनी मां को लेकर आना। मुझे उनसे बात करनी है।"

वह कुछ देर तक उसे सुई की नोक-सी भीतर गड़ती तीखी निगाह से कुरेदता रहा था। फिर बोला—"मेरी मां यहां कभी नहीं आयेगी।"

"क्यों ?"

"वह मेरे टीचर्स से नफ़रत करती है।"

"मैं यह नहीं मान सकती ।"

"बिलकुल सच कह रहा हूं । वह कहती है आप हमें गलत बातें पढ़ाते हैं ।"

"गलत... ? क्या गलत बातें पढ़ाते हैं ?"

"वह कहती है कि दुनिया की सारी सभ्यता-संस्कृति की शुरुआत काली जाति ने की, पर गुलामी के बाद से यह सेहरा उनसे छीन लिया गया और अब गोरे उसके दावेदार बन बैठे हैं... सारे स्कूलों में संस्कृति का इतिहास गोरी संस्कृति का ही है... जैसे कि बाकी सब तो असभ्य ही थे ।"

"तुम्हारी मां की बात में तथ्य हो सकता है पर यह तो बड़ा विवादग्रस्त मामला है । इसके बारे में उनसे ही बात करूंगी । सुनो प्लीज, अपनी मां से कहना मुझे मिले ।"

"मैं कह दूंगा... पर वह आप सबसे नफ़रत करती है ।"

"फालतू की बात मत करो, मैलकम ! ऐसा होता तो वह तुम्हें स्कूल क्योंकर भेजती ?"

"वह तो इसलिए भेजती है कि उससे पैसे ज्यादा मिलते हैं ।"

"बंद करो बकवास... कहा न कि उनसे मुझे मिलने के लिए कहना । काम की मसरूफीयत हो तो मैं मिलने आ सकती हूं... एक बार मिलना जरूरी है ।"

मैलकम की मां कभी भी स्कूल नहीं आयी, न ही शारदा को आने का कोई संदेश भेजा । बस एक दिन जब छात्रों के होमवर्क की कॉपियों का बंडल उठाये शारदा क्लास से स्टाफ रूम की ओर जा रही थी, तो अचानक मैलकम ने शारदा पर वार कर दिया था और छुरा उसके पेट में घोंप दिया था । उस दिन वह क्लास में नहीं आया था । शारदा ने उसे सामने से आते भी नहीं देखा था कि सावधान हो जाती । सब कुछ पल भर में ही घट गया । कॉरीडोर में उपस्थित छात्रों ने भी तभी ध्यान दिया जबकि शारदा की चीख निकली । मिनटों में ही शारदा बेहोश हो गयी थी । कब ऐम्बुलेंस बुलायी गयी, कब अस्पताल लाया गया, कब ऑपरेशन करके टांके लगाये गये, उसे कुछ भी याद नहीं । बस होश आने पर छिले हुए घावों को तड़पाता दर्द था और होठों पर

अनायास ही उभरता सवाल–"यह मुझे क्या हुआ... ? ऐसे क्यों हूं मैं ?"

शारदा को अभी भी भरोसा नहीं होता कि वह मैलकम ही था । वह विवाद चाहे कितना भी कर ले, ऐसा नहीं लगता था कि उससे नफ़रत करने लगा है । फिर शारदा तो उसके प्रति मात्र सद्‌भाव ही रखती थी । क्या यह किसी क्षणिक भ्रम का नतीजा था ? शारदा को लगा यह किसी क्षणिक उत्तेजना का ही कर्म था ! मैलकम उससे नफ़रत कदापि नहीं कर सकता ।

एक कराह भरकर शारदा ने करवट ली तो सामने मम्मा कुर्सी पर बैठी उसे ताक रही थीं । मां के चेहरे पर शारदा की तकलीफ छपी थी । कोने में खड़ी नर्स इंजेक्शन तैयार कर रही थी । मम्मा बोल उठी–"मैं कहती थी न ऐसे स्कूल में मत पढ़ाओ । भाड़ में जाये ऐसी नौकरी ! तुम भी तबादले के लिए अर्जी दे दो । कहीं और मिल जायेगी नौकरी । अब मुड़ के नहीं जाना वहां ।"

उस तकलीफ़ में भी मुस्कुरा दी थी शारदा–"तुम फ़िक्र नहीं करो, मां । बच्चे कभी-कभी नासमझी कर बैठते हैं । मैं ही उसे ठीक से पढ़ा नहीं पायी । गलती तो मेरी है–हम बड़ों की... उसे तो हम ही से सीखना है । मुझे सिखाने के कुछ ज्यादा असरदार तरीके खोजने होंगे ।"

"नहीं, नहीं । तुम वहां नहीं जाओगी । हम जैसे-तैसे गुज़ारा कर लेंगे । कोई और नौकरी खोज लेना ।"

"मम्मा प्लीज ! मुझे टूटने मत दो, मम्मा । हम लोग हर लड़ाई का मैदान छोड़ भागते रहे हैं ।"

मम्मा के चेहरे पर एक तकलीफ़ का भाव उभरा–"मैंने लड़ाई का मैदान कब छोड़ा, बिटिया... ! सिर्फ वार करने के नये-नये तजुर्बे करती रही... न करती अगर उस तरह से उखाड़ा न जाता... पर धराशायी नहीं होना चाहती थी... इसी से चाल बदलनी पड़ी ।"

"मम्मा, मैं तुम्हारी ही नहीं, दूसरे हिन्दुस्तानियों की भी बात कर रही हूं... कुछ हम ही में कमिटमेंट की कमी है । मुझे तो अब एक ही जगह पर डटकर रहना है । डरकर भागना, या भगाये जाने पर भी भागना... वह रास्ता मेरा नहीं । जिस काम में जुटी हूं, उसे पूरा करना

ही है ।"

और नर्स की ओर मुख़ातिब हो बोली–"मैं कब तक ठीक हो जाऊंगी, सिस्टर ?"

नर्स ने इंजेक्शन लगाते-लगाते कहा–"धीरज रखिये, मैडम । जल्दी ही ठीक हो जाएंगी । बस दो-तीन हफ्तों की बात है ।"

"मैं जल्द से जल्द स्कूल लौटना चाहती हूं" और इंजेक्शन के असर में निंदियाते भी वह फुसफुसाती रही–"नहीं... नहीं... मुझे टूटने मत देना... मैं तो सेतु हूं उन दोनों के बीच । उस श्वेत और श्यामल गंगा-जमुना की धार बहती रक्ताभ सरस्वती की धार..."

***

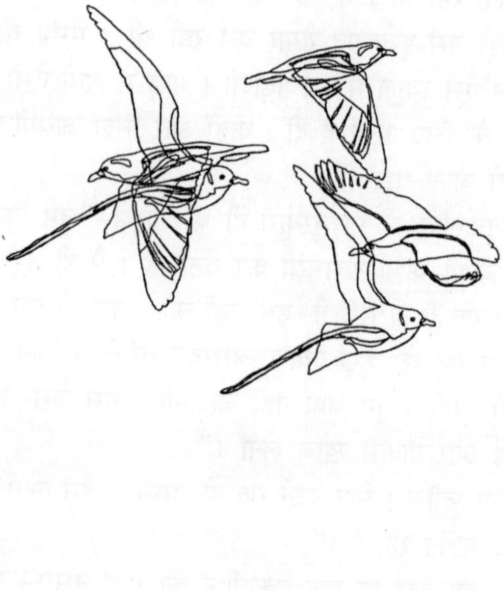